中国发展道路的意识形态审视

陈　蕾◎著

时事出版社

正确解读中国的关键性问题

摆在我们面前的这本《中国发展道路的意识形态审视》，从政治的角度分析了当代中国社会发展的内在机理，既是对当今热议的“中国道路”、“中国模式”一个有价值的回应，也是对当代社会发展理论的一个梳理和探究。

改革开放以来，中国社会发展取得了令人瞩目的成就，以接近百分点两位数的经济增长率迅速发展，既突破了社会主义发展的记录，也创造了人类现代化的奇迹。特别是最近十年，世界经济波云诡谲，先后受到亚洲金融风暴、美国次贷危机、欧洲债务危机等引发的严重影响，至今没有缓过劲来。然而，中国特色社会主义的发展却显示出一枝独秀的优越性，中国经济总量2010年跃升到世界第二位。

中国发展成就的强大事实，已经使曾经喧嚣一时的“历史终结论”再一次遁形，连当初这一观点的代表性人物福山近两年也在肯定中国的成就和发展道路。

然而，如何解读中国的发展成就和发展道路，则成为另一个热点问题，这实际上是更为要害的问题。因为这牵涉到中国道路的灵魂、中国发展的思想指导、中国未来的引领和走向，乃至发展中国家对现代化道路的开拓问题。

值得注意的是，即使是一些正面解读中国发展的表述，如“北京共识”、“中国模式”等，也非常清楚地具有“去意识形态化”的特点，回避“主义”和“道”的问题，只谈“形而下者”和“器”的问题。这同上世纪末，社会主义遭遇重大挫折时，西方学者就极为敏锐地将之上升到意识形态的层面形成强烈的反差。既然将当初社会主义运动的巨大挫折解读为社会主义意识形态的终结，那么，今天中国社会主义的巨大成就对社会主义的意识形态又意味着什么呢？——西方学者是不会遵循同一逻辑的！

更值得注意的是，社会主义的中国学者似乎也不太关心中国的成功与意识形态的关系，似乎也比较热衷中性化地探讨中国发展的动因，总的来看，对“问题”的关注显然大大超过对“主义”的关注，或许是为了赢得更多的国际认同和反响吧，但这恰恰是遗漏了中国发展道路的灵魂。毫无疑问，“主义”大于“问题”，“主义”是最大的“问题”。

这本书就是分析中国发展道路的“主义”问题，聚焦于意识形态这一中国道路的关键点，这是令人欣慰的。不随大流去堆积“去意识形态化”的文字，坚持自己对“主义”的信仰，相信中国道路有不可或缺的灵魂，从而进行理论的分析和探究，既体现了作者的见地，也是对当今理论建设一个有价值的贡献，希望能够引起更多的关注。

全书的逻辑结构十分清晰，从对中国道路、意识形态及其关系的考察入手，对历史进程中意识形态与国家制度的变迁予以理论的解析，奠定起比较厚实的研究基础。继而，把中国道路的探索和开拓与新中国诞生以后思想战线的重大抉择和意识形态的重大变迁联系起来考察，揭示社会主义中国的发展与“主义”问题息息相关，生动地体现了上层建筑对经济基础的能动作用。在此基础上，作者进一步回答了中国道路之所以能够不断创新的重要原因——中国意识形态的创新。中国共产党人在推进马克思主义中国化进程中，不断地在实践中总结经验，形成新的理论，又不断地用新的理论来指导中国道路的开拓。从毛泽东思想到中国特色社会主义的理论体系，从邓小平理论到科学发展观都鲜明地体现了这一理论创新的特色，决不能离开这一理论特色去解读中国道路的开拓进程。

该书最后落脚到当今中国的一个重大问题：如何坚持中国道路？作者批判了对中国道路的“误读”和“漏读”。把中国道路解释偏了的“误读”要防止，而即使是包含正确的解读，但有意无意“漏掉”了“主义”和意识形态这一关键问题更需要警惕，因为前者还比较容易辨认，不会产生广泛的影响，而后者则容易麻痹人们，不把握住这样一个关键，就难以坚持道路的方向。正是在这一意义上，我们说，意识形态是中国道路的灵魂。该书把重心确立在这样一个重大问题上值得称赞。

该书除了对重大问题把握的优势外，还有一些可圈可点的亮点。例如，对意识形态与发展道路关联的分析具有相当的历史厚度。研究对象的时间跨度从中国古代帝国体制的形成开始一直追溯到当代。使我们可以感悟到，中国之所以走上今天的发展道路，并不是历史的偶然，而是一个有着内在逻辑关联的历史过程，既可以深刻地感受到中国在专制帝制之下形成的意识形态软控制的传统，同时也可以找到近代中国在面临千年局变之际所进行的数次道路探索失败与成功的意识形态根源，以及马克思主义和马克思主义中国化对中国社会主义道路的抉择所起的重大影响和决定性作用等等。

作者对意识形态创新内在逻辑的分析是很有力度的。作者认为，我国意识形态绝非一个封闭或一成不变的思想体系，而是一个具有历史延续性、开放性的社会主义意识形态体系。随着时代的发展和环境的变化，意识形态总是在继承中不断地被赋予新的时代内涵。但无论意识形态内涵本身如何变化，其中总是存在着一个稳定的、可循的内在逻辑，即马克思主义基本原理和中国化马克思主义实事求是思想路线的核心，由此而产生的中国化的马克思主义，不仅是提供了意识形态本身科学性和合法性的强大支撑，更为中国发展道路的开拓提供了强大的思想引领。马克思说："理论只要说服人，就能掌握群众；而理论只要彻底，就能说服人。"① 作者的努力，使其理论阐释具有很好的说服力。

这本书是作者在自己博士论文的基础上深化研究的结果。作者当初是哲学专业的硕士研究生，奠定了比较扎实的哲学功底。在跟随我攻博期间，对政治学理论和科学社会主义原理有了更深的领悟，这样一种学科交叉的优势对她研究这一命题起到了"工欲善其事，必先利其器"的作用，读者可以在本书的论述中看到她的积淀和努力。

当然，要找到青年学者研究的薄弱环节还是比较容易的，但重要的和使我们欣慰的是，该书较好地论述了一个现实的、重大的命题，并且能够给我们启示。

南京政治学院上海校区教授、博导　孙力

2012 年 9 月于上海五角场

① 《马克思恩格斯选集》第一卷，人民出版社，1995 年版，第 9 页。

目　录

CONTENTS

导论　研究缘起 ……………………………… (1)

一、现实缘起 ……………………………… (1)

二、理论缘起 ……………………………… (9)

第一章　相关概念的释义 ……………………………… (15)

第一节　意识形态的基本内涵 ……………………………… (15)

一、意识形态概念的产生、发展与流变 ……………… (16)

二、意识形态概念的澄清 ……………………………… (36)

第二节　中国发展道路的内涵及特征 ……………………… (41)

一、概念的提出——关于“中国模式” ……………… (42)

二、概念的辨析——中国发展道路 …………………… (45)

第二章　意识形态与国家制度变迁的历史考辨 …… (55)

第一节　儒学的意识形态化与专制帝制的契合 ……… (55)

一、秦汉之际意识形态的三次更迭 …………………… (56)

二、意识形态儒学维系下的伦理治国 ………………… (63)

三、儒学意识形态教化的实现途径 …………………（67）
第二节　千年局变中的政治理想与道路抉择 …………（74）
一、意识形态的冲突与晚清改革的失败 ……………（75）
二、新旧的不衔接与共和理想的夭折 ………………（81）
三、马克思主义的“异军突起”与社会主义道路的
抉择 ……………………………………………………（87）

第三章　意识形态创新中的道路开拓……………………（99）
第一节　理想漂移下的道路坎坷 ………………………（99）
一、理想与现实的博弈 ………………………………（100）
二、走向异化的革命体意识形态 ……………………（110）
三、毛泽东意识形态工作的有益经验和
基本原则 ………………………………………………（120）
第二节　真理标准驱动下的道路重塑 …………………（131）
一、历史转折的思想先导 ……………………………（132）
二、生成改革的意识形态生产 ………………………（141）
三、邓小平对意识形态工作的理论和实践贡献 ……（163）
第三节　先进性追问下的道路自省 ……………………（171）
一、延续与坚持的智慧 ………………………………（171）
二、巩固执政合法性的意识形态生产 ………………（179）
三、党的第三代中央领导集体对意识形态工作的
创新与发展 ……………………………………………（199）
第四节　人的向度回归中的道路明晰 …………………（204）
一、执政理念的历史转向 ……………………………（204）
二、凝聚发展共识的意识形态生产 …………………（217）
三、新世纪新阶段中国共产党推进意识形态
工作的特点 ……………………………………………（225）

第四章 意识形态创新发展的内在逻辑 …………（231）
第一节 万变不离其宗：坚持马克思主义指导思想的核心地位 …………（232）
一、历史的逻辑是颠扑不破的延续 …………（232）
二、理论的逻辑是支撑现实的依托 …………（233）
三、边界的逻辑是安全稳定的保证 …………（234）
第二节 识变从宜：坚持马克思主义中国化的活力供给 …………（237）
一、马克思主义中国化的生成路径 …………（238）
二、马克思主义中国化的实现机理 …………（241）
第三节 运筹帷幄：坚持党领导意识形态的导向控制 …………（249）
一、党领导意识形态的可能性分析 …………（250）
二、党领导意识形态的实现途径 …………（255）
三、党领导意识形态的现实效应 …………（260）

第五章 道路坚持与发展中的意识形态鼎新 ……（264）
第一节 道路解读和演进的意识形态挑战 …………（265）
一、内容体系在社会动态发展中的解释力 …………（265）
二、价值追求在多元文化冲突中的信仰度 …………（270）
三、传播教化在管理应对媒体中的有效性 …………（274）
第二节 在实践中探寻意识形态创新发展的现实路径 …………（277）
一、构筑时代化的意识形态认同体系 …………（278）
二、壮大时代化的意识形态创新主体 …………（285）

三、拓宽时代化的意识形态传播渠道 ……………… (294)

结束语 ………………………………………………… (304)

参考文献 ……………………………………………… (310)

后记 …………………………………………………… (334)

导论　研究缘起

自2004年乔舒亚·库珀·雷默（Joshua Cooper Ramo）提出“北京共识”以来，“中国模式”就成为国际社会研讨的热点话题。那么，“中国模式”这一概念本身是否合理？而它指的又是一种什么样的发展模式？促进这一模式形成与发展的核心动力又是什么？对于正处于发展关键时期的中国，如何保证在取得改革开放巨大成就之后，依然保持良好的发展态势？对于这些问题，本书将从意识形态的角度给予系统的论证与解答。

一、现实缘起

20多年前（1989年），日裔美籍学者福山（Francis Fukuyama）在美国《国家利益》（第16期）杂志上发表了《历史的终结》（The End of History）一文，认为西方国家实行的自由民主制度也许是“人类意识形态发展的终点”和“人类最后一种统治形式”，并因此构成了“历史的终结”。此论一出，在东西方学术界立即掀起了轩然大波，赞成、反对之声可谓是此起彼伏，很快便形成了一股弥漫全球的“终结热”。然而，理论的假设终究不能替代现实。社会现实的发展已经强有力地给予了驳斥。当前，从世界范围来看，欧洲福利国家正面临着严重的财政危机，而被称为世界唯一超级大国的美国也因为2007年发生的那场席卷全球主要金融市场的次贷危机而至今一蹶不振，至于日本，当前也正在为如何提升发展活力而一筹莫展……相对于资本主义所遭遇的困境，实行社会主义制度的中国却正在以其独有的方式走出了一条被世人称奇的道路。如今，中国保持了改革开放三十多年的高速增长的态势，国内生产总值位居世界第二，出口贸易和外汇储备位居世界第一……可以说，中国创造了许多世界经济增长史上的新纪录，被世人誉为“中国奇迹”。“中国模式”、“北京共识”的说法也因此在国际范围流行，成为国内外学者热议的话题。如今，作为世界上最大的发展中国家，中国现代化的速度、综合国力的强弱已经不仅仅是决定着本民族的命运，同时也深刻地影响着全人类发展的进程和趋势。就目前情况而言，虽然我们不主张过分张扬和对外输出所谓的“中国模式”（笔者更趋向于用“中国发展道路”这一概念），也认为世界上并没有一个什么统一的模式，但处大国之势、行强国之道的中国能否持续走好这样一条发展道路，依然是具有挑战性、探索性和创新性的时代重大课题。

纵观国内外对此类问题的研究，关注的焦点大多集中于中国在经济领域所发生的变革，以及在经济发展方面所取得的成就和呈现出的特征。一个国家发展的动力不仅来源于经济与社会的发展，同时更来源于发展战略与策略的指引。事实上，中国之所以能取得今天的辉煌成就，与中国共产党作为关键因素的政治领导所发挥的至关重要的作用是分不开的。而党的政治精英在敏锐把握和平与发展时代主题与准确判断中国自身国际定位的前提下，采取的渐进主义和经济发展优先的改革策略，以及通过这两种改革策略，使政治和经济形成一种良性的循环机制，则是其中最为核心的内容。无疑，发展战略与策略都应隶属于意识形态的范畴，因此，当我们认清发展的动力机制之后，我们就会自然而然地得出这样一个结论，那就是：意识形态在国家发展演进的过程中发挥了至关重要的设计、引领、开拓和存续的功能。由此可见，我们所取得的成就不仅在于经济方面，同时还在于我们在意识形态创新发展方面所取得的卓越成就。可以说，正是在中国共产党的领导下，我们通过对马克思主义中国化的探索和实践形成了中国特色的社会主义意识形态，设计、指引并开拓了今天相对具态的中国发展道路。换句话来说，中国特色的社会主义意识形态是中国发展道路的核心内容和生命力所在。

作为观念的上层建筑，意识形态是建立在一定经济基础之上，与社会经济、政治直接关联，并代表着一定阶级、阶层和利益集团根本利益和价值取向的社会意识。它通过具有一定群众基础的、广泛宣传和广为知晓的关于经济、社会、政治、文化诸领域的宏观价值理想和微观制度设计来为政治秩序提供合法性的证明，为社会确立普遍的价值导向。由于它可以有效地整合社会有机体，因此还常常被看成是团结统一社会的“水泥”。因此，意识形态事实上是推动国家和社会发展的一支不可替代的重要力量。在我国，早在周朝，古人就已经认识到了意识形态（统一思想）的重要性。作为一个文化、技术和生产力都落后的民族，周之所以能推翻拥有大量物质、财富、武器和车马的殷商王朝，靠的就是文化怀柔和道德训诫的手段。而秦汉之际意识形态的三次更迭，不仅引发了帝国统治者统治方式的巨大转变——从暴政转变为“诛心”，而且也在一定程度上促成了具有高度集权特征的、以宗法制为基础的专制帝制。期间，作为被统治阶级接纳、改造和推崇的儒学在成为国家意识形态之后，它的作用不仅仅是保证了专制帝国长达两千多年的稳固统治，而且其本身也逐渐演变成为一种内化的民族性格，直到今天仍对国人产生正负两方面的影响。也正是因为意识形态儒学对国人产生的深刻影响，在帝国千年剧变之时，社会上的有识有志之士才会无一例外地都试图从思想运动出发来推动整个社会的变革。在此进程中，共和理想之所以无法在当时的中国取得成功，其根本原因在于虽然实体的帝国已经覆灭，但封建余脉仍在人心盘旋，以自由、平等、民主为核心的西方政治文化并没有成为中国老百姓乃至那些打着共和宪政口号的所谓精英们的真正信仰。与此相对照，面对同样的国情，马克思主义之所以能领导中国人民取得革命的最终胜利，是因为中国共产党能够结合革命实践对马克思主义进行灵活地、创造性地运用。这便是实事求是、解放思想在我们选择并确立社会主义道路的过程中所发挥的至关重要的积极作用。因此，实事求是、解放思想一直以来都作为我们学习、研究和运用马克思主义理论的核心原则被不断地加以继承和发扬。

当我们回顾新中国的发展历程，其中既有成功的经验，也有失败的教训。“文化大革命”就是我们必须引以为戒的教训，而改革开放则是我们最重要的经验。“文化大革命”从一定意义上来说，是一种以阶级斗争为纲的意识形态扭曲发展的恶果。不可否认，以阶级斗争为基础的意识形态对于刚刚建立政权的新中国来说，的确发挥过巨大作用，因为正是这种意识形态的斗争性激发了人们努力将艰难生存于资本主义世界中的社会主义国家建设好的斗志和决心。但若长期、过分强调意识形态的斗争性则会危及社会和谐、影响社会发展。事实证明，在我国，以阶级斗争为纲的基本路线最终演变为了一场可怕的历时十年之久的社会大动荡，从而使中国的社会主义道路一度深陷坎坷之中。

然而，恰恰是这样的坎坷和教训给了中国共产党人反思与反省的机会。以邓小平为核心的党的第二代领导集体在痛定思痛的基础上逐渐形成了一种新的决策逻辑，那就是：什么是社会主义？过去并没有搞清楚，但贫穷不是社会主义→社会主义就是要让人民富裕起来→要使人民生活好起来，就要发展生产力→要发展生产力，就要改革开放，就要搞市场经济。当然，从决策的最初构想到实现并不是一蹴而就和一帆风顺的。就改革以前中国社会的组织和发展所依靠的全面控制社会精神领域的意识形态的状况而言，这场变革首先遇到的阻力就是来自该领域的。甚至在“文革”结束以后，这种阻碍仍然十分严重，最典型的表现就是“两个凡是”的提出。于是，针对“两个凡是”的一场由政治权威引领的思想解放运动就此孕育而生。真理标准问题的大讨论吹响了一场声势浩大的思想解放运动的序曲。虽然关于真理标准问题自身性质的问题属于认识论的范畴，但这一讨论却在现实中为意识形态的转型和重塑提供了契机和突破口。高举马克思主义伟大旗帜，正确对待毛泽东思想，对社会主义初级阶段作出判断，将促进生产力发展、推进社会主义现代化建设作为中心任务，强调“三个有利于”成为这一阶段意识形态创新与发展的主要内容。事实证明，通过对意识形态的转型和重塑，以邓小平为核心的党的第二代领导集体不仅继承了毛泽东时期原有的强大的政治资源，而且还通过思想解放的形式，赋予中国社会主义制度以新的生命力，从而也为之后我们突破传统社会主义的观念束缚，走社会主义公有制和市场经济相结合的发展新模式提供了思想的指引和制度的设计。

江泽民是在国际国内风云变幻的特殊历史时刻走上中国

共产党第三代中央领导集体核心岗位的，可以说是受命于危难之际。面对20世纪80年代末90年代初世界社会主义事业所遭受的严重挫折以及国内1989年春夏之交的政治风波的不良影响，党内党外出现了一些质疑社会主义和中国特色社会主义道路的声音，甚至一度威胁到了政权的稳定和党的执政地位。因此，针对不断变化的外部环境，如何顺利实现党的历史方位的转变（由革命党到执政党的转变），重塑党的执政合法性就成为稳定政治局面的关键性问题。“三个代表”重要思想，包括“政治文明”观点的提出就是在这样一个背景之下产生的。通过对中国共产党执政合法性的时代性诠释，“三个代表”重要思想确立起了党的“先进观”和“代表先进”的执政意识，从党的自身建设的角度勇敢地破除了无产阶级政党天然先进的思想误区，彻底改变了社会主义与资本主义的两极对立以及单纯以资本主义制度为坐标反向定位社会主义的思维方式。这一重要思想的提出不仅标志着中国共产党一整套意识形态理论的形成和中国共产党在意识形态斗争方面的成熟，同时也在一定程度上消除了人们的疑虑、确保了政权的稳定和政策的延续性，为中国特色社会主义道路的进一步发展提供了重要的支撑和保障。

2002年以胡锦涛为核心的新一届中央领导集体登上了历史的舞台，摆在他们面前的历史使命就是如何顺利地解决改革过程中所产生的一系列体制性问题，继续走好中国特色的发展之路。很显然，领导人将目光放在了“人”这个问题之上。因为，随着社会改革的全面推进，发生巨大变化的不仅是整个国家的经济面貌，同时还有人的思想意识。如今在我国，“人民”作为一个政治概念，可以说它的阶级属性正在减弱，而它的法律属性却在不断增强；同时，作为一个群体性概念，它的抽象性正在减弱，而具象性或者说个体性却在不断增强。无疑，这种在中国人思想领域发生的重大变化也必将深刻地影响到国家未来的发展。因此，新一届中央领导集体敏锐地洞察到，要解决当前中国社会出现的问题，根本就在于要对人的这种转变进行回答与观照，也就是要回应人的思想的发展和观念预期，并在此基础上适时、有效地改变公共权力的运作方式，为公民社会的形成与发展创造条件。因此，“权为民所用、情为民所系，利为民所谋”的指导思想以及以“以人为本”为核心的科学发展观，作为一种基于对人的向度回归的制度安排被添加进了中国特色的社会主义意识形态的内涵之中。这一从人的角度对于发展所进行的世界观和方法论层面的解释，不仅继承和发展了马克思主义有关人的发展的理论，而且也使意识形态及其指引下的中国发展道路再度焕发出生命力。当然，也正是在这一思想的指导下，党的执政理念也发生了重大的变化，公民人权、社会正义、法治建设等成为其中的重要内容。于是，在此基础上，一系列相关的政策法令相继颁布和实施，包括建立服务型政府、实行政府财政公开、取消农业税、颁布实施《物权法》等等。至此，中国特色社会主义道路的内涵和特征在意识形态的创新发展和实践的摸索与打磨中显得更为明晰了。

从最初马克思主义传入中国到建国后国内数次思想解放的过程，我们可以很明显地看到中国特色的社会主义意识形态自身发展的内在逻辑，以及这一逻辑对中国发展道路的选择与开拓所发挥的至关重要的决定作用。中国特色的社会主义意识形态是将马克思主义经典理论作为其得以继续发展的合法性来源；将中国化的马克思主义以“建设有中国特色社会主义理论”的总体面貌，通过从原有强大的制度文化资源中合理有效地保持权威意识形态在人们心中的影响力，通过为论证现实、巩固政权、指引未来提供发展创新的诠释空间，来成功塑造其话语和价值信仰体系的。相对应，中国发展道路也因此呈现出一些有别于其他发展道路的特质，包括：在中国共产党的领导和执政下，将马克思主义始终视为唯一的指导思想，并结合中国社会发展实际，坚定不移地走中国特色社会主义道路；出于社会主义初级阶段发展生产力的要求，创造性地将市场经济与社会主义制度相结合，采取政府主导的经济发展模式，实现了与全球化相联系但又保持独立自主的发展方式；通过创造性地继承前人意识形态的合法性和创新成果的方式，在不触及政治体制剧烈变革的基础上，通过采取渐进式改革来保证发展与稳定的良性互动；在独立自主、和平外交政策的指引下，通过和平崛起的方式，积极营造有利的、和平的国际环境……而将中国特色的社会主义意识形态与中国发展道路紧密联系起来的则是（换句话来说，中国特色的社会主义意识形态之所以能对发展道路发挥至关重要的决定作用，其原因则在于）中国共产党长期以来所一贯秉持的关于实事求是、解放思想、与时俱进的充满实践理性色彩的思想态度和精神品格。可以说，正是这一思想态度和精神品格使我们国家的意识形态能够不断地在与实践的互动中实现自身的超越与发展，同样也正是因为有了这份态度和品格，我们的发展道路也具有了不断开拓、不断扬弃的独特性质。

基于这样的分析，笔者认为，当前我国正处于发展的关键时期，要保证国家在取得改革开放的巨大成就之后依然保持良好的发展态势，其中一条符合实践需要的合理路径便是——从中国特色的社会主义意识形态的角度来审视我们以往走过的道路并进而为接下来的道路发展提供参考和指引。

二、理论缘起

本书是从意识形态的视角来解读中国的发展道路，究其实质，这一研究应属于意识形态功能实证化的研究范畴。关于意识形态对社会发展所具有的功能，早在意识形态这一概念产生之初就已现端倪。在意识形态概念创始人特斯杜·德·托拉西（Desturt de Tracy）那里，“意识形态”指称的是一种观念科学，它的作用恰恰就在于通过对认识的起源、可靠性等问题的研究，扫除形而上学的偏见、宗教的束缚和专制的羁绊，为经济学、政治学等建立起坚实的理论基础，使人类走向自由和真理，建立一个正义和幸福的和谐社会。随后，虽然黑格尔用“异化”、“教化”、“虚假性”等这样一些负面词汇来描绘意识形态在现实世界运动发展的本质，但在其论述中所充溢的浓厚的历史感却始终将意识形态与社会发展紧密相连。当然，意识形态与社会发展紧密相连的特质最终是在马克思恩格斯那里得到了最为充分的诠释。在马克思那里，意识形态是作为历史唯物主义原理中一个基本范畴加以展开的，侧重于揭示构成意识形态虚假性或歪曲性的社会关系根源。简言之，在马克思那里，思想观念被赋予了一种积极的政治力量，而不仅仅被理解为对世界的反映。在这一理论的基础之上，马克思很自然地将对旧有意识形态的批判与政治斗争融合在了一起，从而使其意识形态理论同时具有了更新认识与指导政治实践的双重理论意义。当然，在之后意识形态理论发展的过程中，意识形态与社会现实的关联性更是凸显无疑。在现实的社会主义运动中，由于革命斗争的需要，列宁赋予了意识形态以中性的含义，并将马克思主义界定为“科学的意识形态”，从而使社会主义社会的意识形态概念明确化和一致化。与此同时，作为西方马克思主义创始人的卢卡奇、柯尔施和葛兰西等也都将目光投向了马克思的意识形态学说，强调在西方工业社会的革命中开展意识形态斗争的必要性和重要性。随后，由德国法兰克福学派的学者和美国社会学家发起了一场意识形态与科学技术关系的大讨论。在对这一问题探讨的背后折射出的正是人们对战后西方发达工业社会发展中所呈现出的新特点和新问题所进行的思考。事实上，就连“意识形态终结论”的持有者也难以回避这样一个事实，那就是其理论本身实际就是那个时代和地域的社会现实的重要表达。除此之外，上世纪 60 年代，西方所兴起的新制度主义流派更是将意识形态在政治中的作用进行了理论的强化。其重要代表诺思还专门对意识形态的功能进行了概括，认为正是意识形态使政治决策的过程简单明了。

在西方的一些理论著作中，我们还可以看到针对意识形态和社会发展关系问题所进行的专门论述。具有代表性的，如塞缪尔·亨廷顿、劳伦斯·哈里森主编的《文化的重要作用——价值观如何影响人类进步》一书。书中结合某些国家的实际，集中讨论了文化（一个社会中的价值观、态度、信念、取向以及人们普遍持有的见解）与社会发展，特别是与政治二者之间的关系，分析了文化对社会发展的决定性作用以及政治行动与社会行动对于文化的影响。其实，早在上世纪 40 年代和 50 年代，就有不少学者重视文化因素，并从文化的角度理解各种社会，分析它们之间的差别，解释它们的经济和政治发展。特别是在上世纪 80 年代，劳伦斯·哈里森撰写的《不发达是一种心态——拉丁美洲事例》以彼此对应的个案研究表明，在多数拉美国家，文化成为发展的一大障碍。此后，社会学界越来越多的学者把目光转向了文化因素，用以解释各国的现代化、政治民主化、军事战略、种族和民族群体的行为以及国与国之间的联合和对抗。当然，文化这一概念与意识形态概念相比，其内涵和外延都要宽泛的多，但就文化自身对意识形态的影响以及文化对经济发展、政治发展的作用机制等内容而言，该书可以看作是一本涉及意识形态和社会发展之间关系问题的相关著作。除此之外，我们还可以在某些学者对特定国家的发展模式、政治特征等问题的研究论著中，看到有关意识形态对发展道路影响制约的相关内容的论述。如，鲁恩·本尼迪克特的《菊与刀》就是较为典型的专著之一，该书结合历史上二战期间以及二战以后，日本在经济、政治、社会、军事等方面的政策和做法，分析了存在于其观念、信仰、意识形态方面的原因。

相对于国外学者的研究情况而言，在我国有关意识形态功能实证化的研究大致可以分为四个方向：一是在研究意识形态理论问题时对意识形态进行现实性的分析和解读。俞吾金先生1993年出版的《意识形态论》就是具有代表性的理论著作。书中对马克思主义、西方马克思主义以及非马克思主义的意识形态理论进行了系统梳理，并分别从50年代、60年代初到“文化大革命”结束、70年代后期至今这三个阶段考察了我国意识形态理论发展的主要线索及经验教训。再如：近几年来，国内一些学者从介绍西方新制度经济学派诺思的意识形态论理论入手，对意识形态的功能进行了相关的研究和分析。如：季广茂的《意识形态》、张秀琴的《马克思意识形态理论的当代阐述》等。二是从马克思主义理论中国化发展演进的角度，着重对毛泽东、邓小平、江泽民、胡锦涛的意识形态理论进行政策性的梳理，并在此基础上对其历史价值及现实意义进行分析。如：作为教育部哲学社会科学研究重大课题委托研究项目的朱松山、盖世金主编的《源和流——中国化的马克思主义教学研究》、夏东民的《马克思主义中国化理论创新规律与历程研究》、侯惠勤等著的《马克思主义中国化理论创新30年》、孙力的《演进与驾驭：中国共产党意识形态解析》等。三是侧重于考察新时期社会主义意识形态所面临的挑战，特别是针对经济全球化与意识形态建设的关系、中国社会转型与意识形态建设的关系、社会主义和谐社会的意识形态建设等问题进行全方位的探索，为社会主义意识形态的构建给出建议。如：周宏的《理解与批判》、郑永廷等著的《社会主义意识形态研究》、朱兆中的《中国社会主义意识形态建设》、刘明君、郑来春、陈少岚合著的《多元文化冲突与主流意识形态建构》、赵继伟的《马克思主义意识形态接受论》等。四是在研究中国特色社会主义道路或"中国模式"中，将意识形态问题作为内容之一加以阐述。"中国模式"是研究中国问题的国外学者、政要和媒体在中国改革发展取得巨大成就的巨大影响下所提出的新概念。相对于国际上对"中国模式"的热烈讨论，我国学术界对"中国模式"则持有比较谨慎的态度。不少学者不主张过分张扬"中国模式"，不认为世界上有一个什么统一的模式，他们不仅反对美国和西方向包括中国在内的发展中国家推行美国和西方的社会制度和发展模式，而且秉着恪守尊重世界多样化发展的基本立场，也反对对外输出什么"中国模式"。从这一立场出发，国内大多数学者在著作或论文中所提及的"中国模式"实际上与"中国特色社会主义"概念指代的内容大致相同，只是二者研究的视角有所不同。毫无疑问，中国特色社会主义的成功经验构成了"中国模式"的主要内容，但在考察的视角上，"中国特色社会主义"这一概念更着眼于政治和意识形态取向，而"中国模式"概念则着眼于社会发展，以便于人们在全球化的宏观背景下，从世界视野考察我国的现代化。正因为先进的理论、先进的意识形态在引领中国社会发展方面，相对于其他因素而言扮演着更为重要和突出的角色，因此，论述中国特色社会主义道路或“中国模式”问题的学者，都不可避免地要涉及到意识形态的相关内容。如，沈云锁、陈先奎主编的《中国模式论》中，就将中国化的马克思主义看成是中国模式的根本，论述了改革开放以来，马克思主义中国化的发展历程，并着重对科学发展观加以论述，认为科学发展观是新世纪新阶段的重大战略思想。再如，郑永年的《中国模式：经验与困局》着重对中国民族主义和自由主义进行了分析，并在该书结语中借“五四运动”九十周年的时机，主张重拾五四精神，通过各种“主义”的竞争来确立中国的主流意识形态。

从以上我们对国内外研究现状的分析中，可以看到，虽然不乏对意识形态（中国特色的社会主义意识形态）以及中国发展道路研究的相关论文和著作，但其中对于意识形态与发展道路的关联性以及理论分析的全面性、系统性方面都存在一定的缺憾和不足。主要表现在：一是对意识形态与发展道路关联性问题的理论分析还不够充分。在多数理论著作中，意识形态与发展道路大多自成体系、各成方向，即使有所涉及，也仅限于某章节甚至只言片语的论述，这种理论分析的人为割裂在一定程度上造成了现实中意识形态在很多国人心目中已然成为一种空洞的抽象，形成了大国崛起背后隐藏的意识形态危机与事实上意识形态对发展道路的重大影响之间的鲜明反差。二是理论分析上缺乏一定的系统性和完整性。主要表现在由于研究内容的时间设置多偏向于改革开放以后，因而缺少甚至忽视了对我国主流意识形态形成发展以及对我国发展道路作用影响的历史根源的分析，因而在历史纵深感不足的情况下体现不出理论分析的“中国特色”。三是在谈及意识形态构建并给出意见建议的时候，一方面过分强调来自外部的，即西方意识形态和国内非主流意识形态所带来的冲击与挑战，而忽视主流意识形态自身建设发展存在的问题与不足；另一方面往往只单纯强调理论的引领作用，而忽视现实的制度建设和完善对于意识形态吸引力和凝聚力的重要作用。

正是在这一意义上，笔者认为从意识形态的角度研究中国发展道路问题，具有一定的理论研究空间和发挥余地，同时也是一个具有理论和实践双重意义和价值的研究课题。

第一章　相关概念的释义

对于概念的澄清和界定，是一切理论研究的前提和基础。作为界定社会现象的特定概念，意识形态的内涵是丰富而复杂的，并且随着社会历史条件的变化而不断发展变化；“中国模式”作为新兴概念，还只是一个不成熟的、理论上正在形成发展、实践中正在探索的范畴。

第一节　意识形态的基本内涵

众所周知，当法国哲学家特斯杜·德·托拉西（Desture de Tracy）（1754—1836）首次使用“意识形态”这一术语时，他将其界定为“关于观念的科学”。从其本义上来说，此时的意识形态是作为一种科学精神出现的——把一切观念的本性和根源归结为经验和感觉，反对一切虚妄的观念。正因为如此，这种关于观念的科学曾一度在法国大革命中成为革命领导者用以向官方政治、宗教宣战的强大思想武器。但是，后来的历史事实表明，法国大命时期的“意识形态”本身就是一种虚假的观念，不仅它极力宣扬的“千年理性王国”是南柯一梦，就连“革命”本身也因最终失去人性的光辉而变得残忍和恐怖。所以，在拿破仑时期，“意识形态”曾一度成为狂热的革命信仰的代名词，并因而具有了贬义的特征。自此，关于意识形态的多重含义就开始让人们争论不休。意识形态到底是什么？是信仰体系还是科学体系？是经验、感觉以至非理性的，还是理性的表现？是官方的政治思想还是自由的精神体现？是虚假的观念体系还是真实的生存环境？对于这些问题，我们必须回到意识形态概念的自身角度来进行考察。

一、意识形态概念的产生、发展与流变

意识形态探究的是我们最基本的观念的基础以及这种观念的正确性问题，作为一个基本内涵存在争议的概念，在意识形态概念产生之前，它就已经存在，但却是“犹抱琵琶半遮面”，充满了神秘感。

（一）意识形态概念的产生

柏拉图的“理念世界”和“洞穴比喻”是人们对意识形态问题最初的猜测与思考。黑暗的中世纪却是意识形态舞台上演的抢眼章节——奥古斯丁的“上帝之城”将人的精神和灵魂围困在意识形态的城墙之内，直到弗朗西斯·培根以“四假象说”在坚固的意识形态城墙上打开了缺口，人们才得以依稀看清意识形态的真面目。最终，法国启蒙运动的批判之火助推了意识形态概念的产生。

法兰西研究院院士特斯杜·德·托拉西是第一个把“意识形态”概念引入西方哲学史的人。他有关意识形态的理论主要体现在他的四卷本巨著《意识形态的要素》之中。在这本著作中，托拉西将意识形态拼写为 idèologie（法文）。这个词是由两个部分构成的——idèo 和 logie。Idèo 来源于希腊语 ιδεα 即“理念”和“观念”；logie 则来源于希腊语 λογοζ，我们通常将其直译为“逻各斯”，也就是我们通常所说的“规律”。可见，在托拉西看来，idèologie 指的是一种有关观念、理念的规律性

的东西，即观念科学或观念学。

作为一个彻底的感觉主义者，托拉西有关观念的基础和出发点显然是人们从外部世界中所获得的感觉经验，他认为感觉构成了一切准确的观念的基础。正如汉斯·巴尔特所评论的那样，作为孔狄亚克的学生，“像孔狄亚克一样，托拉西从人性的基本能力——具有感觉出发，推导出一切观念。”对于托拉西而言，意识形态就是理论的理论，它的“唯一任务正是这种包罗万象的还原”。托拉西这种彻底的感觉主义观点和神秘的宗教显然形成了一种极端的对峙。这种对峙来源于由感觉而引发的对现实和实践的关注，以及对神秘的拒斥。因此，托拉西有关意识形态的理论在某种意义上与法国启蒙运动的基本精神是契合的，概念本身传递出的是积极和进步的氛围。然而，同时也正是由于托拉西对感觉主义的忠贞，使他在一定程度上失去了吸收借鉴批判哲学的机会，从而不可能科学地解决认识论基础的更新问题，当然也不可能为社会现实提供科学的依据。难怪拿破仑要冠以他以及他的伙伴们以“空想家”的称呼。

继托拉西创制 idèologie 概念之后，黑格尔在《精神现象学》中使用的另一个德语词 die Gestalten des Bewusstseins 或 die Gestaltungen des Bewusstseins（即“意识诸形态”）成为意识形态理论发展史上最重要的里程碑之一。他对异化了的现实世界的说明和对教化的虚假性的揭露，为意识形态概念的根本性转折奠定了基础。

在《精神现象学》中，“意识诸形态”指称的是广义的意识，是一切精神现象，它涵盖着意识发展的六个阶段，即意识、自我意识、理性、精神、宗教和绝对知识。正是在第四个阶段——狭义的“精神”阶段，黑格尔提出了“教化”（Building）和“异化”（Entfremdung）的概念。正是在这两个概念的基础上，黑格尔通过对精神运动的分析，试图向我们揭示现实世界运动发展的本质。

黑格尔在《精神现象学》中把现代世界称为“教化”(Bildung)，即现实自我异化的精神的一种特殊表现。很显然，在黑格尔这里，“教化”基本上是一个贬义概念，因为它是现实和思想两者的绝对而又普遍的颠倒和异化，而人们在这样一种纯粹教化世界里所体验到的却是完全的虚假性。因为正是教化使人脱离了自己的自然状态和天性，形成了一个与原初实在相对立的教化世界。基于这样的认识，黑格尔认为现代人声称的种种权利并不是天赋的，而认为人是被迫使承认这些权利的，并且我们还创造出了各种社会经济政治的制度来保障这些权利。于是，在黑格尔看来，现代人作为人和公民的身份是由社会赋予的，它完全是一个“人为的”身份，所以，教化的过程本身就是个体异化的过程。当然，与个人异化同时发生的还有善恶观念的异化。它们异化为权力和财富。针对对待财富和权力的两种不同的态度，黑格尔将其区分为“高贵意识”和“卑贱意识”。在“高贵意识”看来，权力与财富是和自己同一的，因此顺从权力的驱使，愿意为维护并发展公共财富而奋斗；相反，“卑贱意识”却将国家的统治力量看成是压迫和束缚自为存在的一条锁链，因而仇视统治者，在平日的阳奉阴违之下随时都准备爆发叛乱。于是，教化的目的就此显现出来。它的目的就在于让人们普遍形成“高贵意识”，服从权力的统治，并百依百顺地在权力的指使下，心甘情愿地为所谓的公共财富而不遗余力。那么，教化（异化）是何以成为可能的呢？答案就是语言。在教化这里，语言既是形式，同时也是内容。教化世界其实就是一个语言的王国。通过教化所形成的“高贵意识”在语言上就成为了“阿谀的英雄主义”（Heroismus der

Schmeichelei)，成为对国家权力的颂词，于是语言和现实世界的关系发生了分裂和颠倒。因此，这实际上就等于宣告，教化的本质就是精神上的一种普遍颠倒和欺骗，是精神的异化。然而，在这种精神异化的极端形式中却孕育着一股变革的力量，促使教化的虚假性走向它的反面——启蒙运动。

启蒙是以破除迷信、解放思想的姿态出现在人类历史舞台上的。很显然，在黑格尔这里，启蒙运动是自我意识在分裂的世界中寻求自我同一的一种努力（另一种努力是自我意识在宗教信仰的世界里企图达到彼岸的努力）。但是，这种努力却并不能真正克服异化现象。因为在黑格尔看来，启蒙思想家提出的企图与宗教（迷信）相对立的理性实际上只是知性，是一种不完全的思想，黑格尔称其为“纯粹识见”。“纯粹识见”是一种先验的主观意识和反思的主观意识。之所以称为“纯粹”，就是因为它的对象不是现实的财富和权力，而是纯粹自我。可见，“纯粹识见”是纯粹的意识从分裂的教化世界中返回以此来寻求自身的同一。然而由于宗教信仰也是精神从教化世界那里返回，因此，在黑格尔看来，启蒙与宗教信仰只是异化的精神寻求自我同一的不同道路，它们实际上共有着异化精神的基本特征。黑格尔曾以法国大革命时刺杀马拉的夏洛特·科黛(Charlotte Corday）对其刺杀马拉的行为的所谓合理性的辩解——“我杀一人救千万人；杀一个恶棍救无辜者；杀一头野兽使我的国家安宁。”——出发来解读启蒙实质上也是一种去自然化，它通过切断给历史提供意义和连续性的宗教和哲学的联结，使人失去其自然本性，从而发生异化。在黑格尔看来，这种异化的程度要更为严重。因此，黑格尔得出这样的结论，精神并不能一味地向前、向外运动，它必须转过身来设定自己的界限，通过“自我确定的精神：道德”（精神发展的第三个阶段）最终达到“绝对知识”这一精神发展的最高阶段。

黑格尔曾经说过：“推动精神自己的知识形式向前发展的运动，就是精神所完成的作为现实的历史的工作。”所以，通过对黑格尔意识形态相关论述的阅读和分析，我们发现，虽然他很少提及“意识形态”一词，但却试图通过对人类所经历的不同的意识阶段的说明来揭示意识形态在现实世界运动和发展的本质。就这一点，黑格尔的意识形态理论与托拉西就观念而谈观念的意识形态理论是存在很大区别的。然而，正是因为黑格尔对意识的社会历史本质所作的这些深入的考察，奠定了他在意识形态概念发展史上的里程碑式的地位。

（二）意识形态概念的发展

通过以上的分析，我们看到，意识形态这一概念是在近代西方哲学的发展中形成起来的。虽然培根、托拉西、黑格尔、费尔巴哈等哲学家在这方面做出了不可磨灭的贡献，但是对这一问题突破性的研究，却是由马克思来完成的。

如果就马克思本人思想发展的脉络而言，他的意识形态批判学说是直接缘起于他本人所创立的历史唯物主义理论。马克思的历史唯物主义可以说是德国古典哲学演化发展的一个逻辑结果，同时也是德国古典哲学在经历数次循环往复后找到的真正出路 。其中，对于现实的人从事的物质生产劳动的揭示，是这一理论的基础，同时也是这一理论诞生的根本标志。正是在这个意义上，马克思在《德意志意识形态》中这样描述他所创立的唯物史观：“这种历史观就在于：从直接生活的物质生产出发阐述现实的生产过程，把同这种生产方式相联系的、它所产生的交往形式即各个不同阶段上的市民社会，同时从市民社会出发阐明意识的所有各种不同的理论产物和形式，如宗教、哲学、道德等等，而且追溯它们产生的过程。”

在历史唯物主义的观照下，马克思对于意识形态的批判洋溢着实践精神的光辉。因为这样的批判不是针对意识形态本身，而是针对派生意识形态的社会根源和历史前提，是一种釜底抽薪式的批判。就像他自己所说的那样：“意识的一切形式和产物不是可以通过精神的批判来消灭的，也不是可以通过把它们消融在‘自我意识’中或化为‘幽灵’、‘怪影’、‘怪想’等等消灭的，而只有通过实际地推翻这一切唯心主义谬论所由产生的现实的社会关系，才能把它们消灭。”正是在这个意义上，马克思并不仅仅是从与“存在”、“物质”、“外部实在”等传统的对举关系中使用意识形态，而是更为强调意识形态在社会生产中的生成性质。而这一强调本身则是来源于他所采取的对前提加以澄明的批判方式。在马克思看来，意识形态总是在歪曲、遮蔽人类史，因此，如果没有先行去蔽的过程，人们就不可能真正认识现实的人类史。道理很简单，正如恩格斯所阐明的那样：“……人们首先必须吃、喝、住、穿，然后才能从事政治、科学、艺术、宗教等等；……”然而，恰恰就是这一简单的事实，在被马克思阐明之前，却一直都是遮蔽不明的。正因为如此，在马克思看来，意识形态虚假性最普遍的表现形式就是脱离真实的历史条件，抽象地谈论一切。因此，马克思所说的“虚假的意识”，其虚假性指称的是意识形态家们错将虚假的、非现实的思维和观念的东西看成是推动他们创造意识形态的动力和基础，“他只和思想材料打交道，他毫不迟疑地认为这种材料是由思维产生的，而不去进一步研究这些材料的较远的、不从属于思维的根源。而且他认为这是不言而喻的，因为在他看来，一切行动既然都是以思维为中介，最终似乎都以思维为基础。”由此可见，无论这种意识被装点得多么华丽，骨子里不过是虚无。

正是在这个意义上，我们认为，马克思意识形态学说的主旋律是否定的，即对意识形态是持否定的和批判的态度的。但这并不是问题的结束，事实上，在笔者看来，探讨马克思意识形态概念的褒贬含义虽然能让我们明了马克思在分析意识形态问题时的根本倾向，有助于我们正确理解马克思意识形态的相关理论，但同时，更为重要和有价值的是从马克思对意识形态的批判态度中秉承一种精神，就是一切基于现实、基于生活、基于从事物质生产劳动的现实的人的理论分析精神。正如马克思本人在对意识形态问题研究日益深入的过程中所发生的转变一样，不再仅仅将意识形态简单看成是带有贬义色彩的虚假（歪曲）幻象，而是更加重视从唯物史观为意识形态定位，更加重视揭示构成意识形态虚假性或歪曲性的社会关系根源。换句话来说，他不再纠缠于对意识形态想象是否真实的追究和批判之中，而是更加重视揭露和消灭造成意识形态虚伪性的真实的物质条件。正因为如此，在马克思那里，思想观念被赋予了一种积极的政治力量，而不仅仅被理解为对世界的反映。在这一理论基础之上，马克思很自然地将对旧有意识形态的批判与政治斗争融合在了一起，从而使马克思主义的意识形态理论同时具有了更新认识（认识论）与政治实践（激进改造）的双重价值。我想，这是我们在研究分析马克思意识形态学说，并用这一学说分析现实问题的一个必须澄清的重要的理论前提。

当然，也正因为如此，马克思恩格斯的意识形态理论也体现出以下的一些基本特征：

特征之一：实践理性

说到实践，我们能很自然地想到马克思意识形态理论的根基——历史唯物主义。在我之前发表的论文中，我曾将其描述为“实践唯物主义”。在俞吾金先生的《意识形态论》一书中，他也将马克思的历史唯物主义理论和意识形态学说称为“实践诠释学”。正如马克思本人在《关于费尔巴哈的提纲》中写道的那样：“全部社会生活在本质上是实践的。凡是把理论引向神秘主义的神秘东西，都能在人的实践中以及对这个实践的理解中得到合理的解决。”的确，在马克思有关意识形态的论述中，我们无时无刻不感受到，他所指称的意识形态并不是什么纯粹空洞的东西，而是与现实紧密联系、指向现实、拥有特定社会内涵的概念。因为真实的世界并不是由纯粹自然客观物堆积起来的物质大厦，也不是神秘幽灵经常出没的精神城堡，真实的世界是一个被“物”和“灵魂”的“隐喻”所遮掩的实践的世界。正是在这个意义上，马克思意识形态理论的实践理性得以展开：意识形态总是指向现实的；人们之所以接受意识形态的教化，也是出于实践的目的。正如马克思所说，意识在任何时候都只能是被意识到了的存在。因而，人们在社会生活中形成的意识形态观念，无论其表现是真实还是虚幻，它终究是有其自身特定的社会内容的。意识形态自身没有历史，它的历史就来源于对社会生活的意向性和依赖性。这种意向性和依赖性不仅是意识形态自身赖以生存的基础，同时也是人们在特定的社会中从事一切实践活动的前提。当然，也正是在这个意义上，马克思批判了德意志意识形态思辨性、抽象性和对现实的非批判性的特征，认为“德国的批判，直至它最近所做的种种努力，都没有离开过哲学的基地”，即黑格尔体系，“从施特劳斯到施蒂纳的整个德国哲学批判都局限于对宗教观念的批判”，这一切都是在纯粹的思想领域中进行的，是现实的歪曲反映，具有虚伪性。

特征之二：阶级分析法

列宁曾经指出：“马克思主义提供了一条指导性的线索，

使我们能在这种看来扑朔迷离、一团混乱的状态中发现规律性。这条线索就是阶级斗争的理论。”阶级斗争理论是马克思的一个基本理论，同样，阶级分析法是马克思进行理论分析的基本方法，是马克思进行意识形态批判独具风格的理论武器。根据马克思的观点，支配着物质资料生产的阶级，同样也支配并调节着自己时代思想的生产和分配。特别是随着那些把编造统治阶级幻想当作谋生手段的意识形态家（“意识形态阶层”）的出现，更是为意识形态的阶级属性创造了必不可少的条件。在《剩余价值学说史》中，马克思写道：“物质生产中的对立，使一个由意识形态阶层构成的上层建筑成为必要；他们的作用不管是好是坏，因为必要，所以都是好的。”在资本主义社会内，意识形态阶层构成了整个统治阶级不可缺少的一部分，他们的主要使命就是从观念上维护统治阶级的根本利益，使那些所谓的“自由的精神生产”被限定在一定的前提——不损害资产阶级的根本利益的前提——之下。当然，在这样一个前提之下，被统治阶级是不可能拥有属于自己的意识形态的，因此“只能说它们拥有自己的观念（不完整）或思想体系（相对完整），而这些观念或思想体系不过是民间意识而已。”正是由于意识形态总是隶属于统治阶级、代表着统治阶级的根本利益，因而被统治阶级总是被同化在统治阶级的意识形态之中，只有统治阶级自身的统治处于危机状态，从统治阶级中分化出来的一些知识分子才有可能为被统治阶级创制出相对比较完整的思想体系，并以此取代统治阶级的意识形态。

从这一理论脉络中，我们可以很明显地感知到，就马克思本人而言，他并没有将自己的理论看成是一种新的意识形态。可以说，马克思终其一生的主要工作之一就是从事意识形态批判。而就这一过程而言，无论是逻辑层面的反思，还是塑造历史的现实活动，都体现为历史的“遮蔽”与“去蔽”。“遮蔽”即来自于意识形态，而“去蔽”则是对意识形态的消解和超越。那么，如何实现意识形态的消解和超越呢？无产阶级争取解放的斗争就是意识形态批判走向现实、实现消解和超越的基本途径。马克思认为，只有走向现实的对社会的革命改造，才是意识形态批判的真正目的，而无产阶级争取解放的斗争就是彻底批判意识形态、实现意识形态超越的革命实践力量。因为“如果说无产阶级在反对资产阶级的斗争中一定要联合为阶级，如果说它通过革命使自己成为统治阶级，并以统治阶级的资格用暴力消灭旧的生产关系，那么它在消灭这种生产关系的同时，也就消灭了阶级对立的存在条件，消灭了阶级本身的存在条件，从而消灭了它自己这个阶级的统治。”无产阶级的历史解放是以阶级赖以存在的条件消解为前提的。既然阶级已不复存在，那么人们就不再需要用普遍利益的幻想来掩盖相互之间不一致的特殊利益，当然，建立在阶级社会之上的意识形态自然也就不复存在了。在这样的社会里，观念不再被想象为“统治”的观念，自觉的和联合起来的人们将以非意识形态的、科学的方式组织共同的生活，并创造产品。

特征之三：相对独立性

在马克思意识形态学说发展的过程之中，恩格斯的重要贡献是不可磨灭的，尤其是他全面地论述了意识形态相对独立性的问题，及时地纠正了历史唯物主义在产生广泛影响之后走入的另一个极端——无限夸大经济关系的作用，完全否定思维、意识形态对历史现实的反作用。马克思、恩格斯从来就没有否定过意识形态具有相对独立性，他们所否定的只是以往意识形态家们所认为的意识形态有自身完全独立的历史的思想。这便是意识形态独立性和决定性（或相对独立性和完全独立性）的区别。正如恩格斯在1890年9月21日致约·布洛赫的信中写的那样："……根据唯物史观，历史过程中的决定因素归根到底是现实生活的生产和再生产。无论马克思或我都从来没有肯定过比这更多的东西。如果有人在这里加以歪曲，说经济因素是唯一决定性的因素，那么它就把这个命题变成毫无内容的、抽象的、荒诞无稽的空话。"也就是说，无论是过分专注于精神的自我运动，还是奉行唯经济关系论，都是历史唯心主义的表现。因此，"物质生存方式虽然是始因，但是这并不排斥思想领域也反过来对这些物质生存方式起作用，因而是第二性的作用。""政治、法、哲学、宗教、文字、艺术等的发展是以经济发展为基础的。但是它们又相互作用并对经济基础发生作用。并非只有经济状况才是原因，才是积极的，其余一切都不过是消极的结果。"

综观马克思恩格斯的相关著作，他们对意识形态"相对独立性"的阐释，其根源来自于社会意识作为社会分工的特殊部门而存在的事实。在《德意志意识形态》中，马克思恩格斯就已经揭示了意识形态的产生与社会分工的关系问题。正如他们所分析的那样，物质劳动和精神劳动的分工为意识形态的产生铺平了道路。一旦意识形态产生，并作为一种"独立部门"而客观存在的时候，不论是与经济基础关系密切的法律思想、政治思想、经济思想，还是"那些更高地悬浮于空中的意识形态的领域，即宗教、哲学等等"，"他们的产物，包括他们的错误在内，就要反过来影响全部社会发展，甚至影响经济发展。"即，当社会意识在经济基础上产生出来之后，就离开经济基础相对独立起来，按照自身的规律运动，并反过来对经济基础发生影响。但是这种反作用并不是任意的，当然更不能无限夸大，归根到底具有决定意义的，并贯穿始终、唯一有助于理解的红线，仍然只是现实中的经济关系。这便是意识形态相对独立性赖以存在的最基本的理论基础。

除此之外，恩格斯还从社会意识产生特点的角度揭示了意识形态的相对独立性，即人们在创造意识形态时，总要利用先前世代和当代人们所积累的思想（观念）资料，加以改造、融合、发展，并借助语言、文字或其他形式，形成相对独立的发展史。这一过程，恩格斯称之为思维发展的“辩证否定”过程，既有克服又有保留的“扬弃”过程。恩格斯通过分析哲学思想的发展历程向我们展现了思维发展所具有的否定之否定规律：“古希腊罗马的哲学是原始的自发的唯物主义。作为这样的唯物主义，它没有能力弄清思维对物质的关系。但是，弄清这个问题的必要性，引出了关于可以和肉体分开的灵魂的学说，然后引入了灵魂不死的论断，最后引出了一神教。这样，旧唯物主义就被唯心主义否定了。但是在哲学的进一步发展中，唯心主义也站不住脚了，它被现代唯物主义所否定。现代唯物主义，否定的否定，不是单纯地恢复旧唯物主义，而是把两千年来哲学和自然科学发展的全部思想内容以及这两千年的历史本身的全部思想内容加到旧唯物主义的永久性基础上。”可见，将“辩证否定”（“扬弃”）概念引入意识形态研究之中，无疑是恩格斯对马克思意识形态批判学说的又一重大贡献。

至于意识形态相对独立性的具体表现，恩格斯认为主要有：(1) 意识形态的变化发展与社会存在的变化发展的非完全同步性。这种非完全同步性表现为两种情况：一是滞后性，即意识形态作为对社会存在的反映，在一般情况下总是落后于社会存在，并在形成后处于相对稳定的状态之中，直到社会存在发生根本性改变的时候，意识形态才会或迟或早地发生剧烈的变化。二是先导性，即在社会历史急剧变化的时刻，新的意识形式常常成为革命的先导，从而给经济关系、政治关系、社会生活带来深刻的影响。正如海涅在提到法国革命者时所描述的那样：“记住吧，你们这些骄傲的行动者！你们不过是思想家们不自觉的助手而已。这些思想家们往往在最谦逊的宁静之中向你们极其明确地预示了你们的一切行动。”（2）意识形态与社会经济之间存在发展上的不平衡性。一般来说，意识形态的发展水平是与经济发展状况相一致的，但往往也会出现这样的情况，即经济发展程度较高的国家意识形态领域并不繁荣，而经济发展比较落后的国家意识形态却能扮演第一小提琴角色。显然，充分认识意识形态发展与经济生活发展的这种不平衡性，可以有效地帮助我们避免陷入机械唯物论的泥沼之中。（3）意识形态的历史继承性，就如我们之前所分析的那样，一方面，意识形态从统治阶级的根本利益出发，选择传统、改造传统；另一方面，传统中的某些因素也会在新的意识形态中得以保存和延续。（4）各种意识形式之间的相关性。意识形态是一个庞大的体系，在经济基础之上，它被划分为三个层次：第一层是政治思想、法律思想、经济思想；第二层是社会思想、教育、伦理、艺术；第三层是哲学、宗教。意识形态的各种形式在内容上相互影响、相互渗透，并相互联系、协同地对社会生活产生影响。在阶级社会中，政治、法律思想对其他意识形式的影响最大。其他意识形式既反映经济，同时又受到政治的重大影响，并往往以政治为中介反映并反作用于经济，当然，与此同时，其他意识形式也会对政治、法律思想产生影响。虽然马克思恩格斯在意识形态研究和探索方面取得了卓越的成就，但后人继续为之求索的脚步却并未停止过。事实上，自马克思恩格斯之后，意识形态概念仍一直处于发展与流变之中。

（三）意识形态概念的流变

1932 年，马克思恩格斯最为重要的关于意识形态的理论著作《德意志意识形态》终于第一次以全书的形式原文发表于《马克思恩格斯全集》（1932 年历史考证版第 1 部分第 5 章）之中。这部著作问世后不久，奥地利“弗洛伊德的马克思主义”创始人威廉·赖希就出版了《法西斯主义的大众心理学》一书。书中运用了马克思的意识形态理论对法西斯主义的兴起和蔓延现象作了透彻的分析，也就此掀起了一股西方学者研读《德意志意识形态》的热潮。事实上，从意识形态诞生的那一天起就预示着西方国家的理论家在意识形态问题的研究上始终发挥着引领的作用。当代西方国家学者对于意识形态问题的研究主要集中在以下几个方面：一是有关意识形态领导权的问题；二是有关意识形态与科学技术的关系；三是对马克思主义意识形态理论的诠释和发展。

“意识形态领导权”的问题是由西方马克思主义的创始人之一安东尼奥·葛兰西提出的。基于对 20 世纪中、西欧工人革命相继失败的经验教训的思考，葛兰西将意识形态看成是一种“常识”、民俗习惯甚至是宗教，并创造性地把领导权概念引入到上层建筑领域，建构了文化霸权理论。在葛兰西看来，西方国家市民社会所具有的领导权要比政治社会所发挥的统治职能来得更为显著，甚至发挥着比政治社会更为基础的作用。“在俄国，国家就是一切，市民社会是初生的和凝结的；在西方，国家和市民社会有一个适当的关系，当国家不稳的时候，市民社会的竖立结构立即就显露出来了。国家仅仅是一条外部的壕沟，在它后面耸立着一个强有力的堡垒和土木工程系统。”因此，他认为，西方国家无产阶级要夺取资产阶级领导权，就必须从夺取市民社会开始，由知识分子通过教育、引导、说服等方式，渐进地、“散漫地”、“毛细管式地”进行长期渗透，依靠被统治阶级的同意和服从，从市民社会的各个环节中逐一破坏资产阶级在意识形态上的领导权，从而最终获得政治社会的领导权。可以看到，葛兰西通过对发达资本主义社会的政权结构和社会状况的分析，看到了在意识形态领域进行革命的可能性和重要性，并把革命的重点放在对革命主体的改造上，这显然是他的杰出贡献。然而，非常明显的是，他却忽视了资产阶级国家对意识形态强权控制的现实。也就是说，在资本主义充分发展并已形成对社会充分控制的欧洲，意识形态领域的革命必然会受到限制，更不可能允许他的社会主义模式在政治上显现出来。对于这一点，葛兰西显然是认识不足的，或者说，在某种程度上体现了由革命浪漫主义而导致的空想主义的倾向。

对意识形态与科学技术的关系的研究是由德国法兰克福学派的学者和美国社会学家发起的，折射出的是人们对战后西方发达工业社会发展中意识形态呈现出的新特点和新作用的反思。一方面他们对意识形态进行了猛烈的抨击，指出它在当代工业社会具有社会操纵、社会欺骗和社会辩护的功能，认为“一切意识形态，都是其制造者们为巩固和扩大自身阶级利益而杜撰、虚构出来的，其目的是左右人们的思想，决定社会的生活”；另一方面，他们抛弃了意识形态与实证科学不相容的传统观点，明确地宣布科学技术本身就是一种“新意识形态”，并正在行使着合法化的功能，进而取代旧的资产阶级意识形态。这一观点是基于，首先他们认为，科学技术是制造和传播文化工业的主要工具，正是这些以现代技术为平台的大众传媒，把那些因循守旧的行为模式当作自然得令人尊敬的合理模式强加给个人，使人们的思想和行为齐一化，从而完全丧失其否定性。其次他们认为，人们对科学技术的盲目崇拜使启蒙精神逆转嬗变成为意识形态，使人们走向自由解放的反面，以致堕落到一种新的野蛮状态。可以看到，法兰克福学派意识形态批判理论是在科学技术已然成为第一生产力的时代，基于对晚期资本主义社会和意识形态领域的现状进行观察之后提出来的，它具有值得肯定的方面，即通过在一个更为深入的层面揭示有关科学技术的发展对自然、人类社会所产生的种种不良后果，给我们提供了一把分析和把握晚期资本主义社会统治新形式、新特点的钥匙。但同时，我们也应该看到，法兰克福学派的学者们这种仅限于对资本主义社会科学技术的批判是无法触及资本主义社会的根本的，从而也丧失了对整个资本主义社会制度进行批判的理论武器，丧失了固有的革命性。

至于对马克思主义意识形态理论的诠释和发展，有一个人显然是发挥了开拓性作用的，这个人就是路易·阿尔都塞。正如有些学者所评论的那样，西方出现的各种不同的马克思主义理论，在不同程度上都可以看作是对阿尔都塞的响应或辩驳。在《保卫马克思》这本有着国际巨大影响力的著作中，阿尔都塞同样论述了“意识形态”与“科学”的关系。但是，与法兰克福学派不同的是，阿尔都塞认为，科学“就其涵义而言是同意识形态的决裂，……科学是以新问题为出发点而形成起来的，科学就现实提出的问题不同于意识形态的问题，或者也可以说，科学以不同于意识形态的方式确定自己的对象。”而“意识形态是具有自己的逻辑和严格性的表象（意象、神话、观念或概念）体系，它在既定的社会中历史地存在并起作用。”显然，在阿尔都塞这里，意识形态和科学是相互对立的，它们之间横亘着一条鸿沟，要跨越这一鸿沟就必须实现认识上的质的飞跃，他称之为“认识论断裂”。在他看来，认识论断裂的过程就是摆脱“问题框架”的过程，只有这样才能获得真正科学的认识，而不仅仅只是停留在意识形态的阶段或者仅仅是在被某种意识形态俘获的情况下来看待现实。除了论辩意识形态与科学的关系，阿尔都塞还提出了一个非常重要的概念——意识形态国家机器，这是结合对国家问题的探讨对意识形态理论的进一步发展，也是对马克思的国家理论和意识形态学说的补充。在阿尔都塞看来，宗教、教育、家庭、法律、政治、工会、交往、文化都属于意识形态的国家机器，他们是确保政治国家机器（军队、法庭、监狱等）存在和发展的基本条件。特别是教育，它是最重要的意识形态国家机器，因为它关乎意识形态的生产和传承问题。由此，我们可以看出，阿尔都塞实际是在某种意义上做着一种努力，即将意识形态与制度以及人们的日常实践联系起来，这显然是值得肯定的方面；但当我们想到阿尔都塞讨论意识形态国家机器这一理论的出发点和他所期望达到的真正的归宿——科学（马克思主义）的时候，就不免会感到一种理论上的尴尬，因为将科学与意识形态简单地、绝对地对立起来的结果是，在面对科学意识形态化或意识形态科学化的时候这一理论就失去了其解释的能力。所以，虽然表面上阿尔都塞企图建立意识形态与社会实践之间的联系，但事实上却并没能秉承马克思有关实践的精神，而是将其教条化了。可以看到，这种偏离甚至抛弃马克思历史唯物主义立场的现象在西方马克思主义学者对意识形态问题的研究中经常出现。正是由于这一缺陷的存在，不仅使他们无法正确理解并阐述意识形态问题，而且也使他们无法准确把握资本主义意识形态的本质，甚至在某些时候走入另一个极端，即淡化甚至完全抹杀意识形态的阶级性，从本质上成为对资本主义如何在西方资本主义民主不断发展的前提下生存的疑惑的解答，而将其最初的使命抛诸脑后。在西方国家掀起对意识形态理论研究热潮的同时，苏联和东欧则在继承马克思意识形态学说基本精神的基础上，结合国家和社会发展的实际，对意识形态的含义作出了新的说明。特别值得关注的便是列宁提出的“科学的意识形态”概念。

在列宁所处的时代，资本主义的发展已经呈现出与马克思、恩格斯时期相比很大的差异，不仅如此，马克思主义在此时也已经成为了当时国际工人运动中最有影响的一种学说。正是出于对这两种现状的研究和分析，列宁意识到如果笼统地批评意识形态的虚假性，那么就会造成对马克思主义的否定。事实上，当时在马克思主义内部就产生了以伯恩施坦为首的修正主义，他们企图用新康德主义、实证主义、马赫主义、庸俗进化论等资产阶级思潮来取代马克思主义，把无产阶级的革命斗争引入歧途。于是，在这样的时代背景之下，列宁将意识形态理解为一种描述性的概念，将资产阶级意识形态和无产阶级意识形态加以区分，并用无产阶级的意识形态（真正的马克思主义）来指导革命斗争。他在《怎么办?》一书中写道：“既然谈不到工人群众在其运动进程中自己创立的独立的意识形态，那么问题只能是这样：或者是资产阶级的意识形态，或者是社会主义的意识形态。这里中间的东西是没有的（因为人类没有创造过任何‘第三种’意识形态，而且在为阶级矛盾所分裂的社会中，任何时候也不能有非阶级的或超阶级的意识形态）。因此，对社会主义意识形态的任何轻视和任何脱离，都意味着资产阶级意识形态的加强。”之后，在《唯物主义和经验批判主义》一书中，列宁明确提出了“科学的意识形态”这一概念。无疑，在这里，马克思主义就是“科学的意识形态”。因为，在列宁看来，马克思主义不仅通过唯物史观与剩余价值学说揭示了人类社会和资本主义的发展规律，具有客观的真理性；而且作为工人阶级及其政党的世界观和方法论，马克思主义代表的是工人阶级的根本利益，工人阶级的地位决定了它没有私利，只有解放全人类，才能最终解放自己。可以看到，始终坚持以科学的态度对待马克思主义，是列宁之所以能够将马克思主义和俄国革命实际相结合，成功地领导俄国社会主义革命的关键所在。显然，这种科学的态度，就是尊重实践的态度。在列宁看来，社会实践是衡量意识形态科学性的标准，"只要以是否合乎现实社会经济发展过程为学说的最高的和唯一的标准，就不会有教条主义。"所以，我们在列宁的著作中，可以看到很多批评与自我批评的话语。正是这种实践精神开拓了马克思主义的新境界，为社会主义意识形态增强了解释力和包容力，使社会主义意识形态得到了发展。实践证明，在之后社会历史发展的进程中，列宁对意识形态问题的态度不仅影响了后来苏联和中国的许多思想家，同时也影响了如卢卡奇、葛兰西等在内的一批西方马克思主义者，并逐步形成有关"意识形态领导权"的理论。正如J·拉雷所评论的那样："在以后对意识形态问题的新的探讨中，列宁的意识形态概念起了决定性的作用，并成了最有影响的学说。"

当然，对于苏联和东欧来说，除了列宁，还有一个人我们必须提及，那就是斯大林和他的斯大林主义，即便他所带来的更多的是一种负面的影响和效应。

1917 年列宁领导的布尔什维克在俄国掌握政权之后，就作为先锋队政党开始了对苏联的领导。这显然在苏联的发展史中是具有里程碑意义的重大事件。然而，与这次革命相比，20 世纪 30 年代斯大林的"二次革命"对苏联的影响也不容小觑。斯大林宣称无须国际范围的革命，苏联也能建成社会主义。紧接着，经济斯大林主义便开始于1928年实施第一个五年计划，这一计划可以说迅速、彻底地消灭了私有企业，并在1929年进一步实现了农业集体化。于是，所有的资源在很短的时间内就都掌握在了国家的手里，支配中央计划体系的国家计划委员会也就此成立。与此同时，斯大林强调，在生产发展的一定阶段上，仍存在着阶级和阶级冲突，“要在政治上不犯错误，就要执行无产阶级的不调和的阶级政策。”尤其是要在意识形态领域坚持无产阶级的党性原则，开展对资产阶级意识形态的批判和斗争。在这一思想的驱使下，通过恫吓、压制和恐怖手段斯大林清除了来自党内、国家官僚机构和军队里所有的反对势力和声音，但最终却将苏联带入了极权专制的泥沼。历史证明，斯大林这种搞肃反扩大化，搞“个人崇拜”，不切实际地推行工业化和集体化的行为造成了极其严重的社会后果。这一时期苏联的历史状况也因此被人们普遍称为“斯大林现象”（从观念上，或称为“斯大林意识形态”、“斯大林主义”）。之后，鉴于斯大林主义造成的诸多恶果，以及西方“意识形态终结论”的影响，苏联和东欧开始出现了不同的声音。这些声音被人们称为非正统的或民间的意识形态理论。该理论主张淡化意识形态的阶级属性，建立一种“真正人道主义的、深刻博爱的意识形态，因此它是各国人民之间的和平的意识形态”。戈尔巴乔夫在1987年出版的《改革与新思维》一书中提出的意识形态理论就体现出这样的一种思想，主张对内提倡公开性、批评和自我批评的原则，对外“使政治立场摆脱意识形态上的偏执”。深入分析这一理论，我们会发现，虽然这一新的意识形态理论能在一定程度上防止陷入意识形态斗争绝对化的激进思维，但同时也会由于过分强调意识形态的淡化而偏离甚至失去马克思历史唯物主义的基本立场，失去维护社会主义意识形态的意识和态度，从而最终造成意识形态的颠覆、政治制度的瓦解、政治权力的丧失。苏联解体和东欧剧变无疑就是因为放弃了马克思主义的基本立场和社会主义意识形态，成为国际共产主义运动迄今为止最为惨痛的失败教训。

二、意识形态概念的澄清

在对意识形态概念的产生、发展和流变进行回顾与分析之后，笔者试图对意识形态概念进行一个再认识。

（一）意识形态概念的重释

在阐明意识形态概念之前，首先我们必须明确的是，意识形态并不等同于社会意识，它只是社会意识的一种，其外延要明显小于社会意识的外延。因此，意识形态虽然具有社会意识的一切特征——依赖于社会存在、具有相对独立性，但同时，它还具备其他社会意识所不具备的特点，即在意识形态里实践因素与理论因素具有更加同等重要的地位，着重表现在意识形态同社会经济和政治的联系更为直接，常常是一定阶级、阶层和利益集团试图并现实地通过某种意识的表达、传递、接收和认可，来指导规划一定经济或政治行动或为一定经济或政治行动辩护，并以此影响和制约社会发展的进程的一种社会意识（当然，这种社会意识——意识形态也仍然只是居于社会意识的层面，而不足以扩展到社会领域的具体实践之中。也就是说，虽然在一定程度上，意识形态对现实的影响力是如此之大，但是，意识形态却仍然表现为某种概念、价值和符号的集合体，作为一种批评、驱动力、解释或允诺，暗含和内化在人的实践之中）。

由此可见，作为认知解释体系，意识形态呈现出的是对现实世界和现实社会的基本认识、基本判断和基本观点，在内容上往往表现为世界观、方法论以及在此基础上形成的观念体系和理论体系。虽然这些方法论的原则也许表面看来与现实生活相距甚远，但却包含着对社会发展的基本看法，体现出一种终极关怀的目标体系。同时，作为价值信仰，意识形态又是对美好、崇高、丑恶、低下、道德、不道德的某种界定，在内容上表现为一种描述社会共同理想、共同价值观及具有一定普遍意义的道德体系。简单地说，意识形态界定着评判社会现象和行为的价值标准，表征着特定的利益正当性。当然，也正因为如此，才产生了不同意识形态之间的区别和斗争。这是意识形态具有排他性、自律性和功利性的原因所在。除此之外，意识形态具有动员、指导社会行动与社会实践的功能与能力，在内容上往往表现为具有一定群众基础的、广泛宣传和广为知晓的关于经济、社会、政治、文化诸领域的规划、战略、路线、方针和政策体系。

至此，笔者认为，当今的意识形态指的是，建立在一定经济基础之上，与社会经济、政治直接关联，并代表着一定阶级、阶层和利益集团根本利益和价值取向的社会意识。它通过具有一定群众基础的、广泛宣传和广为知晓的关于经济、社会、政治、文化诸领域的宏观价值理想和微观制度设计（包括规划、战略、路线、方针和政策体系）来影响并制约着社会发展的过程。而哲学、经济学、宗教、伦理、政治、法律等则是其各种具体的意识形式。在这样一个界定的基础上，我们看到，首先，意识形态并不是自发产生的，它具有鲜明的方向性、导向性和目的性，通过引领社会思潮、凝聚人心、导向社会心理和行为来维护和发展现存的国家和社会秩序。其次，意识形态的生存、发展及作用的发挥是以赢得社会成员的广泛认同与接受为前提的；再有，意识形态的结构不是凝固不变的，它会随着社会现实的发展及社会价值观念系统的多元化趋势而发展变化，并在观念的斗争和整合中获得新生。

（二）意识形态层级的划分

意识形态本身并不是铁板一块，在其内部，根据不同的划分标准，意识形态可以被区分为不同的类型和层次。

首先，从意识形态本身包含的各种意识形式来看，我们可以把意识形态大致划分为本体论视野中的意识形态、经济意识形态、政治意识形态和文化意识形态。本体论视野中的意识形态包括哲学和宗教，往往体现为一种宏观的世界观和方法论。这一层级的意识形态是其他层级意识形态的基础。虽然就其内容而言，它似乎与现实的经济基础和个体相距最为遥远，但其内含的精神和灵魂却在我们的言行中打下了深深的烙印。换句话来说，一种意识形态的具体内容不论怎么变化，如果产生、指引该意识形态的世界观和方法论不变，那么，该意识形态的本质就不会发生改变。这恰恰是我们区分和认清不同意识形态的重要标准。所谓经济意识形态，简单地说就是政治经济学。这一层级的意识形态由于与经济基础的联系更为紧密，并现实地为维护或攻击某种经济制度、经济形式而存在，所以是最能体现和代表一个阶级、阶层或利益集团的诉求的。所谓政治意识形态作为维护或批判某种政治法律制度和国家政权的思想观念，它关注的是获取利益的权力如何划分，以及这些权力应该被运用在哪些目的之上，因此，通常都是以规划、战略、路线、方针和政策体系的形式而存在的。由于政治意识形态指向的是国家制度和政权性质，所以在一个社会中往往只存在一种政治意识形态，而这种意识形态所代表和体现的正是统治阶级的思想意识，只有在社会发生大变革或社会形态发生交替的时期，才会出现同一个社会中多种政治意识形态并存并相互对立和斗争的局面。文化意识形态是一个内涵非常广泛的概念，构成它的要素纷繁复杂，有道德价值观念、伦理思想、心理情感、风俗习惯、交往方式等等。因此，由于它直接表现并作用于人们的日常生活行为方式之中，所以是与个体联系最为紧密的意识形态层级。可以说，文化意识形态的当下内容既植根于历史传统，又受现实生活中的统治思想的引导和规范，同时还或多或少地受到各种外来文化的影响，表现出多元化的倾向。

其次，从意识形态产生发展的地位来看，我们可以将意识形态区分为：主流意识形态、意识形态残余和新意识形态。所谓主流意识形态，指的就是反映该社会占统治地位的经济制度和政治制度并为其服务的占统治地位的意识形态，它直接为现实的基本政治制度、经济制度服务，规范着人们的行为，引导着人们的价值取向。所谓意识形态残余指的是反映已被消灭的旧经济制度和政治制度的意识形态。由于意识的历史继承性和惯性作用，任何一种意识形态可以说都是由扬弃历史和传统而来。积极的内容或者对当前有价值的内容被直接或经改造后纳入当下的主流意识形态，而那些消极的或对当前无价值的内容却可能进入到两个极端的状态之中，一种是被坚决地抛弃掉，而另一种则是顽固地存活下来。这些顽固地存活下来的消极的或对当前无价值的意识形态内容便是意识形态残余。它们往往在人们的潜意识上起作用，会对当下意识形态的整合、传播和认可产生负面的影响。所谓新意识形态是指现存社会里孕育着的为建立新的经济制度和政治制度服务的意识形态。这种具有超前性，代表着未来社会、预示着社会事物发展前途的意识形态，会因为明显的理想性，而呈现出一定的幻想的色彩。所以，它可以被理解为一种现实社会中人们的理性情念。这种理性情念显然只对社会中的少数先进分子具有行为上的引领和制约作用，而对绝大多数的普通民众而言，却不具有直接的实际作用。

（三）意识形态功能的解析

作为观念的上层建筑，意识形态必然要为一定社会的政治上层建筑及其经济基础服务，所以，在维护现存国家和社会政治秩序中也必然发挥着至关重要的作用，是推动国家和社会发展前进中的一支不可替代的重要力量。

首先，意识形态可以为政治秩序提供合法性的证明。在阶级社会，政治秩序更多地就体现为统治阶级所维护的统治秩序，因而，“所谓合法性，就是政府基于被民众认可的原则的基础上实施统治的正统性或正当性。”当然，合法性的来源有很多，包括经济的、军事的、文化的等等，而其中意识形态由于常常被看成是使外在的强制转化为民众内心自觉认同的最佳途径，成为构成合法性来源的重要因素。正如诺斯所说，“成功的政治—经济单位总是与意识形态的发展相联系的，这些意识形态会令人信服地使现有的产权结构和相应的收入分配合法化。”换句话来说，由于追寻事物和现象的意义、寻求合理性的解释是人的基本存在方式和安身立命之本，因而政权及其经济制度、政治制度、文化制度和社会制度及其施政行为的合理性与正当性往往都是通过意识形态系统化的理论论证与解释来得到广大民众的理解和认同的。因此，通过意识形态确立、传播、接受与认同的过程，可以使广大民众相信现行的制度是合乎正义和保证其根本利益的制度，并将其勾勒的社会理想看成是社会发展的最终归宿，从而自觉地维护现行的统治秩序，实现国家与社会的稳定发展。

其次，意识形态可以为社会确立普遍的价值导向。在意识形态的层级构成中本身就包括本体论层面的世界观和方法论，因而它可以为世人确定生存意义，为人们的社会活动提供某种普遍的价值导向。古往今来，一个稳定有序的社会，必定存在一个由主流意识形态所确定的，并得到社会各阶层广泛认同的社会价值系统。而这一价值系统又往往会得到人们类似道德性质的自觉遵从，从而使政治领导权的硬性控制转变为一种文化领导权的软性控制，使人“进入一种意识形态”，以一种“有意为之”的“理所当然”，潜移默化地渗透到民众的思想之中，使全体社会成员在一种无形的秩序规范之下按照意识形态所规定的价值评判标准和行为规范框架去思考和处理问题。因而即便出现一时的彷徨甚至抵触，也不会导致整个政治思想体系的崩塌和统治地位的危机。

第三，意识形态可以有效地整合社会有机体。如果说一个国家或者社会中不同的阶级、阶层和人群具有不同的思想或者文化的话，那么意识形态就是通过成功而有效地在某种程度上达到对上述思想和文化的整合，并进而创造出具有超越性和包容性的共识系统，来使人们形成统一的价值目标、社会理想和行动指南的。正如葛兰西所说，“在保持整个社会集团的意识形态的统一中，意识形态起到了团结统一的水泥的作用。”

第二节 中国发展道路的内涵及特征

自改革开放以来，中国经济的快速发展，人民生活水平的日益提高，综合国力的显著增强，令中国创造了许多世界之最，成为世人眼中的“中国奇迹”。于是，中国发展道路的成功继而引起了国内外学者们的广泛关注，他们中的一些人试图用“北京共识”或“中国模式”这样的概念来概括中国的发展经验。那么，中国发展道路到底是一条什么样的道路？我们应如何正确理解和看待呢?

一、概念的提出——关于“中国模式”

六十年多前，中华人民共和国成立时，有谁能料到，今天的中国能取得如此令世人瞩目的辉煌成就呢?显然，作为发展中国家，中国所取得的这些成就令世界感到惊叹，同时也吸引了世界范围对“中国模式”的强烈关注与深入探讨。

事实上，由于不同的意识形态和文化背景，加之全球化时代休戚与共的国际关系，海外长期以来一直都非常关注中国社会发展的前途和命运。这种关注可以追溯到苏东剧变之后。在20世纪90年代初期，随着苏东剧变，西方一些学者就此认为共产主义走到了终点，自由民主制度是人类意识形态发展的终点和最后一种统治形式，这就是盛行一时的“历史终结论”，随之而来的便是断言中国也会随之崩溃的声音。在当时的国际社会流行的关于中国前途与命运的说法是所谓的“中国崩溃论”。到了90年代下半期，随着中国经济持续快速增长，综合国力显著增强，西方的一些学者又开始推测，逐渐强大的中国会对世界构成威胁，因此，“中国威胁论”又在西方盛行。然而，事实证明，经过多年的发展，中国不仅没有崩溃，而且也没有因为发展对世界构成威胁，相反，如今的中国已经成为维护世界和平最主要的力量之一。在这样的事实面前，西方的一些学者开始反思:中国成功的奥秘和经验是什么?这些经验又会对世界上其他国家产生什么样的影响呢?带着这样一些疑问，从2004年上半年开始，国际社会对中国改革开放的经验逐渐趋向于一种新的认识和比较明确的看法，并随之提出了“中国模式”的概念。

2004年5月11日，英国著名思想库伦敦外交政策中心发表了美国《时代》周刊高级编辑、美国著名投资银行高盛公司资深顾问乔舒亚·库珀·雷默（Joshua Cooper Ramo）的一篇题为《北京共识：提供新模式》的论文，文中对中国二十多年的经济改革成就作了比较全面和理性的思考与分析。文章指出，中国通过艰苦努力，主动创新和大胆实践，摸索出了一个适合本国国情的发展模式。雷莫把这一模式称为“北京共识”或“中国模式”。由此，《北京共识：提供新模式》一文便引起了世界对“中国模式”的广泛关注。9 天以后，即 2004 年 5 月 20 日，美国《国际先驱论坛报》网络版刊登了题为《中国将以自己的方式改变》的文章，称赞中国以循序渐进的方式推进政治改革是果断明智的。5 月 24 日，墨西哥《每日报》刊登题为《中国：亚洲的地平线》的文章，认为中国奇迹是依照自身情况理智制定社会经济政策的结果。5 月 27 日，英国《卫报》刊登题为《中国解决亿万人民温饱问题的经验》的文章，认为中国的崛起为其他国家提供了除西方发展模式之外的一个强有力的选择。6 月 14 日，当时的联合国秘书长科菲·安南在圣保罗接受新华社记者提问时说道，中国依靠独特模式实现发展的有益经验，的确值得其他国家、特别是发展中国家借鉴。7 月 20 日，美国著名经济学家、诺贝尔经济学奖获得者、纽约哥伦比亚大学终身教授斯蒂格利茨在接受中国记者采访时，对“中国模式”也给予了充分的肯定，他认为，中国经济的巨大成功，对世界经济产生了积极的影响，其他国家也因此分享到了中国经济的成果；在全球经济持续低迷的背景下，“中国模式”具有很好的启示性。

为什么中国的发展道路会被看成是一种国家发展模式而引起世界特别是第三世界国家的关注和重视呢？探究个中缘由，并不仅限于中国自身所取得的发展成就，在一定程度上还来源于“华盛顿共识”（西方民主政治模式）在世界特别是第三世界国家遭遇的尴尬局面。事实上，以美国为主导的西方世界一直以来都主张向第三世界国家输出他们的民主政治模式，很多国家也的确在这方面做了诸多的尝试。特别是当“华盛顿共识”在全球范围内得到广泛施行之后，西方的民主政治模式曾一度受到许多国家的追捧。但是，随着近十年来“华盛顿共识”破坏性影响的逐渐显现，人们的怀疑情绪不断升温。在这些实施“华盛顿共识”的第三世界国家里，绝大多数国家不仅没有建立起民主制度，反而却大多陷入政治失序、经济落后、民生艰难的困境之中。于是，第三世界国家很多领导人对本国经济得不到发展、民生得不到改善一直忧心忡忡，可是却又苦于找不到好的发展模式。此时，中国的蓬勃发展在让世界惊叹的同时，无疑也给这些国家提供了一种可能，让他们看到了一线希望。

从国际社会关于“中国模式”的讨论中，我们可以大致区分出以下四种观察和研究的视角。第一种是着重于从成功经验入手，研究中国在本国条件下所取得的主要成功经验；第二种是侧重于中国经验的借鉴意义，并赋予其普适价值的特征，试图为第三世界国家的发展提供一种有别于西方的发展模式；第三种是从对抗的角度来诠释“中国模式”，认为“中国模式”的成功意味着以“华盛顿共识”为代表的美国模式、西方模式在世界范围影响力的减弱；第四种是从遏制的角度，通过强调某些第三世界国家（如印度）在实行西方模式后体现出的优越性来削弱“中国模式”在世界范围的影响力。

其中，就雷默本人来说，他提出的“北京共识”，很显然是相对于“华盛顿共识”而言的，而“中国模式”则是相对于世界上其他几种发展模式，例如，亚洲“四小龙”模式、日本模式、德国模式、美国“盎格鲁—萨克逊”模式、拉美模式等等而言的。从这个意义上来说，“北京共识”与“中国模式”是两个不同的概念，它们所意欲表达的内容也是不尽相同的，特别是一旦“北京共识”被置于国际政治的背景之中，就很容易带有浓重的向其他国家推销中国经验的感觉。所以在谈及中国发展问题的时候，不少学者更趋向于使用“中国模式”这一概念。但是，相对于国际上对“中国模式”的热烈讨论，我国学术界对这个概念却持有比较谨慎的态度。的确，从我们一路走来的历程看，“中国模式”这一概念是存有不少值得商榷之处的。

二、概念的辨析——中国发展道路

就中国目前的发展状况和所积累的发展经验而言，是否真的可以用“中国模式”这个概念来进行界定呢？结合目前的情况进行分析，笔者认为，使用这一概念的确不太合适，仍有一些值得商榷的方面。

第一，很多国外学者对中国模式的研究和运用，主要是着眼于经济方面，但同时又不可避免地带有某种政治倾向，因而他们所总结和描述的中国发展模式的一些特征并未能真正揭示出中国之所以能够实现平稳、有序、快速发展的根本原因。这不免让我想起黑格尔曾经说过的一句话，中国是一切例外的例外，逻辑到了中国就行不通了。的确，西方人总是试图用他们的逻辑来解读中国，但到头来只能是越发困惑，因为中国的发展是有其自身特有的思维逻辑的。

第二，将中国已经取得的发展经验简单地称为一种模式，有拔苗助长、牵强附会的嫌疑。何谓模式？基本的解释是事物的标准样式，具体说来就是解决某一类问题的方法论。根据这个解释，所谓的“中国模式”也可称为中国发展的标准样式、中国发展的方法论。显然，这种提法是非常不合适的。因为，一方面，时代总是处于不断发展变化之中的，我们所取得的成功发展经验从一定意义上来说，还需要经过历史和实践的进一步检验；另一方面，中国在发展过程中所积累的成功经验是对特定时期、特定环境具有适应性特征的实践互动过程，因此，如果简单地将这些具体的方法和手段上升到方法论的角度，甚至在世界范围加以推广，那无疑将会违背事物发展和人类社会发展的规律。

第三，就“中国模式”所定义的时间范围来讲，也缺乏一定的历史逻辑性。固然，改革开放为中国的发展提供了前所未有的机遇和环境，我们如今所取得的诸多成就也大多源于改革开放的政策制定和制度设计，但不可否认的是，中国在发展中所呈现出的特征并不仅仅来源于改革开放，中国传统文化、新中国成立初期的制度设计等等，事实上都对道路的形成和发展产生了不同程度的影响。因此，要真正理解中国发展道路的特质，必须秉持这样的观念，那就是，道路的形成与发展并不是历史的偶然，而是一个有着内在逻辑关联的历史过程。也许历史中的那些具体的人和事已经离我们远去，但历史的影响将会长久地存在下去。

第四，就目前的情况而言，如果将中国的发展道路定义为“中国模式”显得为时过早。因为今天的中国仍然是处在发展变化之中的，可以说，国家建设、社会建设的许多方面（包括市场经济模式、政治、文化、社会等诸多方面）也都还需要进行不断的摸索与尝试。因此，正如邓小平当初预测的那样，我们还需要经历将近半个世纪的社会主义初级阶段才能基本实现现代化。正是在这个意义上，我们在最终达成目标的过程中所呈现出的任何状态必定只能是“初级”的和不完善的。如果草率地把一种正在探索之中的经验定义为一种“模式”，那显然会很容易在实践中招致问题、造成不良的影响。

正是在这个意义上，笔者更趋向于用“中国发展道路”这一概念来取代“中国模式”的说法。因为“道路”这个词本身就蕴含着一种循序渐进、继往开来的性质；而“发展”则是处于社会主义初级阶段的中国从建国直至今日从未放弃过的信念和主题；当然，这样一条道路不是世界其他国家的，而是实行社会主义制度的新中国在坎坷与波折中摸索出来的，因而是深深打上“中国特色”烙印、充分体现出中国智慧的发展道路。因此，笔者认为，所谓中国发展道路，指的就是在全球化背景之下，中华民族在中国共产党领导下把科学社会主义原则与当代中国国情和时代特征相结合，走出的一条后发国家的现代化之路，这是一条以社会主义现代化建设为实践基础、以中国特色社会主义为奋斗旗帜、以中国特色社会主义理论体系为指导思想的完全新型的现代化道路。当然，这样一条道路是具有其自身的特质的，主要体现为，

第一，在中国共产党的领导和执政下，坚定不移地走中国特色社会主义道路。这一特质是中国发展道路取得成功的根本原因。事实上，近几年一些西方学者和媒体在谈论中国发展模式取得巨大成就的原因的时候，也已经开始对中国共产党的领导及其执政地位所带来的作用给予了越来越多的特别的关注，甚至有不少人直接将共产党的领导看成是决定中国发展道路取得举世瞩目成就的首要的决定性因素。著名的美国未来学家约翰·奈斯比特在最近出版的一本名为《中国大趋势——新社会的八大支柱》的著作中，就谈到了这个问题。在该书的开篇导言中，他就指出并强调了中国共产党的领导地位和一党执政的

政治制度的作用，他说："分析中国自身的条件和优点，我们不难发现，共产党的路线方针是坚定不移地为中国人民谋利益的。这种长远策略方针的执行不会像西方国家那样因为总统任期的结束而中断。中国也没有导致国家分裂的党派斗争，没有因为路线的突然改变而使发展受阻。相反，它一直坚持着改革开放初期所制定的共同目标。自上而下的战略方针与自下而上的参与相得益彰。"

众所周知，政党和政府组织一般来说都属于政治上层建筑，是为一定的经济基础服务的。很显然，在我国，这种服务的职能具有一定的特殊性。那就是，在社会主义制度下，党和政府既是政治上层建筑，同时又是国民经济的组织者和管理者，具体体现为：党和政府既是上层建筑，同时又是经济关系的构成要素；既是经济发展的旁观者，也是经济发展的内生力量；不仅弥补了市场失灵的部分，而且也成为了整体经济发展方向的战略制定者和生产发展实际的、直接的组织者。这种情况无疑与资本主义制度中的政党在经济方面发生的作用是有着显著区别的。不仅如此，在此过程中，中国共产党对马克思主义指导思想和走中国特色社会主义道路的坚定不移、一以贯之的态度，也使得党和政府在制定各项经济政策和措施的时候能够有效地实现长远目标和当前目标的有机结合，这样就在很大程度上保持了发展的连续性和道路的稳定性。事实上，恰恰是因为中国这艘巨轮在舵手指挥下能够始终保持在一条主航线上乘风破浪，它的发展路径才能因此形成一条较为清晰和明显的轨迹来。

其次，政府在国家和社会发展中发挥着"中心驱动力"的重大作用。这是中国发展道路能够实现集中高效的核心要素。就中国政府目前的性质而言，它仍然是属于"主导型政府"或

“强势政府”，这与欧美社会体系由各个社会功能自主组成“网络驱动”的契约模式是有显著区别的。很显然，这种主导型政府的优势在于非常便于资源集中，因而能够行动高效，最明显的就表现在政府对经济具有决定性的影响力上。可以说，在我国，政府在市场中是具有中心地位的，它通过确定经济优先发展的方向和目标，引领着经济体制向符合市场需求的方向发展；同时，通过国有企业或与国家关系密切的企业进行运作，有效地控制和介入经济。特别是，政府还集中掌握着较多的资源——如土地资源，因而具备极强的行动力，在经济建设方面具有很强的动员和干预能力。事实上，我们看到，正因为如此，我国的基础设施建设才能够实现细致的全局规划，我们才能在过去三十多年里积累下发展中国家少有的基础设施，而那些难度高或短期见不到效益的项目也同样才能够得以强力推行。

马克思曾经指出，市场盲目支配和按科学预见发展生产是资本主义与社会主义的一个本质区别。按科学预见指导社会生产就是中国发展道路的一个本质特征，同时也是社会主义制度的优势所在。然而，长期以来，很多人曾怀疑这种政府主导的经济发展模式能否成功，特别是在苏东剧变以后。当然，事实已经证明，正是有了政府的引导，中国的社会主义市场经济才能顺利地开展，中国社会主义经济建设才能够取得今天的成就。于是，在事实的面前，很多人都改变了原先的看法。就连提出“意识形态终结论”的福山在接受日本政论杂志《中央公社》专访时，也不得不就中国的发展提出了自己新的观点：以“负责任的威权体制”为价值内核的中国模式代表着集中和高效，“客观事实证明，西方自由民主可能并非人类历史进化的终点。随着中国的崛起，所谓‘历史终结论’有待进一步推敲和完善。”无独有偶，约翰·奈斯比特也在《中国大趋势——新社会的八大支柱》中认为，正是政府依靠强大的国有经济的主导作用使中国的经济建设从总体上保持了稳定和明确的发展方向，同时各种所有制经济成分在政府的主导下广泛参与经济活动，使中国经济在稳定的同时始终保持发展的活力，中国这种政府主导型的经济发展模式在当今世界可谓是独树一帜。

第三，中国发展道路采取的是一种渐进式的改革发展道路。可以说，通过渐进式的改革，中国成功实现了发展与稳定的良性互动，这是中国发展道路的重要经验。当代中国最迫切、最根本的问题就是发展。邓小平在南方谈话中曾经提出“发展是硬道理”，还把十一届三中全会确立的路线称为“中国的发展路线”，把中国特色社会主义道路看成是加快中国发展的道路。因此，发展无疑是中国特色社会主义的核心问题。然而，发展并不是中国问题的全部。因为“主导型政府”需要稳定的局面作为根本保障，而国家和社会的发展更需要稳定的局面作为保障，所以，除了强调发展是核心以外，还必须确立稳定为中国的最高利益，即“稳定压倒一切”是中国坚持和强调的基本原则。于是，如何协调发展与稳定之间的关系，就成为了长久以来中国极力要解决和必须妥善处理的重大问题。在稳定中求发展、以发展促稳定，“摸着石头过河”与“循序渐进”相辅相成，便是一直以来中国所秉持的基本认识和所采取的基本方法。这一认识的获得显然是基于中国对本国的基本国情、发展现状以及对国内外发展的经验教训的吸取和借鉴中得来的。于是，我们看到，到目前为止，中国虽然从未放弃过发展的信念，但在国内所进行的几乎所有的有关发展的“实验”都是保证在不触及政治体制剧烈变革的基础上展开的。换句话来说，国家和社会发展过程中的所有变化和改革都是在一种缓和的、循序渐进的状态中被推进的。事实证明，这样的做法不仅有效避免了重蹈东欧剧变的覆辙，同时也实现了一种国内长久的便于搞经济建设的稳定局势。

第四，中国发展道路是一条理论创新与制度创新互动、结合的道路。在中国，理论创新首先是从解放思想开始的，然而每一次的思想解放都深刻地体现在一种围绕指导思想（马克思主义）所开展的理论与实践互动的过程之中的。事实上，这种互动的过程最早可以追溯到革命年代，“农村包围城市”、“党指挥枪”、“支部建在连上”等光辉思想，都是中国共产党人在马克思主义的指导下结合本国的斗争实际所进行的思想创造和理论创新。在一定意义上可以说，正是这种实事求是的解放思想的过程，使中国成功地建立起了人民民主专政的无产阶级政权。新中国成立以后，这一宝贵的成功经验无疑被中国共产党人继承下来并不断发扬光大。当然，不可否认，期间我们也曾犯过经验主义的错误，但自改革开放以来，从真理标准大讨论、引入市场经济到中国共产党寻找和建立新的执政合法性资源，再到回归人的向度提倡全面、协调、可持续的发展，建立和谐社会、和谐世界，等等，这些都是我们在实事求是的前提下通过解放思想而获得的丰硕的理论创新成果。显然，理论创新带来的直接效应就是制度的创新，将市场经济引入社会主义制度便是我们至今为止取得的最大的制度创新成果。用理论创新来引领制度创新、同时用制度创新来引发新一轮的理论创新，这是中国发展道路不断前行的动力机制。而其中所充分体现出的实践理性则是中国发展道路成功的关键所在。

第五，中国发展道路是一条正确充分利用市场对生产力的推动作用的、与全球化相联系而又保持独立自主的发展道路。全球化是当今任何一个国家都无法回避和置身事外的世界发展趋势，当然中国也不例外。正如邓小平曾经认为的那样，当今世界是一个开放的世界，中国的发展离不开世界。就全球化浪潮而言，我认为这一世界发展环境给中国带来的最大影响便是，市场经济被创造性地引入到社会主义制度，中国也由此走出了一条顺应时代潮流但又保持自身原则的独特的发展道路。

社会主义初级阶段是以公有制为主体的，那么，从理论上来说，科学指导生产发展是公有制的优势，但是，我们不得不承认的是，预见的水平是要受到生产力水平和生产关系水平发展的限制的，因此这只能是一个不断进展和完善的过程。过去由于我们对全面实现按科学预见发展所需的物质社会条件的研究不够，因此实行了高度集中、全面覆盖的指令性计划制度，将市场与社会主义对立起来，使社会生产力的发展受到了很大限制。现如今，我们总结了经验教训，摈弃了一切按计划进行生产的做法，遵循社会发展的客观规律，把经济建设和发展生产力看成是社会主义初级阶段的中心工作，并将市场看成是一种发展经济的有效方法和手段，从而将商品交换和价值规律合理化地引入到社会主义的经济建设之中，使国家计划与市场正确结合起来，从而激活了整个社会的经济活力。当然与此同时，必须强调的是虽然引入了市场经济，但公有制在中国仍然居于主体的地位，特别是国有经济仍然处于主导地位，所以，中国的市场经济是在国家规划和计划的指导和规制下进行和发展的。这是中国与全球化相联系但又保持独立自主的发展道路的显著特征。

2008 年爆发的那场全球金融危机，很多人也许还记忆犹新。这期间为什么中国经济能够得以迅速复苏，甚至成为挽救这场危机的重要力量？无疑，就是我们对市场经济的独到理解和市场运作的独特机制起到了关键性的作用。也就是说，通过国有经济在国民经济中的主导地位，通过政府对市场的宏观调控，我们能够在很大程度上对经济发展起到引导和支持的作用，从而使中国经济刺激计划的使用效果和实效性来得更为快速和显著。

当然，在引入市场经济的过程中，不少人对到底是利用市场来发展社会主义，还是社会主义通过发展市场走向资本主义这一问题是存在疑虑甚至争论的。对于这一点，中国共产党的态度是非常清楚的：改革只是社会主义制度的自我完善，引入市场只是为了发展社会主义经济，而绝不是走资本主义道路，中国不是一般的实行市场经济，而是实行和社会主义基本制度相结合的市场经济，是中国特色社会主义市场经济，市场仅仅是中国建设和发展社会主义制度的一种经济手段和方法。

第六，融入世界，积极创造有利的、和平的国际环境，是中国发展道路的重要特征。中国发展走的是一条和平崛起之路。因为历史已经一再证明，把自己的发展建立在对其他国家和民族的武力征服之上，这样的做法是有违社会历史发展趋势、有违世界人民的意愿的，因而这种所谓的发展是逃脱不了失败的命运的。作为经历过苦难、在苦难中寻求新生并取得发展成就的社会主义国家，中国当然不可能也不会重复这样错误的发展道路。因此主张在世界和平的大环境下实现自身的发展目标一直以来都是中国对世界的承诺。正是在这一承诺之下，长期以来中国都致力于努力地维护世界和平，适时地积极参与到营造有利的、和平的世界环境之中。具体就体现在，中国一贯奉行独立自主的和平外交政策，坚定地站在世界和平力量的一边，坚决反对各种形式的霸权主义；在涉及国家主权和利益的问题上，中国绝不屈服任何外来的压力，一切从中国人民和世界人民的根本利益出发，根据事情本身的是非曲直，按照是否有利于世界和平、有利于世界经济发展的标准，独立自主地做出判断，并决定中国的立场和政策；为了实现世界持久和平，构建和谐世界，中国积极倡导建立公正、公平、合理的国际政治经济新秩序，主张国家不论大小一律平等，在和平共处五项原则的基础上，通过双边或多边磋商来共同应对人类生存与发展中面临的问题。除此之外，近年来，中国还积极参与国际事务，参加了多个区域性安全与经济论坛组织，在维护地区稳定、加强反恐合作等方面做出了积极的重要的贡献。对此，乔舒亚·库珀·雷默曾经这样感叹道，中国比历史上任何国家都更少依赖传统的武力投放工具，相反，而是以其震撼的榜样力量和幅员的宏大影响走在各国前头。

以上便是笔者总结出的中国发展道路所呈现出的大体特征。无庸置疑，在这条道路上，中国既有沉痛的教训，同时也有宝贵的经验；既有不堪回首的痛苦记忆，也有翘首以盼的光明未来。我们研究这样一条道路的目的并不是在于标榜我们取得了多么大的成就，而更多的则是在于要看到这条道路仍然存在的不足、问题和困境。因为任何的一次发展和进步，无疑都是在发现问题并解决问题之后才能取得的。

在此，笔者就从其中一个非常重要的角度——意识形态的角度来审视一下我们以往走过的旅程，并以此为我国顺利抵达下一个发展目标提供一些思考和建议。

第二章　意识形态与国家制度变迁的历史考辨

对概念的探讨只是我们研究的起点和基础。中国之所以走上今天的发展道路，并不是历史的偶然，而是一个有着内在逻辑关联的历史过程。也许历史中的那些具体的人和事已经离我们远去，但历史的影响却长久地存在下去。因此，通过对历史的解读，我们能从中获得新的启示。

第一节　儒学的意识形态化与专制帝制的契合

在柳宗元的《封建论》中，曾有关于周和秦亡国原因的探讨，他认为，周之亡，错在制度，不在施政，而秦之亡则错在施政，不在制度。事实上，秦之所以能夺取天下，其中一个非常重要的原因就在于秦国有着当时最为管用的制度。在当时，秦王嬴政废除了古礼、自称“始皇帝”，舍弃“封建制”、实行“郡县制”，可以说为帝国的形成打下了坚实的基础。在这之前，“周”虽号称“天下共主”，但实际却是一个天子多个国家、多个国君，而这些国君和国家对“天下共主”的尊崇也只是出于名义和礼仪上的，因此，这种社会结构是十分松散和不稳定的。相反，帝国强调的是集权和专制，作为权力社会的典型形式，皇帝是唯一的核心。在当时的历史背景之下，无疑，帝国制度不仅有利于中国传统农业社会的发展，而且还能最大限度地集中国内的资源和财富，最大限度地激发民众的生产潜力和战斗勇气，并保持一种令行禁止、步调一致的“集体性格”，也正因为如此，秦国军队才能在众多国家中独领风骚，具备了横扫千军、百战不殆的实力。

然而，历史总是跌宕起伏、曲折前行的。秦虽然开创了中国的帝国时代，却由于没能正确、合理、娴熟地使用权力而最终仅经历两世就灭亡了。可见，对于帝国的统治者而言，从武力社会过渡到权力社会，显然需要不断地学习、调整和改进。在这一过程中形成的最为重要的理念便是，国家是阶级统治的暴力机关，它不仅需要“硬打压”，也需要依靠“软控制”。显然，秦王朝的衰落与汉王朝以及后续帝国统治者的兴衰成败都来源于对软、硬权力运用不同的认知和演绎。其中，与帝国集权精神存有内在一致性的儒学被意识形态化的过程，显然是专制帝制能够延续千年的奥秘之一。

一、秦汉之际意识形态的三次更迭

从“以吏为师”到“黄老无为”再到“独尊儒术”，这是秦汉之际国家意识形态三次更迭的历史过程，这三次过程不仅引发了帝国统治者统治方式的转变，同时也在一定程度上促成了一种具有高度集权特征的、以宗法制为基础的专制帝制的形成。通过对这一历史过程的考察与反思，可以使我们从历史的脉络中看到意识形态对制度所发挥的决定性作用。

秦始皇在建立帝国之后，统一了国土、军队、法律、税收、货币、度量衡、文字，甚至统一了道路和车轨的宽度，当然，他也试图统一人们的思想和行为，正所谓“车同轨，书同文，行同伦”。因为在帝国建立之初，秦始皇就已经感觉到了危机，不仅“闻令下，各以其私学议之”（根据民间思想发表看法），朝廷内外“入则心非”（上朝的时候在心里诽谤）、“出则巷议”（下朝以后在街上乱讲），而且还“非主以为名”（靠非议皇上出名）、“异趣以为高”（以持不同政见为荣）。于是，他意识到，长此以往，“主势降乎上”（君王势必威望尽失）、“党与成乎下”（民间结党营私）。因此，在李斯的建议下，秦始皇下令，除官方藏书、秦国国史和医药、卜筮、农作之书外，私人所藏的文艺哲学诸子百家之书一律焚毁，对那些胆敢聚谈诗书的一律斩首，对以古非今的更是一律灭族。此令颁发一年后，秦始皇又因为方士侯生、卢生等人拒绝为其寻药而逃亡，一怒之下活埋儒生四百六十多人。这就是让他背上千古骂名的“焚书坑儒”。

当然，统一的帝国应该有统一的思想，更确切地说，是要确立一个钦定的意识形态，秦始皇显然意识到了这个问题。因为确定统一思想，不仅可以防止因思想混乱而导致的社会动乱，而且也可以因此降低社会管理的成本。之前的周就是一个典型的例子。作为一个文化、技术和生产力都落后的民族，之所以能推翻拥有大量物质、财富、武器和车马的殷商王朝，靠的就是文化怀柔和道德训诫的手段。可见统一思想的重要性。然而，在秦始皇这里，为什么最终的结果却事与愿违呢？焚书坑儒，既没有焚毁人们心中之书，也没有埋葬人们心中所想，暴政下忍无可忍的民众最终还是拿起了手中的武器将威风八面、显赫一时的大秦帝国推进了历史的深渊。究其原因，我们不禁感叹，思想问题岂是暴力可以和能够解决的？当然，秦始皇如此钟情于暴政，一方面，是受野蛮遗风的影响，因为，在当时，靠战争建立的新政权和新制度如果不采取高压血腥手段来镇压反对派就无法立足；另一方面，则是由于其尊崇的治国之道——法家思想。事实证明，这一思想成为亡秦的重要的幕后推手。其实，就法家思想本身所意蕴的法理精神而言，它的确是帝国君主所应采用的治国之学，但是从政治谋略学的角度来说，这样的思想用来武装帝王可以，可是仅仅用来教育人民、统一人民的思想却极不合适。因为，要统一思想，仅仅靠严科厉法、砍头杀人是行不通的。统一思想，重在“诛心”。汉，作为历史上第一次真正做到高度集中统一的王朝，显然在这方面做得更为合理，当然也更为成功。

其实早在刘邦刚进咸阳的时候，他的谋士张良就曾建议“宜缟素为资。今始入秦，即安其乐，此所谓‘助桀为虐’”（《史记·留侯世家》）。刘邦接受了张良的建议，比较注意节俭，这也就为后来实行无为政治埋下了伏笔。由于“暴秦”二世而亡的结果令西汉初年的统治者记忆犹新、心有余悸，因而，在建国初期，为了帝国的长治久安，他们不敢也不能再施暴力。不仅如此，从武力社会转向权力社会，西汉也还需要学习和摸索。这不仅是对上层统治者而言，对下层老百姓来说也是如此。因为使用权力和适应权力本来就是一对孪生兄弟，在一种新的制度之下，大家都需要学习和相互适应。于是，在学习和摸索的这段时期，若不想或不至造成重大事故，最好的方式显然莫过于“无为而治”。于是，汉初的几代帝王，如文帝、景帝以及掌握朝政的窦太后，他（她）们都不同程度地尊崇着黄老之学。《史记》、《汉书》中对此都有相关记载。如《史记》中记载，窦太后在景帝、武帝初左右朝廷时，就非常笃信黄老学说，“好黄帝、老子言，帝（景帝）及太子、诸窦，不得不读《黄帝》、《老子》，尊其术”（《史记·外戚世家》）。

黄老政治最主要的特点是清净无为，主要内容为劝课农桑、轻徭薄赋、减免苛刑、节约皇室与国家开支、少修土木工程等。这些措施无疑对恢复当时的社会经济和安定人民生活起到极其重要的作用。

然而，随着帝国从战乱的伤痛中逐渐恢复并不断发展强大之后，情况却发生了变化。帝国那种与身俱来的秉性——集权、专制、扩张——逐渐显露出来，使得曾经与其相得益彰的黄老学说遭遇到了困境：相对于秦朝所推崇的法家思想，“无为而治”的黄老学说的确为西汉帝国建立之初的社会稳定和发展起到了极其重要的作用，但随着时间的推移，如今它却正在以同法家思想殊途同归的方式将帝国拖进又一个梦魇，新产生的一些矛盾，如地方分封势力与皇权的冲突、思想的多元发展与帝国集权之间的矛盾等等日渐加深，并逐渐成为帝国发展的严重障碍。究其原因，很简单，清静无为、一盘散沙不能造就大一统，更不能帮助帝王成就霸业和帝业，这显然与帝国的特征和它所要完成的任务是格格不入的。此时，无疑需要一种新的思想来支撑和促进帝国的进一步发展。

作为一个享国极久、好大喜功又确有建树的君主，汉武帝刘彻在历史上常常被看作是具有划时代意义的代表性人物，正所谓“秦皇汉武，唐宗宋祖”。而历数其霸业中最为显赫并对后世又极具影响的事件之一应该就是“独尊儒术”了。可以说，“独尊儒术”为帝国的长治久安找到了一个良策。历史证明，在此后的两千多年里，尽管王朝不断更替，但却都坚持以儒家思想为官方意识形态，这也在一定程度上使专制帝国制度稳如泰山。

汉武帝刘彻即位之时，年仅十七岁，但却胸怀雄才大略，一心想振兴朝纲，加强集权，巩固汉家天下。在他看来，儒家思想比黄老学说更适合他的需要，于是，在刚刚即位的时候，他就一方面大量启用儒生，任用“俱好儒术”的窦婴为丞相、田蚡为太尉，主持政府的要害部门，在政治上基本促成了崇儒的局面；另一方面，他还努力为实现政治思想的转换，多次下诏策问——“欲闻大道之要，至论之极”（《汉书·董仲舒传》），来寻找理论的有力论证。根据历史记载，汉武帝的“独尊儒术”就起源于他在“举贤良文学之士”时，董仲舒的一次对策——“诸不在六艺之科孔子之术也，皆绝其道，勿使并进。”那么，为什么汉武帝认为儒家思想比黄老学说更适合于他的统治呢？换句话来说，汉武帝的“独尊儒术”事出何因呢？

首先，也是最为关键的一个原因就是，儒家思想（更确切地说，是经过董仲舒改造的儒家思想）作为一种蕴含着社会理想的政治伦理哲学，其本身具备了成为国家意识形态的特质。不仅如此，它所期许和表达的社会理想也正是帝国的理想，即天下统一、井然有序、安定祥和，更何况，经过董仲舒的改造，儒学被加入了阴阳五行等内容，成为一个“天人合一”的体系，按照这个体系，天尊地卑、君尊臣卑、官尊民卑、父尊子卑、夫尊妻卑，皇帝作为“天子”理所当然地占有宇宙秩序中的最高地位……显然，这些内容是和专制帝国的内在诉求不谋而合的。正所谓，奉天承运的帝王需要有一套冠冕堂皇的理论来为他的统治正名；安邦治国的官僚需要有一种形而上学的思想来为他们施政立法提供依据；而逆来顺受的广大民众也需要有一种讲得过去的说法来平衡心理、接受帝国的统治。而儒家主张的“尊王攘夷”、“忠君爱民”、“尊卑有序”等等内容恰恰契合了专制帝国内部不同层次对于意识形态的需求。

其次，儒学作为一种起源于民间的思想，在经统治阶级接纳、改造和推崇成为意识形态之后，能有效地控制甚至制止知识阶层（或儒士）对社会稳定的负面影响。帝国形成以后，原本处于最低阶层的贵族——士，如今成为了知识阶层或者说儒士的中坚力量。他们失去了原本在帝国之前依附于霸主枭雄的可能性，也失去了安身立命之本，因而成为了天下归于一统之后，威胁帝国统治的最为不安定的因素之一（另一因素则是游侠）。正所谓，儒以文乱法，侠以武犯禁，儒和侠都为集权制度所不容。所以，历史上才出现了秦始皇的焚书坑儒，汉武帝的剿灭武侠。然而，我们知道，社会管理是离不开“文治”的，正如我们前面所说，权力社会是要依靠非典型暴力的“软控制”来维持统治的，所以，武侠被剿灭后，它的任务可以由军队来承担，可是，一旦儒生被剿灭干净，那么需要“文治”的帝国将失去治国主要依靠的对象。由此可见，儒生非但不能“剿”，还要“为我所用”。更何况，作为儒生自己，他们也在为以后的生活寻找出路，为帝国效劳无疑成为了他们的首选。正是在这样一个背景之下，儒学与统治阶级一拍即合。儒学成为统治阶级驾驭潜在反对派的思想缰绳，同时，儒学也成为儒士跻身统治阶层的通行证。通过儒学，这些人在帝国那里谋求了生存的空间乃至成为了国家的支柱。由此可见，汉武帝在对待儒学和儒生的态度及做法上是与秦始皇大相径庭的。正如顾颉刚先生在《秦汉的方士与儒生》中所说的那样：“秦始皇的统一思想是不要人民读书，他的手段是刑罚的裁制；汉武帝的统一思想是要人民只读一种书，他的手段是利禄的诱引。结果，始皇失败了，武帝成功了。”当然，这其中，或许儒士看中的是通过从政实现“仁爱礼让”的理想，而帝国看中的却是利用儒学及儒士实现“君君臣臣”的秩序，这显然并不妨碍他们共同把儒学作为旗帜和招牌。所以，从一定意义上来说，在此后的两千多年，尽管王朝兴衰更替，但帝国制度本身却依然稳固，这不能不归功于儒家思想对人们尤其是对知识阶层的影响。正如马克斯·韦伯所认为的那样，中华帝国的官僚制是一种从一开始就顺应时势，并不断激发文人阶层思考功利主义的官僚体制和统辖技术。当然历史事实也一再证明，在王朝更迭的过程中，读书人的确很少参加造反，而造反起义者所奉行的思想也从来不是儒家思想，而往往是非儒家甚至反儒家的民间宗教信仰，如汉代的赤眉、黄巾、五斗米教，清朝的白莲教、太平天国等等。

第三，儒学崇尚教化及以忠信为目标的理念，为开展一场大规模的政治社会化运动提供了前提和保障。儒学作为一种统治中国社会长达两千多年的意识形态，它不仅要成为社会精英阶层的思想尊崇，同时，也更为重要的是，它应被广大民众所接受，并成为他们的思想尊崇，因为唯有如此才能实现控制整个政治系统的目的。从儒学思想本身而言，为政显然是其创制的出发点和归宿。对于实现这一目标，儒学运用了一种非常独特但又十分奏效的“统辖技术”，即，以“孝”说民、以“孝”教民，最终达到以“孝”愚民的目的。在儒学看来，国是家的放大，国之政治原理，就是家之伦理原则，正所谓“有父子，然后有君臣”，这是儒家政治设计的基本点。不仅如此，“仁”作为孔子学说的核心，其根本也同样在“孝”，如同《论语·学而》所说：“有子曰：‘其为人也孝悌，而好犯上者鲜矣！不好犯上，而好作乱者未之有也。君子务本，本立而道生。孝悌也者，其为仁之本与!”通过如此肇始于“人之初”而伴随其终生的教化，人们正在努力成为或已经成为“孝顺的儿子”和“善良的公民”。在家从父、在国从君，以修身齐家为出发点，进而平天下，这种思想成为所有人的共识，不容置疑也不容违背。而这一切又都源于人的本性之爱——父母与孩子之间的亲情，夫妻之间的爱慕，人类对于万事万物的慈爱、怜悯、同情和仁义……显然，本性之爱是不容置疑、不容违背的。我们不禁感叹，这种忠孝内化人格的“人伦”培养，对于从血缘关系进而演变为宗法关系的中国古代社会而言，简直就是度身定做，契合得如此天衣无缝。它不仅是儒家实现其政治理想的必经之路，当然也是帝国等级制社会的必然要求。

总之，在汉武帝看来，儒学的尊君、礼制等级和忠孝思想有助于维护君主的权威，而同时，儒家的德治教化又可以为君主及其统治进行一种修饰和补充，成为束缚人们思想的重要手段，特别是儒家的各种仪制典章，“将专制主义暴力统治装点得温情脉脉。”①

二、意识形态儒学维系下的伦理治国

在西方文明发展史中，希腊人通过破除和摧毁血缘关系和氏族制度建立了城邦。组成城邦的是一些有着独立人格、自由意志和私有财产的公民。他们既不会接受某个权威人物的统治，当然也不再相信含混其辞的道德教唆，他们遵守着一种物化的、广泛的、超越于一切个人、超越于生理限制和感情纠葛、超越于旧的风俗习惯的新的具有权威性的契约——法律。与此不同的是，当我们回过头来翻阅我国古代的历史，却发现，中国从氏族制度走来的却是一条与西方有别的道路。其中，一个最为关键的转折点就是“启废禅让”。

① 刘泽华、葛荃主编：《中国古代政治思想史》（修订本），天津：南开大学出版社，2006 年版，第 199 页。

可以说，“世袭制”的出现，不仅没有“摧毁”血缘关系，而且是在以另外一种更为极端的方式延续着血缘的影响——氏族里的领导权在演变成为国家的统治权的同时，从周开始，便形成了“家天下”的制度。君是“君父”，臣是“臣子”，官是“父母官”……国与家采取了同一种组织模式和管理方式。与之配套的就是“宗法制”和“封建制”。“宗法制”即“父家长制”和“嫡长子制”，也就是，每个家庭都有一个核心，这就是“父家长”（放在国家来说，就是君主），同时，也有一个法定的继承人，那就是“嫡长子”，即正妻所生第一个儿子，由此代代相传，形成“血统”。“血统”进一步延伸到家族便是“宗统”，延伸到国家便是“君统”。正是“君统”、“宗统”、“血统”三位一体，形成了所谓的“天下为家”的“宗法制”。而“宗法制”运用于国家联盟，就形成了“封建制”，即天子是大宗，诸侯是小宗。显然，通过这种方式，国家的统治模式被家庭化了。其好处就在于，它不仅使一种对象化的强势权力从此变得温情脉脉，而且也在理所当然的表象下保证了权力的稳固和延绵。正如王国维在《殷周制度论》中所说的那样：“天下之大利莫如定，其大害莫如争，任天者定，任人者争，定之于天，争乃不生。”这种从表面上看是依据了自然规律的标准，由于它是相对客观的、有形的、天赋的、可以凭据的，因此便能有效地避免矛盾和争斗，从而保证家族、宗族和国家的稳定。

不仅如此，依靠“君统”、“宗统”、“血统”来维系和强化的社会也必然产生出这样的结果，那就是，“清官难断家务事”，对“家里人”无须讲法，因此，国家也无须主张法治。当然，有人也许会问，我国从帝国初始就有相关律条、法典的颁布，而且还配备了相关的部门和职务——廷尉、刑部、衙门……怎么能说我们不是法治呢？其实，就我国古代的法律性质而言，与其说是“法”，不如说是“律”，因为其主要的任务只是规定官、民如果作奸犯科或产生民事纠纷后应当如何处置，而有关公民的权力和义务的内容是完全没有的。当然，在当时，我们根本就没有“公民”的概念，有的只是“臣民”。显然，这与真正意义上的法治和法的精神是相去甚远的。那么，帝国的统治者又是如何来约束臣、民的言行呢？那就是伦理。在我国，就伦理的词源涵义来说，“伦”本义为“辈”（《说文》曰：“伦，辈也。”），引申为“人际关系”，如黄建中先生所说：“伦谓人群相待相倚之生活关系，此伦之涵义也。”“理”本义为“治玉”（《说文》曰：“理，治玉也。……玉之未理者为璞。”），引申为整治和物的纹理，如修理、修发、木理、肌理等，进一步引申为规律和规则。根据以上的解释，所谓伦理，指的就是人际关系事实如何的规律及其应该符合的规范。用伦理来管理人民、治理国家，这不仅是出于帝国时代的中国社会的显著特征，而且也是儒学所内含的应有之义。孔子说，“道之以政，齐之以刑，民免而无耻。”（用政令引导，用刑律规范，人民不敢犯罪，却不知廉耻）所以，必须“道之以德，齐之以礼”（用道德来引导，用礼仪来规范），只有这样，才能达到“有耻有格”（既知廉耻，又愿归服）的目的（《论语·为政》）。所以，我们看到，在帝国的法律条文中，往往将道德和礼仪的内容加入进去，比如，唐律（《唐律疏议》，又称《永徽律疏》）一开篇就这样写道：“德礼为政教之本，刑法为政教之用。”（德治为本，法治为末，礼为法纲，律为法目。）可见，德治是帝国统治者及其思想家所一贯主张的。

然而，实现真正的德治也许只是一个美丽的愿望。因为，相信帝国的统治者都明白一个道理，那就是，在道德关系方面，如果我们仅寄希望于百姓的理性，那将会是非常幼稚的想法。因为人心充满着各种欲望，指望在欲望包裹下的人心能够实现完全的理性，对于大多数人而言是十分困难的。正如恩格斯在《家庭、私有制和国家起源》中写道的那样，从部落到国家，展现的是一种离开古代氏族社会的纯朴道德高峰的堕落的过程，而新的、文明的阶级社会的帷幕却正是由那些最卑下的利益，包括庸俗的贪欲、粗暴的情欲、卑下的物欲、对公共财产的自私自利的掠夺所揭开的。所以，正是从这个意义而言，帝国统治者其实只是利用儒学制造了一个异常精巧的意识形态系统，这一意识形态系统不仅精妙地掩盖了本来的面目，掩盖了刻意的成分，让在帝国统治之下的人们浑然不觉，而且这一意识形态系统还进而演变成了一种世界观、人生观乃至国人性格，深入到普通百姓的思想和内心之中，使人们对现实的专制制度所造成的任何不合理都认为是理所当然和理应如此。

即便如此，就德治本身而言，它依然还是需要一个实现途径的。这个途径就是“礼”。儒学的“礼”与周公时代的“礼”已经发生了很大的转变。虽然从表面上看，儒学的“礼”似乎是对周礼的尊崇与回归，然而事实上，“礼”不仅被用来论证国家权力的合法性，同时，也成为了一种存续政治系统的独特制度。正如《左传·隐公十一年》中所说：“礼，经国家，定社稷，序民人，利后嗣也。”也就是说，在孔子及后人的继承和发展中，礼几乎无所不包，正所谓“道德仁义，非礼不称；教训正俗，非礼不备；分争辩讼，非礼不决；君臣上下，父子兄弟，非礼不定；宦学事师，非礼不亲；班朝治军，莅宦行法，非礼威严不行；祷祠祭祀，供给鬼神，非礼不诚不庄严”（《礼记·内礼》）。“礼”成为了匡正天下的纲纪准绳。在“礼”的要求下，社会成员必须各安名分、遵守礼制、不得越位。不仅如此，发展到极致的“礼”甚至还具备了一种类似宗教的性质——外在的礼仪、制度、行为规范被上升到神圣宇宙秩序的范畴——人们对于“天子”、对于祖先、对于父母、对于丈夫等等的尊崇被解读为对于宇宙秩序、对于天理伦常、对于人的本性之爱的尊崇。不仅如此，这样一种情感还被通过学校，当然更多的是通过家庭（一定意义上，学校在中国传统社会只是家庭的附属物）世代相传。于是，在所谓的爱所形成的现实的关系中，人们学习如何明辨是非，学习古老但不容置疑的戒律，那就是，爱戴、遵从包括君王、祖先、父母、丈夫在内的处于宗族上层的人，因而对于这些人的任何的意愿的违背乃至背叛都是极度可耻和不可容忍的。至此，这种通过教化并逐渐内化的、来源于人们自身的道德感或者廉耻感就成为了人们遵从规范的真正权威。于是，伦理在此时变成了政治。

三、儒学意识形态教化的实现途径

“教化”（Bildung）这一概念在黑格尔的《精神现象学》中被认为是现代自我异化的精神的一种特殊表现。通过教化，人脱离了自己的自然状态和天性，形成了一个与原初实在相对立的教化世界。然而，在黑格尔看来，虽然人的异化和去天性化是一个长期发展的既成事实，但人不是被迫异化和去天性化的。就如同卢梭所说，人将自己的自然权力让渡是为了融入作为一个道德整体的公民社会或社会共同体。也就是说，此时的个人只有通过自身异化，放弃种种自然倾向，由自然人变成社会人，克制种种天然本能，无一例外受自己创造的种种制度的约束，才能“成为普遍性的东西”，才有其社会性的存在。

虽然黑格尔的这段论述不论从时间还是空间的角度来说，都与我们在这里所讨论的儒学的意识形态化存在距离。但我们却可以从中获得一种启示。那就是，当我们考察了中国历史上儒学意识形态化的过程和途径之后，就会发现，其本身实际上就是一种非常典型的教化的过程，或者说是一种典型的人的异化和去天性化的过程。在这一过程之中，个人只有通过放弃种种自然倾向、通过自身异化，即无一例外地在这个社会的宗法礼教的规制中找到归属之地，才能“成为普遍性的东西”，才能获得一种“人为的”身份，才能有其社会的存在，当然也才能被周遭的社会所接受。不仅如此，当这种宗法礼教在整个社会弥漫并渗透到每个细胞、扎根下来的时候，儒学意识形态教化的这一过程还会在某种程度上演变成为一种典型的意识异化的过程，即包含宗教性质的过程。正如法国学者古斯塔夫·勒庞在其《乌合之众——大众心理研究》一书中说的那样：“群体的信念有着盲目服从、残忍的偏执以及要求狂热的宣传等等这些宗教感情所固有的特点，因此可以说，他们的一切信念都具有宗教的形式。受到某个群体拥戴的英雄，在这个群体看来就是一个真正的神。……一切宗教或政治信条的创立者能够立住脚，皆因为他们成功地激起了群众想入非非的感情，他们使群众在崇拜和服从中，找到了自己的幸福，随时准备为自己的偶像赴汤蹈火。这在任何时代概无例外。……”随后，他又通过引用德·库朗热在论述罗马帝国时的文字进一步说明：“……‘一种在民众中受到憎恶的统治形式，竟能维持了五个世纪之久，世界史上还不曾有过类似的现象……帝国区区30个军团，如何能让一亿人俯首帖耳，这真是不可思议。’他们服从的原因在于，皇帝是罗马伟业的人格化象征，他就像神一样受到了全体人民的意志崇拜。”①

这种情形是否与我们在分析中国古代意识形态的时候碰到的情况极其相似？的确，帝国的一国之君是一“家”之长，但他更是人间的“神”，掌握着裁度人间一切事务的最终决定权和解释权；而围绕在他周围的庞大的官僚机构则如同神职人员或祭祀，揣度、传达着这个人间之神的旨意，但在有些时候，你却根本无从判断这个旨意到底是出自君主的意见还是出于他们自己的；当然，帝王的子民们，他们就是信徒，信奉着从一出生就被时刻教导的那些信条，并用自己的辛勤所得去供养着这个人间之神以及他的那些代言人们，虽然时有抱怨甚至是怨恨，但却自始至终从未怀疑过这个人间之神的正当性和权威性。

毋庸置疑，这种意识形态教化结果的实现，并不是一朝一夕的，而是需要历经一定的过程并通过一定的现实手段来实现的。由于意识形态最终的目的是通过扎根民间、被民间认可并接受，从而实现制度的稳定和延续，因此，这就必然离不开意识形态内容本身是一个有意识的、自觉的、适应性的发展过程；当然，同时也离不开宣传、教育乃至利诱和惩戒等重要手段的运用。

中国古代这种意识形态内容所表现出来的有意识的、自觉的、适应性的发展过程，最显著的体现就在于儒学虽作为最贴合帝国制度的国家意识形态贯穿于整个帝国时代，但对于任何一个朝代的君王而言，作为一个拥有无限权力的独裁者和封建政治家，他不会就因此拒绝其他有利于巩固政权的政治理论，相反，他会把这些理论作为国家意识形态的补充和完善，充实

① ［法］古斯塔夫·勒庞：《乌合之众——大众心理研究》，冯克利译，北京：中央编译出版社，2005 年版，第 53—54 页。

到他的霸御之术当中。当然，在这个过程之中，儒学理论本身也获得了不断的丰富和发展。

就拿独尊儒术的汉武帝来说，虽然他明倡儒学，但实际却是兼采百家，并不是真的一味地笃奉儒学。最鲜明的例子就是，他并没有彻底放弃秦朝所采取的那种刑暴惩恶的手段，而是将德治教化与刑暴惩恶结合起来，采取德主刑辅的手段。正如汉武帝自己所说的那样，“夫刑罚所以防奸也。”（《汉书·武帝纪》）作为帝王之道，刑暴和劝善不过是用来巩固汉家天下的重要的政策原则罢了。

事实上，也正因为如此，我们才发现，在帝国发展的过程中，一旦意识形态的原有内涵无力甚至无法对当下的权力合法性和制度合理性作出解释的时候，帝国的统治者就会对原有的意识形态内涵作出顺应时代的改变。

例如，两汉统治者素以儒家纲常名教统治天下，然而，汉末名教的衰落却表明以汉代经学为载体的孝治难以再继续维持下去。于是，在思想混乱与政治动荡相互交织的年代，思想家和政治家们又重新拾起法制刑名之学，试图在分裂与战乱中强行恢复统治秩序，实现局部的政治稳定。又如，随着中国古代社会进入鼎盛时期——唐朝，帝国制度及其统治思想也日趋成熟。其中最为显著的标志便是，鉴于隋王朝“君舟民水”的教训，特别是当时波澜壮阔的民众起义，让帝国的统治者越来越充分地认识到民众在政治中的地位和作用，使他们不得不把目光投向这一君主政治的安危点。正所谓“以君之道，必须先存百姓，若损百姓以奉其身，犹割股以啖腹，腹饱而身毙”（《贞观政要·君道》）。于是，帝国当时的统治者将历代大儒的重要理论命题——民本理论进行了充实和发展，“民本论”成为帝国统治者及其辅臣议论政治的主要话题。相应地，帝国统治者在这个阶段对民的态度和对策也发生了很大的变化，他们尽量减少对农事的干扰和对庶民的索取，采取“与民休息”的政策，尚节俭、慎用兵、薄赋敛、轻刑法等都成为其中的重要内容。不仅如此，当时的儒学本身也在与玄学、道教和佛教的斗争中，博采众长，在容玄、容佛、容道中，使其自身的国家意识形态地位得以稳固。其中最重要的革新就是，儒学充分吸收了道家、玄学、佛学的哲学思辨的成果，用作为“自然之理”的天取代了作为“百神之大君”的天，将“自然”之道与“伦理”之道紧密地结合在一起，从而使儒学中那些关于宗法人伦的等级制度被冠以自然法则的性质，并进而使宗法道德借助于自然天道论、人类本性说成为一种普遍的强制性的社会规范和近乎于宗教的文化信仰。

当然，要实现意识形态教化的结果，仅仅依靠意识形态内容本身的革新还是远远不够的。因为，产生于社会精英阶层的意识形态不论其内容如何根据时代变化而革新，也都并不会必然、自觉地被广大民众所接受和认可。从最初的服从性接受到认同性接受再到信仰性接受①，教育的“循循善诱”、宣传的“装点粉饰”，还有“利诱”和“酷刑”的边界保障，都在其中发挥着至关重要的作用。此时，当我们再次翻开历史卷宗，我们会发现，我国古人可谓是深谙此道。

正如前文所述，儒学的核心内容是提倡以“礼”治国，换

① 依从性接受从一定意义上来说，是一种非理性接受，即尽管接受主体对意识形态的依据和价值缺乏认识，但由于外在因素的压力，或是出于自身利益的考虑，在行动上表现出遵照意识形态要求的举动。认同性接受是接受主体在认知或情感上对意识形态的价值趋同一致，并自愿遵从。信仰性接受是将意识形态个体化和人格化的过程。依从性接受、认同性接受、信仰性接受是一个由低级向高级接受意识形态转变的态势，它反映了接受主体将意识形态转化为自身个体内在价值需要的过程。

句话来说，就是实施伦理治国，因此，儒学的普及教育从某种意义上来说，更趋向于一种道德教育。例如，在明代，每年的正月和十月，地方上都要举行“乡饮酒礼”，这是一种从西周就秉承下来的半官方半民间的活动，要求所有的人户都必须参加。单单从名称来看，这仿佛只是一种简单的餐饮宴请活动，然而事实上，“乡饮酒礼”的举行在当时却有着非常重要的政治意义和功能。因为在饮酒之前，还有唱礼、演讲、宣布朝廷法令、表扬和批评等一整套严格的制度和程序，而这整套仪式的执行过程实际上就是在弘扬与宣传为臣尽忠、为子尽孝、兄弟相亲、邻里和睦、朋友有信、长幼有序等这样一些道德伦理规范。由此可见，这无疑就是一次不折不扣的道德教育、政治学习和礼仪演练。

再比如，清代康熙皇帝曾（1670 年）发布过一道劝善诏书，共十六条道德格言，即“敦孝悌以重人伦；笃宗族以昭雍睦；和乡党以息争讼；重农桑以足衣食；尚节俭以惜财用；隆学校以端士习；黜异端以崇正学；讲法律以儆愚顽；明礼让以厚风；务本业以定民心；训子弟以禁非为；息诬告以全善良；诫匿逃以免株连；完钱粮以省催科；联保甲以弭盗贼；解雠忿以重身命。”以此作为全体臣民的做人准则和修养纲领。后来，由安徽繁昌知县梁延年旁征博引，编成了一部足足二十卷的注释性教科书，名为《圣谕象解》。1724 年，雍正皇帝又对此作了进一步解释，编成了《圣谕广训》。再后来，山西盐运使王又朴再次用顺口溜的形式对其作出了更为生动的解释，名为《圣谕广训直解》，并要求每逢初一、十五都要在街头公开宣讲，而居民都必须往听，以求家喻户晓。

除了组织以上这样一些大型的全民宣讲教育活动之外，帝国采取的另一个行之有效的方法便是树立楷模。孔子无疑就是所有读书人的楷模，是“大成至圣先师”；而关羽则被树立为拥有仁义的“武圣人”。“仁”即为忠，被统治者所推崇；“义”即为正义，为老百姓所感动。官方推崇“忠”，民间推崇“义”，两者表面相异，实则一体，无不表达了忠君、忠父、忠夫的思想。事实上，这一招是非常管用的，我们从孔庙、关帝庙香火旺盛的事实就可窥见一斑了。

当然，不论是大型的全民宣讲还是树立楷模，都难逃政治表态和道德作秀的嫌疑。仅仅靠口头的道德说教并不能完成普及教育的最终目的。所以，帝国还使用了“利诱”和“酷刑”的方法和手段。

帝国通过“书院”教育培养了大批的儒士，然后又借用日趋完善的人才录用制度（察举、荐举、科举）以及官禄的许诺，网罗了大多数儒士的身心，正所谓“书中自有黄金屋”、“书中自有颜如玉”，“万般皆下品，唯有读书高”。我们看到，在当时，尽管不能排除有少部分官员的功名是花钱捐纳的，但可以肯定的是，多数被任命为官员的文人学士是通过国家主持的、以儒家经典为内容的考试而进入仕途的。的确，在帝制中国，各种社会背景的人都有可能通过这种方式追求并获得官职，而且历史上也不乏出身贫寒之辈最终获得了最高的职位。因此，这样一种看似公平民主的人才选拔过程，几乎成了所有读书人的不二选择，那就是，进入书院，经过系统的学校教育，成为满腹经纶的儒士，之后，再通过各种级别的考试晋升为官吏。就这样，这群人在仕途和钱途的激流勇进中，日益成为帝国制度的卫道士和帝国意识形态的传播者。事实上，正是这些人以及他们的后人和门生组成了帝国时代引人注目的支配阶级——官员阶级（官僚集团）。官员代理可以说是帝国不同于邦国的显著特点，它和中央集权一起构成了帝国政治管理系统的两大支柱。

除了利诱，当然还有“酷刑”。用文化来统治往往会演化为用文化来专制，而用伦理来治国往往也会演变为用道德实施暴政。思想的迸发与进步需要自由的环境，道德的约束则是自由的人们自己制定并自觉自愿遵守的行为准则。然而，当思想和道德被蒙上专制和强制的阴影之后，它们就必然会成为一种奴役人的暴政。这种暴政不仅仅体现为中国古代的“文字狱”，针对那些所谓的“乱臣贼子”、“奸夫淫妇”所采用的手段极其残忍的酷刑，还体现在当意识形态逐渐个体化和人格化的时候（带有宗教性质的时候），群体用“道德”建立起来的无形的牢笼、枷锁和“刑具”，在捍卫所谓的崇高的道德情感的时候，却反而赤裸裸地成为了暴政的帮凶。在这里，个人只不过是为所谓社会或国家这些更高实体的目的而服务的工具，“极权主义政体很多使我们害怕的特点便必定接踵而至。从集体主义立场出发而产生的不容忍和残酷地镇压异己，完全不顾个人的生命和幸福，都是这个基本前提的根本的和不可避免的后果。”①

正因为如此，悬于帝国头冠之上的“礼”其实并不像表面上看起来的那么纯净、璀璨，即便它的确成功地实现了“人同此心，心同此理”的帝国意识形态大战略，但同时也给近代中国的屈辱与磨难埋下了祸根。

第二节　千年局变中的政治理想与道路抉择

历史总是由许多偶然中的必然串联起来的。发展了两千多

---

① ［英］弗里德里克·哈耶克：《通往奴役之路》，王明毅等译，北京：中国社会科学出版社，1997 年版，第 143 页。

年的中华帝国在西方工业文明的炮火攻击下轰然倒塌了。虽然，制度不复存在，可是，支撑制度的如幽灵般的意识形态却没有就此覆灭——在现实帝国残垣断壁的背后，人们心中的帝国依然故我。新旧不能衔接成为最显著的国情。直至俄国十月革命的一声炮响，马克思主义的“异军突起”给国人带来了光明和希望。

一、意识形态的冲突与晚清改革的失败

在18世纪中期以前，欧洲的商人还曾经被中国看成是类似于藩属国的朝贡者。然而，从19世纪初期开始，英国就凭借着工业革命所带来的军事组织和技术，开始了它在中国“自由贸易”的抱负。随着鸦片战争中清廷的不断挫败，英国在中国取得了大量的贸易权力。之后，其他西方列强也很快地加入到要求中国“开放”的行列之中。近代中国的噩梦由此开始，延续千年的专制帝国终于走到了尽头。

对于这段屈辱的历史，很多人都将其归罪为清廷的腐败。可是，在中华帝国的历史长河中，当我们历数诸王朝却不禁发现，清的疆域之大、人口之多、军事力量之强，名列各朝各代前茅。不仅如此，更为重要的是它的社会管理。可以看到，清朝的“康乾盛世”持续了长达134年，远远超过汉朝的“文景之治”（50年），隋的“开皇之治”（24年），唐的“贞观之治”（23年），宋的“太祖太宗之治”（30年）以及明的“仁宣之治”（11年）。在清代，可以说，无宦官之乱，无外戚之祸，无荒淫昏戾之君，无帝后被废被杀，其统治者也大多勤政，除春节、端午节、中秋节以及皇帝和太后寿辰，几乎是日日办公，当日事当日毕。在如此政治清明的情况下，民生安定（即使在清末，民生再苦也不及秦、汉、隋、唐、明末那样天

灾人祸并行、灾变民变并举、饿殍遍地、饥民满国，处处揭竿而起），民族问题也少有发生。正如黄仁宇先生在《中国大历史》中评述的那样，“满清的君主之符合中国传统，更超过于前朝本土出生的帝王”；而“皇帝能行使之职权，远胜于明末之帝王……”①。由此可见，清朝灭亡的原因并不仅仅在于经济和物质的层面。

对清廷而言，这一次的“外族入侵”与以往任何一次都不相同。因为这些人不是进犯中原的“蛮族”，而是拥有先进的科学技术和政治制度的“洋人”。他们发动战争的目的并不在于通过战争顺手牵羊地掠走钱财和妇女，更不是为了改朝换代，而是在于通商贸易、传播文化。可以看到，贸易自由权、关税限制、通商口岸的治外法权、基督教传教士在内地的司法豁免权等等，所有这些虽然都是在历次外国入侵之后，在条约中以武力强加的方式实施的，但是其中却无不渗透着经济、政治乃至文化的诉求。也就是说，通过战争，西方列强要获得的不仅仅是经济方面的利益和特权，他们还要传播他们的文化，并在此基础上改变中国的政治制度，使中国与国际社会接轨，按照西方社会制定的“国际惯例”来处理事务。这显然是西方国家发动侵略战争的最初目的。然而，事态的发展在后期却有了一些变化。到了19世纪末，由于相互竞争的各工业国家在全世界范围内寻求殖民地，并排挤了英国的“自由贸易帝国主义”，于是帝国主义的入侵便采取了更为险恶的方式：起初，那些原本作为中国附属国的地区和国家，包括印度支那、亚洲内陆地区和朝鲜，相继被法国、俄国和日本所攫取；后来，相互竞争的列强又进一步通过“贷款、铁路、租界、廉价土地税

---

① 黄仁宇：《中国大历史》，北京：生活·读书·新知三联书店，2008年版，第245—246、251页。

以及地方司法权、警察权和采矿权等权力”分割了大片的“势力范围”①。至此，中国作为主权国家的生存受到了全面的威胁。

于是，在这样一种严峻的情势之下，晚清政府为了挽救王朝的命运，开始进行一些改革的初步尝试。洋务运动、戊戌变法和清末新政就是这个时期的代表。

面对西方列强的武力侵略，晚清政府曾经将自己的一再失败归结为对方的“船坚炮利”，于是一批政治精英就企图借助西方科技的力量来充实强化本国的军事实力，“洋务运动”由此发起。客观说来，这场运动所带来的不仅仅是现代化军事工业的发展，而且也在一定程度上引发了近代中国不可逆转的现代化历史潮流：要发展军事工业就不得不发展重工业、交通运输业、采矿业等，而要发展这些工业，就需要大量的资金投入，显然，小农经济是很难积累如此庞大的资金的，于是，为了积累资金，他们又不得不进一步去发展能在较短时间内提供流通资金的轻工业。除此之外，为了实现以上的目标，他们还需要培养大量懂得现代工业技术的专业人才，于是，新式教育、同文馆、译书局就相继出现了。现代化就在这样一个又一个环节的演进中不断地弥散开来。这无疑是作为后发展国家的中国在引进西方工业文明因子后所招致的必然结果。因为西方文明本身就是一个有机整体，当你引入某一个因子的时候，为了配合这个因子或者为了保证这个因子的正常运作，你又不得不引入另外一个因子，正如严复在《拟上皇帝书》中所说的那样：“一行变甲，便思变乙，及思变乙，又宜变丙，由是以往，

① ［美］西达·斯考切波：《国家与社会革命——对法国、俄国和中国的比较分析》，何俊志、王学东译，上海：上海世纪出版集团，2008年版，第85页。

胶葛纷纶。”[①] 很显然，这一结果在客观上成为了帝国灭亡的一大推手。特别是之后发生的中日甲午战争则进一步使中国人包括晚清政府在内越来越意识到，最初只是学习西方先进技术的努力如今显然已经转变成为了一股推动制度变革的强大力量。紧接着，鉴于日本明治维新的经验，一场不同于洋务运动的新的激进式的改革开始登上了历史的舞台——戊戌变法开始了。戊戌变法是由康有为、梁启超等这样一批体制外的边缘知识分子[②]发起的。他们和年轻的光绪皇帝一起形成了推动中国早期现代化的新的精英势力。这些少壮派的变法人士精力充沛，有着强烈的改革热情，可以说在一定程度上具有比洋务派精英更明确的现代化意识与世界眼光。但是，这场来自于帝国统治阶级内部的对于变革的最初尝试，却最终由于慈禧领导的保守派的政变而以失败的结局草草收场了。之后，清朝政府在改革方面便少有动作，直到经历了 1899 年至 1901 年的义和团起义之后，晚清政府才终于被迫再次走上了改革的历程。这次改革是清王朝所进行的最后一次也是最认真的一次改革。它是由以慈禧为首的王朝统治者发起的，并自上而下地在全国和各省范围内全面地推进，其内容包括：修改并在 1905 年废除了科举制；在地方、各省和北京相继开办各种设置了西式课程、培养新式政府精英的现代学校；给出国留学（最初大多到日本）的大学生颁发奖学金；开办培养现代军官的军事学校；兴修铁路；设立分管内政、战争、教育、外交事务和商业的部门；特别是从 1908 年开始，清政府还开始着手设立代表性的议会和地方性的

① 王栻：《严复集》（第 1 册），北京：中华书局，1986 年版，第 68 页。

② 注：之所以称康有为、梁启超等人为体制外的边缘知识分子，是因为他们在从政以前，大多是远离政治中心的，他们大部分时间在深山里读书讲学，可以说处于政治上的边缘状态。即使后来进入官僚体制内，由于他们热忱、血性、高调和张扬的行事风格，也使他们在庸常的官僚群体中显得鹤立鸡群、格格不入。

谘议机构，不仅如此，清政府还许诺将在1917年设立国会。

这次为了挽救王朝命运由统治者发起的改革运动没有了来自统治阶级的阻拦，前景似乎一片光明，但是，这次改革的结果最终却仍然事与愿违，甚至，从一定意义上来说，正是这场改革最终摧毁了改革性的政府。也就是说，这一系列新的举措不但没有挽救危难中的清王朝，反而却进一步削弱了本来就已经十分脆弱的中央权力。因为由改革所引发的社会内部的变革力量已经势如破竹、无法阻挡。

在当时，那些在清政府建立的现代学校里接受了现代教育的学生和军官们在激进的民族主义观念的促使下，渐渐地失去了对清王朝和帝制体制的忠诚，与日俱增的却是对它们的敌视乃至仇恨。那些由清政府新设的代表性议会也很快被地方和各省的士绅[①]、商人团体演变成了他们谈论、商议自由主义、政治分权性改革纲领的地方。事实上，在1900年以后，由于民族危机的日益加深（当然也有利益的驱使），这些士绅和商人团体就已经开始公开地向中央当局请愿，只是在后期由于对清朝当局失去了信心和耐心，才逐渐将“立宪共和”看成是将各省、各地的阶级利益与民族独立与进步结合起来的理想的纲领。历史证明，正是他们中的一些人在推翻清王朝的革命活动中扮演了非常重要的角色。对于事态后来的发展，我们姑且不

① 注：中国晚清士绅阶层是在农业经济和社会以及帝国行政体系共同作用下产生和发展的。因此，它带有儒家文化和教育体制的烙印，同时也是农业社会阶级分层的必然结果。他们依赖于帝国行政和军事的支持以及在帝制国家中获得职位的机会。因此，士绅的核心实际上是家庭成员中已经获得功名的现任官员的地主家庭，而那些家中没有获得功名者的富人家庭或贫穷的士人及官员则被看成是处于士绅阶层边缘的人，他们也在事实上分享了独特的儒家文化和核心士绅的财产资源，并且还分享着某一方面的士绅权力。

论是蓄意为之，还是由一颗不慎爆炸的炸弹所带来的骑虎难下[①]，但最终的结果还是使中国走出了帝国专制的时代，隆裕太后在1912年2月12日终于签发了大清王朝的最后一道上谕——《退位诏书》。

当我们回顾这段历史，不免要问，为什么晚清政府的种种对国家现代化的尝试和努力都最终会是以失败而告终呢？为什么曾经一统天下的儒学如今却回天乏术了呢？事实上，正如前文所述，在晚清世道衰败、社会动荡之时，不仅日益激化的社会矛盾呼唤着新的政治思维，就连统治阶级也急切地寻求救世补天之术，要求产生一种更能有效维护现存秩序的思想武器。当时就有一大批士大夫从庞大驳杂的儒学武库中重新发掘出春秋公羊学，力图从“一大统”、“张三世”、“通三统”、“受命改制”等思想中找到经世致用、挽救衰世的药方。然而，这种努力终究还是没能摆脱晚清灭亡的命运。究其原因，就在于，在当时的局势之下，晚清政府不得不进行的改革的初衷虽然只不过是要维护他们恋恋不舍的专制、集权的帝国制度，但事实上，西方列强传播文化、改变中国政治制度的图谋以及由晚清政府“身不由己”地走向现代化的现实，却在客观上造成了社会在思想和现实中的巨大变革，由此引发的连锁效应也已经实实在在地触及到了甚至撼动着帝国集权、专制、独裁制度的核

① 注：在1911年10月10日前，孙中山曾发动推翻满清的运动数十次，然而每次均以失败告终。但是，令人没有想到的是，由革命党员在汉口的地下组织不慎爆炸的一颗炸弹而引发的革命却居然能够获得成功。在当时，炸弹爆炸后，经过巡警调查，一批党员名单败露，其中牵涉了很多新军里的下级军官和士兵，于是，这些人逼不得已只能提前举事。可见这场举事是在没有事先安排好领导人物和预订计谋的情况下仓促施行的。满清新军协领黎元洪在这种情况下被强迫推戴成为革命军的总指挥。不仅如此，紧急关头清朝总督的不战而逃也对这次革命的成功提供了非常重要的时机。不久其他省份也接二连三地宣告“独立”。

心。因此，任何不触及帝国本质的改革都是徒劳的，都不可能挽救危难中的国家。于是，既然帝国制度本身都已经岌岌可危，那么，如何又能指望附着于帝国制度之上的意识形态能发挥起死回生的作用呢？因此，晚清政府任何苟延残喘和垂死挣扎的举动都最终无法再挽救危难中的帝国。然而，现实永远是复杂和多变的。虽然，儒学已经失去了其作为国家意识形态的光环，但其通过两千多年教化所形成的影响却依然固执地存在。也许，有形的帝国已经坍塌，但在广大中国民众心中无形的帝国却依然存在。于是，接下来的事态发展便是，一批在立宪共和这一政治理想鼓舞下的社会精英为了救亡图存，在中国进行了又一次的道路试错过程。然而，这样一个试错过程却因为无形帝国的阻扰而充满着无奈与幻灭。

二、新旧的不衔接与共和理想的夭折

1894 年，即甲午战争爆发之时，孙中山曾北上天津，希望拜访李鸿章，表达自己“以和平之手段、渐进之方法请愿于朝廷，俾行新政”的主张。然而，这样一个温和的改良请求却遭到了李鸿章的拒绝①。同年，彻底失望的孙中山在夏威夷成立了兴中会，明确提出了“振兴中华，挽救危局”的口号，目的是要激发起民族精神，树立起民族意识和国家意识，号召全体民众团结起来抗击侵略。在孙中山看来，“振兴中华”在当时

---

① 孙中山在决心走上革命道路之前，是趋向于走改良的道路的，他自己就曾经说过，革命是万不得已的事情，而且不能一直革命下去。当时，他的朋友陈少白就曾对其建议，因为李鸿章在很多人看来是当时比较识时务的人，所以，如果李鸿章能接受他的这些主张，通过改良的方式使中国富强起来，那岂不更好。于是孙中山曾想在李鸿章这里做最后的尝试。然而李鸿章连见都不见他，这无疑使孙中山感到无比失望，于是决心走上革命的道路。

首先就是要改变政治制度，即通过革命建立民主政权，然后制定宪法，提高国民地位，让国民有民主、有自由，之后再延续力量，使中国富强起来。

事实上，在当时，出于对国际环境的判断，社会上是普遍存在着这样一个共识的，那就是，西方的议会民主政体是世界上最为先进的一种政治体制。于是，在“救亡图存”的诉求中，人们普遍认为，效仿西方实行议会民主制度是在推翻帝制后中国理应走上的发展道路。对此，孙中山也曾经作过这样一个比喻，当前的中国就好比造铁路，造好了就要用火车头，是用人家发明的原始的“粗恶的火轮车”，还是用“最新式的火轮车”呢？很显然，“各国发明机器，须积数百年之功，而仿而造之，岁月之功已足。”①

不仅如此，在 20 世纪初，被逼入绝地的中国人，其民族意识已经空前觉醒，有越来越多的人开始意识到，要抵抗外来侵略，已经不能寄希望于清朝政府，而是要靠国民的共同奋起。在当时，甚至有一位亲王都如此公然地说：“如果我不是出生在王族，我早就加入革命党反叛朝廷了。”② 就是在这样一个时局已变、大潮将起的历史转折点上，颠覆封建政权、创建共和国家成为了当时最具进步意义和象征意义的口号。

1911 年 10 月 10 日，武昌起义爆发了。之后不到两个月，全国就有 14 个省宣布起义，脱离清政府的统治。而起义军中，清政府赖以维护其统治的“新军”却成为了起义的主力，有 8 万多人直接参加各种起义，占到新军总数的三分之一。这种局面的出现，正如孙中山所说，可以把清政府比作一座即将倒塌

---

① 《孙中山全集》（第 1 卷），北京：中华书局，1985 年版，第 277 页。

② 参见中央电视台《复兴之路》节目组编著：《复兴之路》（上），北京：中国民主法制出版社，2008 年版，第 139 页。

的房屋，整个结构已从根本上彻底地腐朽了，难道有人只要用几根小柱子斜撑住外墙就能够使那座房屋免于倾倒吗？于是，看似坚不可摧、实行了两千多年的封建专制制度就在短短4个多月的时间里土崩瓦解了。而辛亥革命也因此成为了中国现代政治的实际开端。

众所周知，辛亥革命的最大功绩就在于结束了中国的帝国专制制度，用民国取代了帝国，使中国发生了一种前无古人的巨大变化。不仅如此，在此过程中提出的纲领、建立的制度、实行的政策，也都表现出一个处于上升阶段的新阶级的政治理想和中国广大人民群众的政治启蒙。正如林伯渠在《荏苒三十年》这篇文章中说的那样，“对于许多未经过帝王之治的青年，辛亥革命的政治意义是常被过低估计的，这并不足怪，因为他们没有看到推翻几千年因袭下来的专制政体是多么不易的一件事。”① 也就是说，辛亥革命不仅使帝国专制的统治无法再继续下去，而且也给人们带来了思想上的解放，最为显著的表现就是，人们不再固步自封地迷信帝国专制制度，并对君主政治（不论是君主专制还是君主立宪制）持绝对否定的态度。可以说，在“敢有帝制自为者，天下共击之”的观念里已经萌动着中华民族第一缕复兴的力量。

辛亥革命虽然取得了胜利，但为了不要再流第二次血②，为了国内和平，孙中山将总统的职位让给了当时控制着满清新式陆军的袁世凯。因为在当时看来，这支军队在理论上还有打败革命党的可能。然而，辛亥革命虽然结束了中国的帝国专制

---

① 林伯渠：《荏苒三十年》，《解放日报》，1941年10月10日。

② 在孙中山看来，既然进行开明专制的革命与进行议会民主制的革命都要流血，那为什么不能一步到位，干脆流一次血，不要再流第二次血了。参见《孙中山全集》（第1卷），北京：中华书局，1985年版，第281页。

统治，但是，中华民国的道路可谓是依然坎坷。因为旧制度的巨大阴影不仅并未随之消失，反而还在相当长的时间里仍影响着国家的前途和命运：虽然在20世纪初的中国，“革命”成了人们心中的主旋律，可是，由于革命并没有深入地将民主、法制、共和的思想灌输给普通民众，从而造成革命的结果只能是一锅“夹生饭”；不仅如此，即便是对那些打着共和宪政口号的所谓精英们来说，以自由、平等、民主为核心的西方政治文化也并没有真正成为他们的信仰，于是，新旧不能衔接成为当时最为显著的国情。其中，最为明显的表现就是，那些原本在西方行之有效的普选制、议会制、多党制，一旦到了中国，就通通变了样。比如，当时，袁世凯政府就曾邀请哈佛校长艾略特派遣一名宪法顾问来帮助中国起草中华民国的第一部宪法。然而最终的结果却是，这位由美国哈佛校长派遣来的所谓德高望重的政治学家最后只协助起草了两部宪法性文件：一部就是规定袁世凯总统任期终身；另一部就是赞同袁世凯复辟称帝。

由此可见，虽然辛亥革命给了帝国行政和政治制度以致命一击，但是，由于帝国专制制度瓦解后充分显示出来的中国封建主义势力和对新兴意识形态缺乏认同的事实，最终注定了民国只能是打着共和幌子的“帝国”。而立宪共和也最终堕落成为一种形式甚至是一种说辞、一种借口、一个用来获得国家权力的幌子。历史已经证明，民国成立后的二十年对中国来说是又一段令人愁丧的开始——袁世凯称帝、张勋复辟和军阀混战，再度令中国陷入了无休止的骚乱之中。

那么，也许我们不免要问，为什么在当时的中国会出现新旧不能衔接的状况呢？原因其实很简单。众所周知，西方议会民主制，是在西方特殊的历史条件下，通过适应其自身的经济社会和文化条件，经过长期的历史过程逐渐演变而来的。这样的制度是需要契约性的游戏规则意识、法治意识、权利和义务对等意识等等作为前提条件的。很明显，对于当时的中国而言，根本无法从社会、经济与文化系统中找到相应的认同与支持基础。换句话来说，推翻帝制、过上没有战乱的幸福生活是当时人们的普遍希望，这的确不假，但当时国人在对幸福生活的定义中却还没有加入如“平等、自由、民主、法治”等内容。对于这一点，我很赞同易中天先生的概括，那就是，在当时国人的思维中，只有“一人代理”而无“天下为公”；只有“互斗”后的“臣服”，而无“竞争”后的“共享”；只有“王法”，而无“宪政”。而那些“……以千计的贞节牌坊，歌颂大人物丰功伟绩之神道碑，以及祠堂里的神位和乡祠里的偶像，代表着中国的大传统和小传统，过去统统有利行政之辅助工具，至今无一可资改造利用以增进民权，或者转变为多元社会之桥梁。”① 因此，由于当时的中国根本不可能在推翻专制帝制之后就迅速摆脱传统意识形态的影响和束缚形成与立宪共和相匹配的这些社会意识，所以，西方议会民主制也许是当时世界上最先进的制度，但对于中国而言，却不是最适合的制度。

由此可见，立宪共和的失败除了与当时我国所处的时代背景、世界背景密切相关之外，资产阶级革命派所构建和传播的理念本身的空想性也是重要原因之一。也就是说，他们的政治理念虽然体现了在当时被认为是最为先进和文明的政治理想，但就中国当时社会的思想状况而言，是缺乏一定的现实基础和生长环境的。其中最为显著的表现就是，忽视了传统专制帝制意识形态在后帝国时代的影响力——普通民众在传统专制帝制意识形态长达两千多年统治下，所形成甚至是铸牢的价值观

① 黄仁宇:《中国大历史》，北京：生活·读书·新知三联书店，2008 年版，第 297 页。

（包括政治、经济、文化各方面），不可能在一个仓促革命之后就消失殆尽。否则，国民党大佬陈立夫也不会对民主人士沈钧儒这样说道："我们是拼了命得来的，你们要凭圆桌上的空话说了去，哪有这么便宜的事？"所以，共和理想的失败不仅在于其自身所未能达到一定的思想高度，同时，更在于高估了整个社会对它需要和接纳的程度。难怪最终也只能落了个"无量头颅无量血，可怜购得假共和！"① 的悲惨结局。

至此，我认为，虽然"共和"是一个很美好的理想，但一旦失去了与现实的契合性，那么它就仅仅只能是一种理念，而非意识形态。也正因为如此，这样的理念虽然能在国家危难之时成为组织实施革命的思想武器，然而，对于革命胜利之后后帝国制度的建立，却没有什么实际的意义和价值。于是我们看到，作为民国大总统的袁世凯在所谓的共和理念之下建立的只不过是军事强人权威政治体制。当然，支撑这一体制的意识形态自然也不是什么共和主义，而是一种处于过渡时期的新权威主义——虽然承诺通过稳定政治秩序发展经济，并为未来的民主政治打下基础，但其政治结构却具有很强的类宗法的私人效忠性质，是一种建立在"恩主—被保护人"的私恩庇护关系之上的家长制权威结构。同样，国民党虽奉行"三民主义"，但其统治时期的政治也完全不具备共和的特征，而仅仅也只是一种国家主义的权威政治。这种体制与袁世凯单纯以恩威并举的庇护网为基础的权威主义相比，虽然具有更强的政治动员能力与社会凝聚力，但就其政治结构内部来说，仍然无法真正摆脱类宗法的性质，所以，国民党内部一直以来都面临着山头林立、派系繁多、派系之间矛盾重重、腐败严重等问题，恰恰正

① 转引自中央电视台《复兴之路》节目组编著：《复兴之路》（上），北京：中国民主法制出版社，2008 年版，第 173 页。

是这些问题最终成为导致其失败的直接原因。

不论是袁世凯的军事强人权威政治体制，还是国民党统治时期的国家主义的权威政治，就其意识形态和政治结构内部类宗法的性质而言，它们实际都是传统帝制意识形态在接受西方意识形态挑战、并失去其依附的现实制度的情况下，所进行的调试；同时也是共和理想在面对家仇国难、企图力挽狂澜的政治体制试错过程中发生的退变。虽然，这是抱着共和理想的仁人志士们所不愿看到的，但却是共和理想面对现实不得不做出的妥协与改变。其实早在民国初年议会政治失败之后，孙中山就已经逐渐意识到，中国的现代化首先需要的是一个具有现代化导向的强势的政府来统一中国，以改变中国社会涣散无序的状态，并在强势政权的整合下发展实业经济。虽然这与最初的共和理想相距甚远，但，这一逻辑至少在今天看来，对当时的中国来说是一个正确的和符合实际的认识。

三、马克思主义的“异军突起”与社会主义道路的抉择

之所以用“异军突起”这个词来形容马克思主义在中国传播与壮大的过程，主要是因为一方面，对于刚刚走出帝国时代的中国而言，马克思主义在当时并未处于主流地位，然而最终却能带领中国人民走向光明，实属神奇；另一方面，面对如此冥顽的传统帝制意识形态，马克思主义却能够突破重围最终获得社会最广大人民的支持，实属不易。当然，不论是神奇还是不易，历史终归还是偶然中的必然。换句话来说，任何的历史事件都不是单独发生的，它总是因果循环的结果。

在当时那个混乱的时代，尤其是在面对帝制对共和的反扑

造成共和理想不断受挫的时候，中国的知识分子开始逐渐地意识到，中国的问题不是简单的政治革命可以解决的，要想救中国、建共和，首先得进行思想革命，使人们从封建思想的束缚中解脱出来。正如陈独秀当时说的那样："这腐朽思想布满国中，所以我们要诚心巩固共和国体，非得将这班反对共和的伦理、文学等等旧思想，完全洗刷得干干净净不可。否则不但共和政治不能进行，就是这块共和招牌，也是挂不住的。"[①] 于是，思想革命渐渐成为当时中国知识分子的共识，一场文化启蒙运动在中国展开。这场运动起始于1915年的新文化运动，直至1919年的五四运动。当时提出的主要是进行两个方面的改革，一方面是文学革命，即写白话文，当然这不仅仅是文体的改变，实际上在一定程度上也起到了解放思想的作用；另一方面就是进行道德革命，其主要的内容就是反对儒家的"三纲"说。易白沙是当时第一个撰文点名批判孔子的人。他在《青年》上发表《孔子评议》一文，认为孔学有四大缺陷：尊君权，漫无节制，易演成独夫专制之弊；讲学问不许问难，易演成思想专制之弊；孔子少绝对之主张，易为人所借口；孔子但重做官，不重谋食，易入民贼牢笼。[②] 继易白沙之后，新文化运动的代表人物，如陈独秀、李大钊等人，也相继撰文，公开批判封建礼教和孔孟之道。当我们再次翻开这些论著，我们不难发现，他们对于传统文化的这种反思甚至批判往往是与制度的分析紧密联系起来的。换句话来说，这种反思甚至批判其政治含义是要大于学说含义的。正如李大钊撰文所说，我抨击

---

① 转引自中央电视台《复兴之路》节目组编著：《复兴之路》（上），北京：中国民主法制出版社，2008年版，第174页。

② 易白沙：《孔子评议》，《青年》第1卷第6号（转引自孙力《演进与驾驭：中国共产党意识形态解析》，北京：军事科学出版社，2010年版，第41—42页）。

的不是孔子本身，我所抨击的是历代借用孔子的那一批统治者。

无疑，将文化批判与制度批判相结合，可以使文化批判达到新的高度，从而在一定程度上推动中国社会的制度改造。但用今天历史回溯的眼光来看，这种批判和抨击对中国传统文化所起的颠覆作用却不仅仅限于政治方面，它的影响可以说是全面的。因而这种全盘否定的批判所带来的结果可以说是包含正负两个方面的：一方面，正如前面所说，通过这种批判和抨击有效地提升了国人思想的先进性水平，为马克思主义在中国的传播奠定了理论基础，同时也为革命的深入开展奠定了重要的思想基础。对于这一点，正如美国学者莫里斯·迈斯纳评价的那样，当时一批活跃地聚集在《新青年》周围的知识分子，他们对于中国历史发展的重要性是很难估价的。因为作为新文化运动的领军人物们的著作以及他们在北大任职的经历，使他们有机会铸成一代年轻学生的信仰和态度，而正是这些学生中一些人，在五四运动以后成为了现代中国革命的领导者。另一方面，由于缺乏全面分析而无法达到对传统的扬弃，进而在文化转型的过程中出现了极端化的倾向，使中国传统文化中可资继承发扬的部分也被一股脑儿丢弃了。美国哈佛大学哈佛燕京学社的杜维明教授在谈到五四运动和中国传统文化时，也曾对此做过一个分析，他说，如果对传统做一个比较全面的分析，有足够的时间、足够的精力，把传统的糟粕和精华能够真正地看清楚，对传统既有批判扬弃，同时又有吸收发展，在这样一个心态之下面对西方，就可以把深刻的价值吸收进来，把负面的现象经过批判而排拒。……不破不立，五四运动在破的方面力度非常大，但在立的方面牵扯的层面太多。其实传统是已经进入到我们血液乃至骨髓的东西，所以要经过很深层的反思和转化才可能把所谓封建的遗毒清除掉……。[①]

无论如何，新文化运动在文化和政治方面所取得的积极效果都是非常显著和值得肯定的。然而，就在此时，欧洲国家由于战乱而显露的颓废景象，却让觉醒中的人民对“中国往何处去”的问题又再次表现出普遍的沮丧和彷徨。对于当时欧洲的颓废景象，梁启超曾在他的《欧洲心影录》中有过这样的描述：全社会人心都陷入怀疑、沉闷、畏惧之中，好像失去了罗针的海船迎着风遇着雾，不知前途怎生是好。……社会革命，恐怕是20世纪唯一的特色，没有一国能免，不过争早晚罢了。[②] 于是，很多人又不得不反思，被中国视为学习对象的欧洲如今已是这副模样，那么，向欧洲学习的中国的出路又在哪里呢？难道我们还要沿着欧洲国家的这条旧路再走一遍吗？很显然，欧洲国家已经暴露的明显缺陷在客观上促使中国不得不重新考虑未来的去向。

毛泽东曾精辟地概括道，十月革命的一声炮响为中国送来了马克思主义。如果我们要恢复还原当时更为具体的情况，或者更确切地说，应该是，在欧洲国家制度缺陷逐渐凸显，人们开始怀疑欧洲道路的同时，俄国十月革命的成功为中国的政治发展提供了另外一条可供选择、甚至是更为契合的路径，此时的人们开始将希望寄托于社会主义之上。因为，昔日的中国与俄国有许多类似之处，同样都是通过革命推翻专制王朝，然而不同的是，憧憬着共和的中国通过资产阶级革命推翻了帝制，国内却仍然纷扰不断、残败依旧，可是相反，俄国却通过布尔

① 参见中央电视台《复兴之路》节目组编著：《复兴之路》（上），北京：中国民主法制出版社，2008年版，第181页。

② 梁启超：《欧洲心影录》［OL］. http://max.book118.com/html/2011/1119/760733.shtm。

什维克革命迎来了新生。可以说，这极大地触动了中国人，让许多人又再次看到了希望。

马克思主义能在中国登陆并得到广泛传播，除了这一客观原因之外（欧洲道路的受挫以及俄国十月革命的胜利），中国当时一批先进知识分子对于十月革命和马克思主义之间联系的理论分析和阐释，也为马克思主义在中国的广泛传播创造了机遇和条件。

李大钊被看成是最早从理论上分析十月革命，并将十月革命同选择马克思主义的指导联系起来的人。他在 1918 年 7 月 1 日发表的《法俄革命之比较观》中写道："俄罗斯之革命是二十世纪初期之革命，是立于社会主义上之革命"，法兰西革命预示着资本主义时代的到来，而俄国十月革命则是社会主义的"世界的新文明之曙光"。接着，他又在《庶民的胜利》和《布尔什维克的胜利》两篇文章中谈到革命及其指导思想的问题。他说，布尔什维克的主义"就是革命的社会主义；他们的党，就是革命的社会党；他们奉德国社会主义经济学家马克思为宗主；他们的目的，在把现在为社会主义的障碍的国家界限打破，把资本家独占利益的生产制度打破"，"这是 20 世纪世界革命的新信条"，从此将开辟人类的"新纪元"。[①] 之后，陈独秀、毛泽东、蔡和森、周恩来等人，也在这一时期把马克思主义确立为自己的指导思想。

的确，在一个古老而自豪的文明上建立新的国家是一项伟大而艰巨的任务，这不仅需要新的体制、新的军事，同时更需要人们属于这个国家的新意识。显然，马克思主义作为一个相对完善的思想体系，具有相较于当时其他思潮和主义所不具备

---

① 《李大钊选集》，北京：人民出版社，1959 年版，第 101—102 页。

的优点，特别是它对于平等和公平这类问题的诠释，在展现出极具吸引力和魅力的理想主义色彩的同时，也在很大程度上与那些受着帝国主义、法西斯主义、封建主义、资本主义压迫的人们的诉求相吻合；再加之，当时那些信仰着马克思主义的马克思主义者和共产主义者们，同时又在身体力行地通过实践、特别是革命实践向世人不断诠释和展现着这一主义所能带来的前途和希望。于是，对于渴求寻找到救亡图存道路的中国人而言，这无疑是他们在经过了苦难、失败与彷徨之后，面壁十年图破壁寻找出来的突围之路。“我认的主义一定是不变了，并且很坚决地要为它宣传奔走。”这是周恩来在确定马克思主义作为指导思想时说出的豪言壮语。

我们说，正是由于这些先进知识分子的觉醒以及他们对马克思主义理论的研究和传播，为马克思主义在中国的“异军突起”提供了必要的理论准备。即便此时的中国知识分子在政治和历史上仍然处于弱势地位，但当他们在成为表达穷苦群众的社会经济不满情绪的政治代言人，并将群众的活动纳入到新的政治活动的形式中之后，他们便具有了为近代中国历史环境提供革命变革的潜力；当然也只有在这个时候，知识分子才能利用这样一个时机按照自己的观念和理想来改造社会现实。

毋庸置疑，这个“时候”就是对于中国而言发生开天辟地大事的那一年，同时，对于后帝国时代的意识形态重塑而言，也是具有划时代意义的一年。这就是 1921 年。因为正是在这一年，中国共产党得以成立，并就此为马克思主义扎根中国提供了必要的组织基础。因为如果没有中国共产党的成立，那么马克思主义就很难同中国的社会改造相结合，也就无法有效地推动社会的前进。换句话来说，正是在政党的组织下，马克思主义的宣传才有了根基、有了目标、有了计划。因为政党是人们按照特定的思想和追求来改造和建设社会的最重要的机制。因此，先进的知识分子在选择科学的理论武装自己以后，政党的建设就成为了最为关键的因素。当然，仅仅成立政党还是远远不够的。可以看到，在中国共产党成立的时候，中国正陷入一片混乱之中，传统的政治体系和相应的文化体系正在瓦解。那么，要如何在这片混乱中，体现出马克思主义以及无产阶级政党的优势呢？无疑，中国共产党成功的革命实践就是答案。通过成功的革命实践，中国共产党不仅证明了他们所倡导的反帝反封建革命本身的正确性和可行性，同时，也通过成功的革命向中国的老百姓证明了马克思主义在中国的可行性，当然，在革命探索的过程中，中国共产党自身也因此积累了经验，发展和壮大了政党本身。这无疑是中国共产党所开启和引领的有关马克思主义理论与新的社会实践的互动过程，它不仅使中国的文化重塑进入到了一个崭新的历史阶段，同时，也使中国改变了方向，使五千年的中国历史改变了方向①。

当然，这种理论与实践的互动并不是一蹴而就的。我们看到，最终认识到结合本国实际和革命实践，灵活地、创造性地运用马克思主义就是完成这种互动的关键所在，当然，也是中国共产党成功的秘密所在。

正如我们所了解的那样，马克思主义的创始者针对西方资本主义的发展问题批判地提出了共产主义理想，主张采取革命的手段来废除资产阶级所建立的私有制，并通过建立生产资料的公有制来达到消灭阶级剥削和社会不平等的理想。对这一理想最先的实践者就是列宁以及他所领导的布尔什维克革命。因此，在俄国布尔什维克革命成功光环的围绕下，中国共产党在

---

①　参考《毛泽东文集》（第 3 卷），北京：人民出版社，1993 年版，第 397 页。

创立之初，他们对于马克思主义的认知不可避免地在很大程度上要受到列宁革命运动的经验启发。这就好比十月革命最初的吸引力可能就在于革命这一事实本身一样，中国的思想精英们对这场革命的强烈反响，在一定意义上也是来源于将这场革命看成是世界历史再次发展改变的证据。根据这一逻辑，中国共产党意识形态的起源最初就应是通过对列宁主义的认识而逐步走向马克思主义的。于是，列宁主义中所建立的经由无产阶级革命运动与反帝国主义革命战略来实现社会主义理想目标的主张，也自然基本上构成了中国共产党成立初期的意识形态框架。然而，在之后党的组建和发展过程中，一系列惨痛的教训却向中国共产党昭示了这样一个现实，那就是，如果中国共产党仍然仅仅只是布尔什维克式的工人阶级的政党，那么它就根本不可能在中国历史上发挥预期的作用。其中缘由正如毛泽东在1920年3月论及出国留学时说的那样，“吾人如果要在现今的世界稍为尽一点力，当然脱不开‘中国’这个地盘。关于这地盘内的情形，似不可不加以实地的调查及研究”。故“似应先研究过吾国古今学说制度的大要，再到西洋留学，才有可资比较的东西”①。说到此，发生在近代中国的一场有关“问题与主义”的思想论争就不得不提。

1919年7月，胡适在《每周评论》31期上发表了名为《多研究些问题，少谈些“主义”》的文章。他认为“空谈好听的‘主义’是极容易的事，是阿猫阿狗都能做的事，是鹦鹉和留声器都能做的事”②，主张多研究些问题，主张一点一滴地

① 毛泽东：《致周世钊信》（1920年3月14日）；中共中央文献研究室，中共湖南省委《毛泽东早期文稿》编辑组：《毛泽东早期文稿》，长沙：湖南出版社，1990年版。

② 胡适：《多研究些问题，少谈些“主义”》，《每周评论》（第31号），1919年7月20日。

进行改良。胡适的文章首先引起了蓝公武的回应，他在《国民公报》发表了题为《问题与主义》的一组文章，强调学理或“主义”的重要。李大钊也给胡适写了封《再论问题与主义》的信，由胡适刊发在《每周评论》上。胡适本人又先后撰写了《三论问题与主义》、《四论问题与主义》两篇文章进行论辩，将论争引向深入。接着严复、梁启超、陈独秀、鲁迅、毛泽东、张东荪、戴季陶等人先后参与讨论，各述已见，很快形成了一场“问题与主义”的思想论争。根据传统的观点认为，“问题与主义”之争标志着新文化运动中统一战线内部的马克思主义与改良主义的公开分裂，或者认为是胡适与马克思主义的冲突。实质上，我们看到，“问题与主义”之争其本质反映出的是那个时代所关注的焦点，那就是外来主义与中国国情的关系问题。

民初趋新之时，中国人的口头禅之一就是“世界眼光”。在一些人的思考中，中国的改造或革命是“世界改造”或“世界革命”的一个组成部分，这就使外来主义和中国国情的关系与“问题与主义”之争涉及的整体改造和局部改造的关系产生了某种关联呼应，并相应地产生出了两种思考：一种倾向于世界的整体性，中国的改造或革命将在世界改造或革命的成功中一起成功；另一种则注意到中国自身的特殊性，即世界之一部分的改造或革命与整体的世界改造或革命虽有关联，但也有其独特之处。因此，“中国的客观的实际情形”究竟如何，以及什么是“最合宜的实际的解决中国问题的方案”，成为了当时社会精英们为之争论的焦点问题。

事实上，有关“问题与主义”的论辩在党内从来没有停止过。而由这一问题牵扯出的纷扰、斗争乃至生命的代价，却又总是不断提醒和昭示着中国共产党：中国革命斗争的胜利要靠中国同志了解中国情况。很显然，正是由于中国共产党清醒和正确地认识到了当时中国的客观实际，借鉴和采取了最合宜的实际的解决中国问题的方案，而非完全的“拿来主义”，才最终通过成功的革命实践活动对“问题与主义”的争辩做出了最有说服力的解答，从而在客观上完成了对后帝国时代中国发展道路的全新开拓。

那么，当时中国的情况是什么？面临的最大的问题又是什么呢？那就是，农村是中国人口最多的地方，也是封建因素最集中的地方，如果不能从精神和物质上把农民解放出来，那么革命也就失去了意义。这一认识无疑是中国共产党成立以来，其意识形态演进过程中发生的一次具有里程碑意义的重大转折。因为，它不仅切中了中国复兴之路上必须妥善解决的问题的要害，同时也指明了中国革命要取得胜利理应采取的正确的道路和方式，即一条由农村再到城市的革命路径，当然，这一认识也成功地动员起中国最广大的阶层，并使其在后来成为革命获胜的关键点。由此可见，虽然中国共产党选择了一条与列宁所领导的俄国布尔什维克革命完全不一样的路径，但却是被历史证明了的、真正符合中国实际的革命路径。

当然，无论对于中国共产党而言，还是对于中国民众而言，这都是一条崭新的路，但同时也是一条艰难的路。它的艰难就在于，中国农村既是最关键的问题，也是最复杂和最艰巨的问题。它的关键性自不必说，而它的复杂性和艰巨性就在于一个以马克思主义为指导思想的先进的无产阶级政党，如何用马克思主义来引领和发动封建因素最集中的地方和生存于上的那些个体们。很显然，理论的社会化和世俗化是其中最为关键的因素。而这样一种过程对于当时以毛泽东为代表的中国共产党人而言，最卓有成效的做法就是，总结出马克思主义的精髓——世界观和方法论，然后结合中国革命最迫切需要解决的问题进行解读，最后用民族化的形式以及浅显的语言来进行表述和宣传。

在毛泽东等人看来，马克思主义中的阶级分析方法既是马克思主义基本的世界观和方法论，同时也是马克思主义解决中国问题首要的和最基本的方法。毛泽东曾经说过："记得我在一九二〇年，第一次看了考茨基著的《阶级斗争》，陈望道翻译的《共产党宣言》，和一个英国人作的《社会主义史》，我才知道人类自有史以来就有阶级斗争，阶级斗争是社会发展的原动力，初步地得到认识问题的方法论。"[①] "我们调查工作的重要方法是解剖各种社会阶级，我们的终极目的是要明了各种阶级的相互关系，得到正确的阶级估量，然后定出我们正确的斗争策略，确定哪些阶级是革命斗争的主力，哪些阶级是我们应当争取的同盟者，哪些阶级是要打倒的。我们的目的完全在这里。"[②] 无疑，阶级分析方法作为马克思主义核心的方法论之一，其内涵是很深刻的，但对于普通民众而言，又难免显得深奥。那么，如何建立能够为广大民众特别是社会底层人民所掌握和运用的、能够切实指导现实的思想方法呢？正是基于对这一问题的思考，构成了当时中国共产党意识形态建构和演进的逻辑，那就是，将马克思主义中的阶级分析方法作为分析中国问题和解决中国问题的首要的和最基本的方法，然后从阶级斗争的观念引出群众观念以及土地革命的观念，在此基础上，结合对底层利益、特别是农民阶层的利益所做出郑重的政治承

① 《毛泽东文集》（第2卷），北京：人民出版社，1993年版，第378—379页。

② 《毛泽东选集》（第1卷），北京：人民出版社，1991年版，第113—114页。

诺，最终实现依靠广大人民的力量来完成反帝反封建的历史使命的目标。事实上，正是靠着这种组织力量对社会的全面渗透，中国共产党才最终通过成功发动和领导一场轰轰烈烈的人民革命，使整个中华民族摆脱了20世纪的全面危机。历史也证明，由于以毛泽东为领导的中国共产党人首先意识到中国革命成败的关键所在，意识到农民阶层所蕴藏的能量所在，才最终为中华崛起找到了一条正确的道路。难怪瞿秋白要送给毛泽东一个“农民运动的王!”的称号。于是，在正确的路线方针政策的指引下，以毛泽东为代表的中国共产党人将中国革命引向了胜利，从而为马克思主义的意识形态在中国的立足奠定了坚实的基础。

在新中国成立前夕，毛泽东曾经感慨地说：“党的28年是一个长时期，我们仅仅做了一件事，这就是取得了革命战争的基本胜利。”① 的确，在选择了马克思主义以后，中国完成了近代以来道路寻找的历史使命，民族复兴之路被掀开了新的一页，但征程万里，尚在前方……道路发展建设的过程是又一段充满考验和挑战的新征程。

---

① 中央电视台《复兴之路》节目组编著：《复兴之路》（上），北京：中国民主法制出版社，2008年版，第291页。

第三章　意识形态创新中的道路开拓

意识形态是关系到执政党存亡和国家兴衰的灵魂工程，始终是影响和决定中国发展道路的重要因素。从最初我们选择马克思主义通过无产阶级革命建立新中国，到建国后历经数次思想解放获得今天的建设成就，每一次意识形态的演进都与国家发展进程紧密相连，而这一步步走来的历史便形成了今天具有中国特色的中国发展道路。当然，这期间，必须正视的是，我们既有成功的经验，也有失败的教训。无论“文化大革命”的教训，还是改革开放的经验，都包蕴着丰富的意识形态内涵。

第一节　理想漂移下的道路坎坷

1954 年 4 月 24 日，瑞士山城日内瓦吸引了全世界的目光。这天下午，中国代表团抵达了日内瓦，与苏联、美国、法国、英国等 18 个国家讨论朝鲜和中南半岛的和平问题。可以说，这是新中国首次出现在国际舞台上，同时也是一百多年来，全世界第一次认真地倾听中国的声音。因为，114 年前，西方世界的坚船利炮撞开了中国的大门，天朝大国被沦为列强宰割的对象；35 年前，中国虽然以第一次世界大战战胜国的身份出席了巴黎和会，但却被要求将德国在中国山东的权益转让给日本。百年来，中华民族的道路可谓是走得异常艰难，人民在救亡图存中希冀着家国的富强。但是，当国家内忧外患、战乱频仍之时，这只能说是一个遥远的梦想。直到1949年，这个梦想才最终成为现实，中国人期待已久的现代化建设终于开始了。1949年10月1日这一天，开国大典直到晚上10点才落下帷幕，毛泽东在天安门城楼上站了整整6个多小时。回到中南海丰泽园，他对身边的卫士说："我们用了28年办了一件大事，把三座大山搬掉了，也就是头上的问题解决了，看来下步要解决脚下的问题了。解决脚下的问题任务还很重，建设我们这样大的国家要花更大的气力。"的确，虽然我们推翻了封建统治，夺取了国家政权，建立了人民民主专政的社会主义新中国，然而，所有的人都清楚，从传统的封建社会向现代社会的转变过程仍然是极其艰难和曲折的。

一、理想与现实的博弈

众所周知，1949年建立的中华人民共和国是新民主主义国家。这个获得新生的国家既不同于西方的资产阶级共和国，也不同于原苏联的社会主义共和国。因为这个共和国，在政治上建立的是人民民主政权，是由工人阶级、农民阶级、小资产阶级、民族资产阶级及其他爱国民主分子组成的人民民主的统一战线政权；同时，在经济上，既有社会主义性质的国营经济，也有私人资本主义经济、农民小生产的个体经济、半社会主义性质的合作社经济以及国家资本主义经济。但是就其性质而言，必须明确的是，由于中国共产党和工人阶级在国家政权中处于领导地位，以及社会主义性质的国营经济是整个社会经济的领导力量，因此新民主主义中国的发展前途必然是社会主义的，而非资本主义的。于是，一个不可回避的问题便摆在了新中国缔造者的面前，那就是，在中国，何时以及怎样实现向社会主义过渡。换句话来说，在工人阶级夺取政权以后，是否应该立即消灭资本主义，建立社会主义。对于这个问题，中国共产党的领导人最初是比较清醒的，并没有在取得政权的时候就决定立刻这么做。

早在《新民主主义论》和《论联合政府》中，毛泽东就曾明确指出，经过新民主主义革命，建立起来的工人阶级领导下的一切反帝反封建的各革命阶级联合专政的民主共和国，在经济上并不没收一般资本主义的私有财产，并不禁止不能操纵国计民生的资本主义生产的发展。因为，“资本主义的广大发展在新民主主义的政权下是无害有益的。”“我们提倡的是新民主主义的资本主义，这种资本主义有它的生命力，还有革命性。从整个世界来说，资本主义是向下的，但一部分资本主义在反法西斯时还有用，在中国及欧洲、南美洲的一些农业国家中还有用，它的性质是帮助社会主义的，它是革命的、有用的，有利于社会主义的发展的。”① 由此可见，中国共产党的领导人对于是否立即消灭资本主义、建立社会主义这一问题，最初的观点是，在工人阶级夺取全国政权以后，除打倒官僚资本主义、没收官僚垄断资本以外，并不立即消灭一般的私人资本主义。不仅如此，这样的一种认识在 1949 年 3 月召开的中共七届二中全会上还形成了会议决议。决议认为：中国的私人资本主义经济，占了现代性工业经济中的第二位，它是一个不可忽视的力量。中国的自由资产阶级及其代表人物，由于他们受了帝国主义、封建主义和官僚资本主义的压迫和限制，在人民

① 《毛泽东在七大的报告和讲话集》，北京：中央文献出版社，1995 年版，第 100、189—190 页。

民主革命斗争中常常采取参加或保守中立的立场。由于这些，并由于中国经济现在还处于落后状态，因此，在革命胜利以后一个相当长的时期内，还需要尽可能地利用城乡私人资本主义的积极性，以利于国民经济的向前发展。该决议还强调：一切不是于国民经济有害而是于国民经济有利的城乡资本主义成分，都应容许其存在和发展。国内的自由竞争和自由贸易，不但是不可避免的，而且是经济上必要的。但是中国资本主义的存在和发展，自由竞争和自由贸易的存在及发展，不是如同东欧各新民主主义国家那样被限制和缩小得非常大，而是中国型的。为了整个国民经济的利益，为了无产阶级和劳动人民现在和将来的利益，决不可以对私人资本主义经济限制得太大太死，必须容许它们在人民共和国的经济政策和经济计划的轨道内有存在和发展的余地。

可以看到，在当时，党中央的其他主要领导人对决议也是持着赞同和拥护的态度的。例如，刘少奇在1949年4月天津工商业家座谈会上的讲话中说到，将来到中国的工业生产过剩的时候，就是要搞社会主义的时候，但那将是几十年以后的事情。同年6月，他在《关于新中国的经济建设方针》的党内报告提纲中，更具体地谈到了这一设想："只有经过长期积累资金，建设国家工业的过程之后，在各方面有了准备之后，才能向城市资产阶级举行第一个社会主义的进攻，把私人企业及一部分中等企业收归国家经营。只有在重工业大大发展并能生产大批农业机器之后，才能在乡村中向富农经济实行社会主义的进攻，实行农业集体化。"① 周恩来在1950年4月召开的全国统一战线工作会议上也谈道："现在到处都有人问：'到底什么

---

① 《刘少奇论新中国经济建设》，北京：中央文献出版社1993年版，第148页。

时候实现社会主义？’可见如何对待民族资产阶级已经是一个相当普遍性的问题了。最近中央政治局会议也谈到这个问题。”“我们与资产阶级是继续合作下去，还是同它搞翻？四个阶级搞垮它一个，今天没有哪一个同志这样说，大家都还说搞社会主义要十五年左右。那么在这期间，总还要跟资产阶级搞团结合作吧！”“实现社会主义是有一定条件的。今天条件不成熟，就要急于转变到社会主义，这说明一些同志对新民主主义缺乏切实的认识，不相信《共同纲领》不折不扣地做下去，社会主义的条件就会逐步具备和成熟。”①

由此可见，不论是毛泽东早前的论述，还是七届二中全会决议中的内容，以及党内其他主要领导人的一致态度，其中反映出的正是关于新民主主义共和国怎样过渡到社会主义的战略构想，即，用大约十至十五年的时间，发展我国的新民主主义经济，进行国家的工业化建设，在国家工业化以后，再实行私人资本主义企业国有化和农业集体化，使我国稳步地由新民主主义社会进入社会主义社会。对于这样一个战略构想，我们不得不说，尽管由于受到当时历史条件的限制，我们对社会主义的认识还不可能那么的完善和全面，但是，这个战略构想在当时是基本符合国家经济文化极其落后的特殊情况的，因而可以说是在中国向社会主义过渡的正确道路上迈出的极其可贵的第一步。

正是在这一战略构想的指导下，通过建国后三年多的艰苦努力，新民主主义共和国在各条战线上都赢得了辉煌的胜利，整个中国社会的各个方面都发生了深刻的变化：国家空前统一、人民政权巩固、经济开始复苏、人民觉悟提高。基于这样

① 《周恩来统一战线文选》，北京：人民出版社，1984年版，第166、169页。

的情况，中共中央于是决定从1953年开始实行发展国民经济的第一个五年计划。这是新中国成立以来制定的第一个发展计划，其中既充满了对未来的美好期许，也掺杂着现实中的困难和挑战。于是，在理想与现实的博弈中，最初的战略构想悄然地发生了转变。

首先，就是由计划本身引发的一些问题。对于新中国的第一个五年计划而言，其主体就是国家的工业化。因为，实现国家的工业化既是改变中国落后状态走向富强的关键所在，同时也是将来向社会主义过渡的必备条件。在当时，抱着对外的强烈的危机感，党中央在编制五年计划的时候，就把建设的重点放在了重工业之上。然而，这样一个举措却在现实中引发了一系列的问题甚至是矛盾。重工业是资金密集型工业，国家提出要优先发展重工业，那就意味着大量的资金投入。然而，对于当时积贫积弱的中国来说，这显然是有相当的难度和不小的困难的。于是，为了使国家便于把有限的资金、物资和技术人才集中使用到重点建设上去，国家开始不断强化其集中统一调度的职能。这样一来，就不可避免地引发了与上亿户个体农民经营的小农经济和私人资本主义经济之间的矛盾。因为国家实行集中统一的调度无疑与它们赖以生存和发展的重要条件——市场和自由贸易——是背道而驰的。

其次，就是在土地改革完成以后，在国民经济恢复的过程中，所出现的一些新情况和新问题。这些问题主要也是出现在农村的个体经济和城市的资本主义经济之上。在农村，随着农业生产的恢复和发展，农民群众的物质生活水平有了明显的改善，中农成为农村的主要阶层。但是，由于资金、劳力等条件的不同以及天灾人祸等原因，土地改革后呈现的相对平均的局面逐渐被打破了，并出现了贫富差距甚至两极分化的情况。由于战争年代土地改革中“左”倾错误的影响，在农村中普遍存在平均主义的农业社会主义思想。于是，一部分生活下降的农民就把互助合作看成是第二次土改，等待着“共”富裕农民的产；比较富裕的农民则考虑着接下来继续发展该往哪里去？无疑，富农的道路是他们盼望的，可是却又担心有朝一日政府“掐尖”、“拉平”，更怕戴剥削的帽子。由此，无论是对盼望“共产”的农民来说，还是对担心“共产”的农民而言，他们的积极性都在一定程度上受到了抑制。然而，此时，随着大规模经济建设的展开，国家对粮食和以农产品为原料的需求又在不断加大，于是，如何调动农民的生产积极性，以及个体农业经济的发展如何与社会主义的方向联系起来，就成为党和政府面临的急需解决的问题之一。

在城市，自 1950 年合理调整工商业以来，可以说，中国的私营工商业进入了一个历史上最好的发展时期。但是，让大家不愿看到的是，资本家中的一些不法分子却不满足用正常方式获得的一般利润，而是力图用向国家干部行贿等非法手段来获得更高额的利润。鉴于这种严重的情况，中共中央在 1951 年底和 1952 年初分别在党政机关工作人员和私营工商业者中开展了“三反”和“五反”运动。运动中揭露出的有关资产阶级唯利是图的本质，以及在市场流通领域贪污、受贿的丑恶现象，使人们认识到必须进一步加强对私人资本主义经济和市场经济活动范围的限制。同时，也正是基于这些严重情况，毛泽东得出了工人阶级同资产阶级的矛盾是国内主要矛盾的结论。

面对这些在国家建设中出现的种种矛盾乃至丑恶现象，党中央的主要领导人对于由新民主主义向社会主义过渡的观点和态度也在此时发生了转变，并就此形成了一种新的发展战略。

1952年9月，毛泽东在中央书记处会议上这样说道，十年到十五年基本上完成社会主义，不是十年以后再过渡到社会主义。之后，在1953年6月15日的中央政治局会议上，毛泽东正式提出：党在过渡时期的总路线和总任务，是要在十年到十五年或者更多一些时间内，基本上完成国家工业化和对农业、手工业、资本主义工商业的社会主义改造。中央政治局接受了毛泽东的建议。至此，在由新民主主义向社会主义转变的问题上，就正式由建国前后确定的先发展新民主主义经济，实现国家工业化，再采取社会主义步骤，完成向社会主义转变，改变为在原来设想的实现国家工业化的期限内，同时实行社会主义改造，直接向社会主义过渡。很显然，这是一个涉及全局的战略性的重大改变，其战略重点，就是对生产关系的变革。正如毛泽东在审阅中宣部关于过渡时期总路线学习和宣传提纲时所批复的那样，“党在过渡时期的总路线的实质，就是使生产资料的社会主义所有制成为我国国家和社会的唯一（着重号为原文所有）的经济基础。”“我们所以必须这样做，是因为只有完成了由生产资料的私人所有制到社会主义所有制的过渡，才有利于社会生产力的迅速向前发展，才利于在技术上起一个革命，把在我国绝大部分社会经济中使用简单的落后的工具农具去工作的情况，改变为使用各类机器直至最先进的机器去工作的情况，借以达到大规模地出产各种工业和农业产品，满足人民日益增长着的需要，提高人民的生活水平，确有把握地增强国防力量，反对帝国主义的侵略，以及最后地巩固人民政权，防止反革命复辟这些目的。”[①] 很显然，在对总路线的展开和解读中，通过实行社会主义改造，我们将要建立的社会主义社会，

① 逄先知、金冲及主编：《毛泽东传（1949—1976）》（上卷），中央文献出版社，2003年版，第267页。

是以苏联为榜样的、单一公有制和统一的无所不包的计划经济的社会主义，而其中，生产关系的改造是其核心的内容。它不仅反映了我们党当时对工业化标准的基本认识，也反映了党对社会主义的基本认识以及对中国社会发展的总体性看法。而党在过渡时期的总路线以及对总路线的展开和解读就成为这一时期意识形态的主要内容和中心命题，反映了中国共产党希望通过加快生产关系的改造来加速生产力发展的思想。

今天当我们再次回顾当时新中国发展战略转变的这一过程的时候，我们必须客观地说，这其中既有合理的元素，但同时也有理论和认识上的偏差。

英国剑桥大学教授彼得·诺兰在谈到关于中国在 20 世纪 50 年代的经济模式时就曾这样说道，几乎所有的发展中国家，在发展的早期都没有他们所谓的“西方式的民主”，英国和德国的工业化进程早期，甚至是美国，虽然政治上稳定，但是最初并不是西方式的民主……为了赶上其他国家，美国、日本、德国、法国和之后的韩国，所有这些国家都实行指导性经济。……因为一个发展滞后的国家如果试图赶上其他国家，最初就不能单单依靠市场。由此可见，在这样一个特殊的历史阶段，为了抵御来自外部的威胁，我们通过国家集中所有资源、管理所有分配的方式来实现快速工业化道路的这种设想是无可厚非的，甚至可以说是有一定的合理性的。

那么，存在于合理性之外的认识和理论上的偏差又表现在哪里呢？那就是在有计划的经济建设开始的时候，对于如何处理好国家建设同农民个体小生产经济、私人资本主义经济的关系，有计划建设同自由贸易的关系问题，我们并没有制定出一个明确合理的方针和战略。换句话来说，在这些重大问题上，我们并没有厘清理想与现实的关系。首先，我们对农民的两种积极性做出了脱离实际的估计。也就是说，一方面把农民的个体经济积极性和自发资本主义倾向等同起来，看成是资本主义在农村的现实危险，因而急于要使资本主义绝种，小生产也绝种。另一方面，又夸大了农民互助合作的积极性，过高地估计了农民的社会主义觉悟，认为中国的农民是容易接受社会主义的，作为小私有者的农民是可以无条件地拥护社会主义公有化的。其次，对新民主主义社会究竟是一个什么性质的社会的问题，国家也并没有真正形成一个明确的认识，于是，在新民主主义社会建设发展的过程中，总是担心新民主主义会走向资本主义，甚至把继续贯彻新民主主义政策和向社会主义发展对立起来，以致最终试图通过改变生产资料私有制，实现单一的社会主义公有制的经济结构的方式来保证国家发展的社会主义方向。

为什么会在认识上出现这样的偏差呢？归根结底就在于，理论的假设①终归不能替代现实。根据马克思恩格斯的判断，资本主义已经走向穷途末路，人类将通过无产阶级革命迎来一个新时代。可是社会发展的现实却并非如此：资本主义依然具有很强的生命力，相反，社会主义国家的存在却并没有成为主流现象，换句话来说，一个高于资本主义的新时代并没有真正来临。然而，社会主义革命却又现实地在生产力落后的封建或半封建国家先后取得了胜利。追究其中原因主要是：第一，革命本身具有与人类社会发展不同步的特征，即，革命的发生往往并不取决于社会生产力发展的水平，而是在多数情况下取决

① 注：在马克思、恩格斯看来，在他们所处的时代，资本主义已经完全成熟，而人类社会发展的自然历史过程也已经到达了转变的关键时刻。于是，革命就自然地被提到了日程上来。这种理论的假设和现实的不符，很显然关键就在于对于资本主义发展状况的估价和判断上。历史也证明，资本主义生产关系为生产力所提供的发展余力还远远没有被用完，资本主义的生命力还远远没有被消耗殆尽。

于由各种原因所引起的社会矛盾的尖锐程度。所以，革命的成熟与资本主义发展的成熟在现实中是可以截然分开的。第二，革命是由以马克思主义为指导思想的共产党人领导的，由于他们为之奋斗的目标就是建立共产主义社会，因此革命最终的结果无论是从心理上还是从策略上，都会导向社会主义的方向以及革命胜利之后的社会主义制度。然而，与此同时，我们却又不得不承认，人们虽然可以通过发动革命推翻旧制度、建立新制度，但人的一切活动终究还是摆脱不了社会发展规律的影响和制约。换句话来说，虽然我们人为地实现了社会发展阶段的跨越，但从根本上却不能真正跳过某个生产力发展的必经阶段。这一事实在客观上就势必造成，我们所建立的社会主义制度与马克思恩格斯所说的生产力高度发展前提下的生产资料社会所有存在根本区别。这一根本区别就在于，我们在实践中建立的社会主义制度，从一定意义上来说是一种以国家所有制为核心来强制积累剩余产品的制度。这无疑就是我们在此所说的理想与现实的巨大落差。那么，如何消除这种落差？此时发展战略的转变，折射出的正是一种试图消除或减少这种落差的努力。这种努力是通过上层建筑来施加的，并作用于经济基础最终促使其实现转变的力量。现实情况下，虽然这种力量在一定程度上可以规制国家发展的社会主义方向，但同时也在一定程度上使经济基础本身由于外在力量的强压而发生了畸变。可以看到，1958 年发动的“大跃进”以及后来的“文化大革命”就是这种畸变的现实体现。于是，在现实与理想的博弈中，在消除或减少落差的努力中，一种为了理想纯洁性而斗争的革命体意识形态成为了主角，不仅成为塑形道路的主要力量，同时也成为道路本身的主要内容。

二、走向异化的革命体意识形态

众所周知，我们从传统的封建社会向现代社会转变的过程是极其艰难和曲折的。因为这不仅意味着我们需要付出极大的努力让几乎濒临崩溃的经济重新振作，让人民在物质生活领域进入一个新时代；而且还意味着我们要改造残留在人们思想中的落后思想残余，让其在精神生活领域也进入一个新时代。于是，对于这两个方面的先后排序和轻重衡量就成为了摆在新中国缔造者面前两种截然不同的选择：一种就是把工作重心首先放在经济建设上，推动生产力的发展，以此来弥补资本主义阶段缺失情况下的生产力发展状况；另一种是把工作重心首先放在意识形态领域，从思想上提高人们的社会主义觉悟，从上层建筑的角度间接地促进生产力的发展。

建国初期，中共中央的主要领导人对第一条道路显然是持肯定态度的。这不仅表现在我们最初有关由新民主主义社会向社会主义过渡的战略构想之中，而且也明确地体现在我们具体的政策之中。1949 年 9 月，毛泽东在为中国人民政治协商会议第一届全体会议起草的会议宣言中就曾将中央政府的任务定义为："领导全国人民克服一切困难，进行大规模的经济建设和文化建设，扫除旧中国所留下来的贫困和愚昧，逐步地改善人民的物质生活和提高人民的文化生活。"① 之后，在 1956 年 9 月的八大政治报告中，进一步通过对中国社会主要矛盾和历史任务的分析和界定，明确了党和政府的主要工作。报告中写道："我们国内的主要矛盾，已经是人民对于建立先进的工业国的要求同落后的农业国的现实之间的矛盾，已经是人民对于

① 《毛泽东文集》（第 5 卷），北京：人民出版社，1996 年版，第 348 页。

经济文化迅速发展的需要同当前经济文化不能满足人民的状况之间的矛盾。这一矛盾的实质，在我国社会主义制度已经建立的情况下，也就是先进的社会主义制度同落后的社会生产力之间的矛盾。党和全国人民的当前的主要任务，就是要集中力量来解决这个矛盾，把我国尽快地从落后的农业国变为先进的工业国。”“由于社会主义革命已经基本上完成，国家的主要任务已经由解放生产力变为保护和发展生产力。”① 这是我们在建国初期对国家发展状况的最初认识。从历史发展的眼光来看，这应是一种正确的、符合社会发展规律的认识。但是，任何一个国家在建设发展的过程中都不可能是一帆风顺的。

国际上，1956 年 2 月 14 日，苏共二十大召开，开始否定和批判斯大林。紧接着，在下半年的 10 月份，又先后发生了波兰和匈牙利事件。同样是在这一年的下半年，我国国内的一些地方也发生了工人罢工、学生罢课事件，在一些省份，还发生了农民要求退社的情况，群众中的牢骚怪话也多了起来。于是，1956 年 11 月，党的八届二中全会就以波兰和匈牙利发生的事件为鉴戒，强调在兼顾国家建设和人民生活的同时，必须警惕并防止干部特殊化和脱离人民群众，并决定从整顿党的作风入手，克服党内存在的官僚主义、主观主义和宗派主义，以缓解党和人民群众之间的某些紧张状态，正确处理人民内部矛盾。1957 年 3 月 12 日，毛泽东在全国宣传工作会议上宣布：党中央已决定在今年内开始整风，通过整风，不断地把我们身上的错误东西整掉，使我们能够更好地担负起迅速发展经济和文化、改革和建设我们的新国家的任务。1957 年 4 月 27 日，中共中央正式发出《关于整风运动的指示》，要求在全党进行

① 刘少奇：《中国共产党中央委员会向第八次全国代表大会的政治报告》，北京：人民出版社，1956 年版。

一次普遍的、深入的反对官僚主义、宗派主义和主观主义的整风运动。指示发布后，各级党组织迅速行动起来。但是，随着运动的开展，整风过程中开始出现了复杂的情况。除了对党的工作作风方面的主观主义、官僚主义和宗派主义的大量批评之外，极少数资产阶级右派分子开始乘机鼓吹所谓“大鸣”、“大放”、“大民主”，攻击党的领导和新生的社会主义制度。这一情况引起了党的警惕。5 月中旬，毛泽东写了《事情正在起变化》一文，由此中央的指导思想开始发生变化，运动的主题也开始由正确处理人民内部矛盾转向了对敌斗争，由党内整风转向了反击右派。这场运动最终演变成了一场全国性的大规模的反右派运动。到 1958 年，也就是这场运动结束的时候，全国共有 55 万人被划为右派分子。然而，这些人当中却有大批正直的人们仅仅是因为他们对实际工作中的缺点错误提出了批评，或者只是对单位党组织和领导提出了批评。因此，反右派斗争扩大化的后果是，生动活泼的政治局面没有出现，取而代之的是“一言堂”。在国家的政治生活中，人们从此不再敢说话了。

24 年之后，在中共十一届六中全会通过的《关于建国以来党的若干历史问题的决议》中，对反右派运动给出了正式结论：“1957 年的经济工作，由于认真执行党的八大的正确方针，是建国以来效果最好的年份之一。这一年在全党开展整风运动，发动群众向党提出批评建议，是发扬社会主义民主的正常步骤。在整风过程中，极少数资产阶级右派分子乘机鼓吹所谓‘大鸣大放’，向党的新生的社会主义制度放肆地发动进攻，妄图取代共产党的领导，对这种进攻进行坚决的反击是完全正确和必要的。但是反右派斗争被严重地扩大化了，把一批知识分子、爱国人士和党内干部错划为‘右派分子’，造成了不幸的后果。”[1] 后来的历史证明，大鸣、大放、大辩论、大字报这种“大民主”由于缺乏必要的规则和制约，从而导致参与其中的人们没能得到必要的制度保障，最终使这种没有在法制轨道上运行的“大民主”轻易地突破了限制，泛滥成为“多数暴政”和“群众专政”，走向了它的反面。在经历了这场政治上的暴风骤雨之后，国内经济建设的“大跃进”又开始酝酿了。然而，“大跃进”也同样不仅没有带来中国经济的迅猛发展，反而给社会发展带来了严重的后果。之后，在国民经济全面调整的过程中，新中国依然在曲折中前进。1966 年 3 月，时任国务院副总理的邓小平到西北三线建设工地进行调查。可是一心想搞好经济建设、调整工业布局的邓小平却没有想到，由于毛泽东对国内形势的错误判断，改变了他和整个中国的命运。历时十年之久的“文化大革命”开始了。

通过对这段历史的回顾，可以看到，一方面，客观上，由于我们在发展过程中遭遇到了一些来自国际国内的现实问题和矛盾，因而影响甚至改变了我们对国家发展状况的最初认知，从而造成了我们在尝试摸索建设社会主义的过程中，调整改变了建国初期将工作重心首先放在经济建设上的发展思路和战略；但另一方面，必须看到的是，我们之所以会在胜利完成第一个五年计划以后，在开展反右派斗争和发动“大跃进”、“文化大革命”的过程中出现重大失误，致使社会主义事业在前进中出现严重曲折，国民经济遭遇严重困难，其中的根本原因就在于，主观上，我们在两个关系全局的问题上犯了严重的“左”的错误：一个就是社会主义条件下阶级斗争问题，另一个就是社会主义建设中的规模和速度问题。而在当时，这种错

① 中国共产党中央委员会关于建国以来党的若干历史问题的决议[OL]. http://news. xinhuanet. com/ziliao/2002—03/04/content_ 2543544_ 3. htm。

误最为明显的表现恰恰就是将工作重心由经济建设转向意识形态领域，并试图通过意识形态强大的精神引领和号召作用来激发民众拥护、建设社会主义国家的热情和动力，以此来推动整个国家乃至社会的发展与进步。

很明显，这种将工作重心定位在意识形态领域的国家发展思路与战略，折射出的是一种在遭遇了问题与矛盾之后，所产生的维护革命成果和制度稳定的诉求。因此，诉求本身的来源与性质就决定了充当这一战略主要内容和手段的意识形态与生俱来的特质。那就是，这种意识形态是革命时期意识形态的延续，相对于社会建设的内容，它体现出的更多的是一种充满理想主义色彩的革命体意识形态，是一种为了理想的纯洁性而斗争的意识形态。这种意识形态为全社会提供了一个未来理想社会的目标意识，同时，人们的一切政治行为与思想观念，也只有根据这一革命意识形态的原则，才能获得政治上的合法性。

不可否认的是，这种充满理想主义色彩的革命体意识形态对于刚刚建立政权的新中国的建设和发展来说，在最初的一段时期内，是发挥了巨大的作用的。在当时，意识形态被利用来最大限度地调动人力资源并进而使推动经济发展的所有社会力量的效率达到了最大化。正是这种为了理想的斗争性，激发了人们努力将艰难生存于资本主义世界中的社会主义国家建设好的斗志和决心。正如毛泽东所说，意识和动力是相辅相成的，通过人的劳动可以转化成物质力量。因此，可以看到，即使在建国初期那样一个非常艰难的时期，我们依然完成了许多在西方人看来完全没有可能的事情，包括在抗美援朝中打败了不可一世、武器装备精良的美国军队；包括我们仅用了五年时间就成功爆破了第一枚原子弹，跻身世界核国家……

当然，与此同时，我们也必须认识到的是，意识形态本身是一柄双刃剑，对于充满理想主义色彩的革命体意识形态而言，更是如此。可以看到，随着建国后社会主义建设步伐的加快，毛泽东在注意纠“左”的同时，更多关注的则是党内可能出现的“右”倾问题，并因此逐渐改变了建国初期的一些正确认识。即便是在“大跃进”结束以后，虽然在什么是社会主义、怎样建设社会主义的问题上我党有了一个认识的提升，并在经济和政治等领域采取了一系列调整的措施，但党在指导思想上的“左”倾错误却依然未能得到完全的纠正。特别是针对关于国际共产主义运动总路线的论争和反对赫鲁晓夫的大国主义错误的问题上，进一步得出了修正主义是国际共产主义运动主要危险的结论；并且还错误地认为社会主义时期的主要矛盾仍然是无产阶级和资产阶级的矛盾，因此将社会主义社会中一定范围内存在的阶级斗争扩大化和绝对化，断言在整个社会主义历史阶段，资产阶级都有存在和企图复辟并成为党内产生修正主义的根源，以致最终发展到一种极端的地步，造成了令国人不堪回首的“文化大革命”十年浩劫。

可见，虽然充满理想主义色彩的革命体意识形态能够在国家发展的特定阶段、特殊历史时期发挥积极的作用，但一旦这种全面控制社会精神领域的意识形态“圣德”① 被过度甚至极端地强调和运用的时候，其自身所蕴含的那种为了维护理想的纯洁性以及制度稳定性而产生的排他性，甚至是对抗性就会以一种负面效应的形式凸显出来。具体说来就是，在当时，由于我们的认识还远远没有达到对传统的社会主义理论观念实现突破的程度，因此在面对社会实践中一系列复杂课题的时候，并不能给出一个正确合理的解决方法，常常处于一种举棋摇摆的

① 参见萧功秦：《中国的大转型——从发展政治学看中国变革》，北京：新星出版社，2008 年版，第 97 页。

状态之中。因而，在问题尚无法得到妥善解决，但同时又担心制度本身会因此而被侵蚀甚至摧毁的时候，意识形态自身那种维护、延续制度的功能就逐渐显现出来并被不断放大、扩大，以致最终走向异化的漩涡之中，以一种表面上捍卫制度实则具有极大攻击性的面貌危害到整个社会的和谐与稳定，影响到社会的发展与进步。

事实已经证明，以充满理想主义色彩的革命体意识形态为牵引所引发的这样一场在国内政治体制尚不健全，以及超越了普通民众的眼界所能达到的高度、超出了人们普遍觉悟水平的情况下发动的文化运动，由于破坏了党和国家正常的民主渠道，使党员和非党群众之间、干部和群众之间、领导和被领导之间积累了不少矛盾，再加之对毛泽东的个人崇拜激发起来的革命狂势以及林彪、江青等人通过各种渠道制造的舆论，很快就演变成连毛泽东本人也驾驭不了的社会动乱。“文化大革命”结束之后，在 1981 年 6 月中共十一届六中全会通过的《关于建国以来党的若干历史问题的决议》中，对“文化大革命”作出了这样的结论：实践证明，“文化大革命”不是也不可能是任何意义上的革命或社会进步。……历史已经判明，“文化大革命”是一场由领导者错误发动，被反革命集团利用，给党、国家和各族人民带来严重灾难的内乱。[①]

由此可见，当初毛泽东发动文化大革命的初衷也许只是希望通过群众运动的形式来保卫社会主义制度，以达到既教育干部，又教育人民的目的，从而提高人们维护社会主义制度的自觉性，让全社会提高防止资本主义复辟的防御能力。事实上，当时“以阶级斗争为纲”的理论和“反修防修”的教育确实

① 参见中央电视台《复兴之路》节目组编著：《复兴之路》（中），北京：中国民主法制出版社，2008 年版，第 124 页。

在我党内外形成了一种防止党和国家“变色”的普遍的社会忧患意识，而且在“文化大革命”初期，也有许多群众、特别是青年学生确实是怀着保卫党和国家不改变颜色的真诚愿望参加了运动。正如毛泽东本人所说的那样，“无产阶级文化大革命是触及人们灵魂的大革命，它能触动到人们根本的政治立场，触动到人们世界观的最深处，触动到每个人走过的道路和将要走的道路，触动到整个中国革命的历史。”这场“文化大革命”将是“人类从未经历过的最伟大的革命变革，它将锻炼出整整一代坚强的共产主义者。”① 但是，最终的结果却恰恰相反，这种最初的设想伴随着意识形态斗争性的极端化趋势而走向了它的反面。也就是说，由于从意识形态的角度根本无法从本质上解决体制上的弊端、决策中的失误，特别是之前历次过火的政治运动所带来的负面影响，因此这场起初带着某种理想主义色彩、充斥着革命体意识形态负面影响的“文化大革命”，其最终的结果只能是被一些居心叵测和无知的人所利用，并最终发展成为“矛头向上就是大方向”的“打倒一切”的无政府主义和各派之间“内战”、武斗不断升级的混乱局面，从而非但没有使新建立的社会主义制度得以稳固并锻炼出所谓的坚强的共产主义者，而且还使整个中国社会，包括政治、经济、文化等等诸多方面，遭遇到极大的负面影响，造成生产力的严重破坏和人们心灵的巨大创伤，使国家的发展、社会主义制度的建设陷入坎坷之中。因此，意识形态作为观念上层建筑，虽然可以在维护现存国家和社会政治秩序方面发挥至关重要的作用，成为推动国家和社会发展前进中的一支不可替代的重要力量；但是，却万万不能忽视其功能发挥的前提，那就是必须符合当

① 注：以上是毛泽东审阅姚文元《评反革命两面派周扬》一文时加写的话。姚文发表于《红旗》1967 年第一期。

下社会发展的实际，必须基于现实、基于生活、基于从事物质生产劳动的现实的人。

不可否认，毛泽东正确地看到了舆论是革命的先导，夺取政权是新生产关系大规模发展从而推动生产力大发展的条件，正如他所指出的那样，“首先制造舆论，夺取政权，然后解决所有制问题，再大大发展生产力，这是一般规律。在无产阶级革命夺取政权以前，不存在社会主义的生产关系，而资本主义的生产关系，在封建社会中已经初步成长起来。在这点上，无产阶级革命和资产阶级革命有所不同。但是，这个一般规律，对无产阶级革命和资产阶级革命都是适用的，基本上是一致的。”“一切革命的历史都证明，并不是先有充分发展的新生产力，然后才改造落后的生产关系，而是要首先造成舆论，进行革命，夺取政权，才有可能消灭旧的生产关系。消灭了旧的生产关系，确立了新的生产关系，这样就为新的生产力的发展开辟了道路。”[①] 但是，当他把这一观点无条件地推向整个社会主义社会甚至全部人类的历史的时侯，无疑就已经背离了历史唯物主义的基本原理，脱离了社会的现实和历史的真实。也就是说，虽然毛泽东的这些认识基本上符合近代以来的社会变革的历史实际，但与此同时必须明确的是，意识形态（舆论、观念、思想等）之所以能够发挥这样的作用，是有其前提条件的，即：一方面，意识形态和政治作为社会基本矛盾的集中体现，通常发生在社会革命变动的时期，而并非贯穿社会历史发展的始终；另一方面，即便意识形态等转化为了矛盾的主要方面，它也不可能成为真正意义上的矛盾主要方面，因为矛盾的主要方面只可能发生在经济基础和生产力的关系之上。对此，

① 毛泽东：《读社会主义政治经济学批注和谈话》［OL］. http: //cpc. people. com. cn/GB/64184/64185/189968/11568297. html。

我们必须认识到，一方面，在社会主义制度基本建立以后，社会主义社会的阶级斗争主要表现在意识形态领域，因此我们必须牢牢把握思想领域斗争的主动权；但另一方面，我们需要更加关注意识形态发挥功能作用的前提性条件，也就是说，如果我们不能随着社会转变而从传统的阶级斗争思维中转变过来，如果我们只是孤立地着眼于意识形态领域的关于“谁胜谁负”的、压倒一切位置的斗争，甚至把意识形态始终视为引领社会发展的直接动力，那么，我们无疑就会因为违背了社会发展的客观规律而迷失前进的方向。

正所谓，历史赋予每一代人各自的使命，任何人都难以超越自己的时代，更不可能逆社会发展规律而行。显然，充满理想主义色彩的革命体意识形态，它所追求和崇尚的理想是高于当下的社会现实和人们的认识水平所能达到的程度的。当然，如果就意识形态本身所具有的普遍特性而言，在意识形态内容中勾勒、体现高于当下的社会理想是无可厚非的。因为，从理想这个概念的内涵以及理想本身对人们的激励作用出发，意识形态要实现它精神引领和号召的功能和作用，就必然需要在其内容体系的构建中为广大民众勾勒描绘出一个美好的未来目标。所以，正是在这个意义上，我们说，意识形态体现出一定的理想主义色彩是正当的，而且也是合理的、必须的。但与此同时，不容忽视的另一方面则是，必须要结合当下的现实，要着眼当前国家社会发展的客观实际，为实现理想目标安排设置一系列科学合理的实践路径以及重要的发展节点，而不是一味地、冒进地把眼光仅仅聚焦在理想的结果之上，忽视了实现理想的过程。这样一种理念所反映出的正是马克思恩格斯意识形态理论最核心的原则之一，即实践理性的原则。而其中为实现理想设置合理的实践路径以及重要的发展节点，恰恰就是意识形态实现其对发展道路设计和引领功能的关键所在。很显然，从新中国成立到实行改革开放之前的这段时期，我们对这方面的认识是有欠缺的，当然实践中做得也是远远不够的，过分关注于理想的结果（社会主义制度的实现），轻视甚至忽视实现理想应遵循的规律和必须经历的过程，使我们在社会主义建设问题上整体呈现出一种脱离现实需要和社会实践的急于求成、急于求纯的状态。

三、毛泽东意识形态工作的有益经验和基本原则

虽然，理想漂移最终造成了建国初期的道路坎坷，但与此同时，我们也必须客观地认识到，正是在这一阶段，中国共产党形成了意识形态建设的一些积极有益的经验和意识形态工作的基本原则。

毛泽东在全国解放前夕就曾明确地指出："我们熟习的东西有些快要闲起来了，我们不熟习的东西正在强迫我们做。这就是困难。"[①] 的确，新中国成立以后，中国革命的重大历史性转变，即从革命向建设的转变、从推翻旧制度向建立和巩固新制度的转变就此开始。在这样的情况之下，对于马克思列宁主义和毛泽东思想而言，面临的最大的挑战便是如何从党的指导思想上升为正在形成中的社会主义制度的理论基础，成为指导国家行为和社会关系的思想准则，成为社会主义新中国的主流意识形态。毛泽东解决这一历史性课题的基本思路，就是在不断推动马克思主义中国化、大众化的过程中，通过立法、学习和批判等方法，以制度化的形式确立和巩固马克思主义在意识形态的指导地位。

---

① 《毛泽东选集》（第4卷），北京：人民出版社，1991年版，第1480页。

首先，从国家根本制度层面确立马克思主义的指导地位。即通过国家的根本制度来确立和巩固马克思主义的指导地位，在法定权威维护上（政治制度）、思想政治教育上（教育制度）、理论工程建设上（学科制度）、主观世界改造上（学习制度）、核心价值宣传上（宣传制度）都使马克思主义始终处于中心地位，使马克思主义成为制度化的思想体系、成为党的指导思想、成为国家主流意识形态、成为社会核心价值、成为思想武器、精神支柱和行动指南，旗帜鲜明地体现出马克思主义的思想领导权和话语权。

作为一种以实践与改变世界为主要特质的理论，马克思主义毫无疑问地可以直接用来指导实践并改变现实社会。但如果要长期而且持续地把马克思主义化成人民群众的强大力量，就必须把马克思主义当作国家意识形态来建设。不可否认，坚持马克思主义基本原理与推进马克思主义中国化相结合，是中国共产党领导中国人民进行革命并取得革命胜利的一条成功经验。因此，对于建立了社会主义制度的新中国而言，不论是出于巩固马克思主义中国化的实践成果，还是出于巩固中国化马克思主义的理论成果的需要，都要求有相应的制度来提供支持和保障。可以看到，自从马克思主义传入中国以来，中国的最大思想实际，就是马克思主义、自由主义、保守主义等都试图在探索中国向何处去的问题过程中成为指导中国现代化建设的占统治地位的思想。虽然，在中国波澜壮阔的革命、建设与改革实践中，历史与人民选择了马克思主义，但是，马克思主义却从来没有停止面对来自西方自由主义与传统保守主义的挑战。除了来自外部的挑战之外，出于在中国建立社会主义制度，并将马克思主义经济制度理论、政治制度理论、文化制度理论、社会制度理论等在中国现实化为活的制度存在的需要，也必然要求马克思主义制度化为中国的路线、方针、政策、纲领、法律、法规，体现在国家的根本制度、具体体制、运行机制等不同的层面，展开在经济、政治、文化、教育、军事、外交等不同的领域，并在这些相应的领域之中占据主体地位以及发挥统领作用。人类社会发展的实践已经不断证明，思维头脑中的革命与改变要真正变为物质世界中的革命与改变，制度是其中的决定性环节。因此，对于新中国而言，如果没有形成制度化的马克思主义，那么，马克思主义就很难全面有效地影响世俗生活世界，真正长期地发挥统领、指导和整合作用。正是在这个意义上，在1954年9月15日召开的中华人民共和国第一届全国人民代表大会第一次会议上，毛泽东发表了《为建设一个伟大的社会主义国家而奋斗》的开幕词，提出了“领导我们事业的核心力量是中国共产党，指导我们思想的理论基础是马克思列宁主义”① 的著名论断。之后，这一论断不仅为这次全国人民代表大会通过的第一部中华人民共和国宪法所确立，而且也成为建国六十多年来历次全国人民代表大会所通过的宪法的根本精神，堪称立国之本。大会通过的《中华人民共和国宪法》，不仅以根本大法的形式把中国共产党在过渡时期的总路线作为国家在过渡时期的总任务确定下来，规定了向社会主义过渡的道路、形式和方法，基本确立了社会主义的政治制度，而且也为社会主义政治上层建筑的完善，为社会主义意识形态建设创造了更为有利的条件。

第二，必须把学习和世界观改造作为社会主义意识形态建设的根本任务。意识形态建设要获得成功，就不能把意识形态仅仅局限在少数人的学术圈子里，不能仅仅停留在口头宣传

① 《毛泽东文集》（第6卷），北京：人民出版社，1999年版，第35页。

上，而是必须要与广大民众的日常生活密切结合起来，融合到他们的日常生活之中。也就是要将马克思主义从国家意识形态转换为广大人民群众的大众意识。对此，毛泽东曾经说过，“掌握思想领导是掌握一切领导的第一位。”① 因此，毛泽东一直以来都将马克思主义的学习从党内、革命队伍内推向全社会视为是发挥社会主义意识形态功能的根本方式，将搞清楚什么是马克思主义、如何对待马克思主义看成是第一重要的事情。显然，这种学习与新中国成立以前那种仅限于党内和革命队伍内部的理论学习是不同的。因为这其中，大量新参加工作的国家干部和从事教育、科研、文艺、卫生等工作的知识分子成为最重要的学习主体。毋庸置疑，新政权需要吸收千百万的知识分子为之服务，否则不可能完成其担负的伟大任务，但是事实上，这些新加入的干部和知识分子的马克思主义水平却还很低，在他们之中懂得唯物辩证法和社会发展规律的并不多。相反，经验主义、个人主义和各种唯心主义哲学却在他们之中有着广泛的影响，使得他们在精神上与人民大众格格不入。对此，毛泽东曾在 1951 年召开的中国人民政治协商会议第一届全国委员会第三次会议的开幕词中强调：“思想改造，首先是各种知识分子的思想改造，是我国在各方面彻底实现民主改革和逐步实行工业化的重要条件之一。”② 在当时，这种学习主要是以自我教育和自我改造的方式展开的，而并非西方媒体所渲染的那种强迫的“洗脑筋”。当然，这种自我教育和自我改造能够成为现实，也是有一定的条件的。条件之一就在于社会变化和形势发展在同那些旧观念发生激烈碰撞的时候，使人们逐

① 《毛泽东文集》（第 2 卷），北京：人民出版社，1993 年版，第 435 页。

② 《建国以来毛泽东文稿》（第 2 册），北京：中央文献出版社，1988 年版，第 482—483 页。

渐形成了不学习就要落伍的共识。在当时，了解社会发展规律、了解马克思主义在事实上已经成为绝大多数知识分子和广大青年的迫切要求。对此，毛泽东曾在 1951 年致李达的信中表达了他的感受，他写道："关于辩证唯物论的通俗宣传，过去做得太少。而这是广大工作干部和青年学生的迫切需要，希望你多多写些文章。"① 而全国规模的知识分子的学习运动，则恰恰就是始于 1951 年 9 月北京大学 12 位著名教授所发起的一次政治学习运动。条件之二在于共产党人的表率作用和正确引导，营造了一种批评与自我批评光荣的社会大环境。当时，周恩来就特别受中央的委派，在向北京、天津两市高校教师学习会作《关于知识分子改造》的报告中，以自己参加革命的经历以及思想改造的体会，为知识分子的思想改造提供了具体生动的范例。通过这些范例，广大知识分子得以明确，克服其自身所受教育的影响，向人民立场以至工人阶级立场转变的必要，同时，也使他们相信这种转变是完全可以通过个人的努力来实现的。条件之三就是宣传成为我党在全党、全国普及马克思主义这一指导思想的至关重要的环节。毛泽东本人是非常强调和高度重视党的宣传工作的。早在第一次国内革命战争时期，毛泽东就曾担任过国民党中央代理宣传部长、中央农民运动讲习所所长等职。他说：做好抗战的宣传"这是一件绝大的事，战争首先要靠它取得胜利"②。在社会主义建设时期，他更是把宣传工作作为新制度建立的必要基础。在《一个整社的好经验》一文的按语中，他说道："一个新的社会制度的诞生，总是要伴随一场大喊大叫的，这就是宣传新制度的优越性，批判旧制度的落后性。使我国五亿多农民实行社会主义改造这样一种惊

① 《毛泽东书信选集》，北京：人民出版社，1983 年版，第 407 页。

② 《毛泽东选集》（第 2 卷），北京：人民出版社 1991 年版，第 481 页。

天动地的事业，不可能是在一种风平浪静的情况下出现的，它要求我们共产党人向着背上背着旧制度包袱的广大的农民群众，进行耐心的生动的容易被他们理解的宣传教育工作。”① 由于从意识形态构建的角度来说，宣传的目的就在于要让全社会确立起党的思想和追求相适应的意识形态，因此，宣传的过程就是学习的过程，就是政治社会化的过程，就是社会动员的过程，当然也是改造广大民众世界观的过程。1951 年 5 月，作为领导全国政权的执政党，中国共产党在第一次全国宣传工作会议上明确指出，确立马列主义即工人阶级的思想领导，巩固与加强这种领导，是在政治上、经济上加强工人阶级领导的前提，并强调：“用马列主义的思想原则在全国范围内和全体规模上教育人民，是我们党的一项最基本的政治任务。我们要向社会主义、共产主义前进，首先就要在思想上打底子，用马列主义的立场、观点和方法来教育自己和全国的人民。这就是今天在新形势、新条件下，党的宣传工作的任务。”② 并要求宣传工作者，利用广大人民正在广大范围学习和接受马列主义的有利条件，加强马列主义的宣传，提高劳动人民的觉悟和理论水平。1951 年 2 月，党中央还颁布了《关于健全各级宣传机构和加强党的宣传教育工作的指示》，强调我们党是领导着四万万七千五百万人民的党，必须经常向各界人民正确地宣传马克思列宁主义、毛泽东思想和党在目前的各项主张，要求各级党委宣传部门要领导和推广马克思列宁主义、毛泽东思想的宣传。与此同时，毛泽东的著作作为马克思主义中国化的集中体现和中国共产党革命经验及集体智慧的结晶，也在新中国成立以

---

① 《建国以来毛泽东文稿》（第 5 卷），北京：人民出版社，1996 年版，第 521 页。

② 《刘少奇选集》（下卷），北京：人民出版社，1985 年版，第 79、82 页。

后，以《毛泽东选集》的形式正式编辑出版，成为促进广大干部群众学习和改造世界观的又一重要手段。而毛泽东本人也对《毛泽东选集》的编辑工作给予了高度的重视，不仅亲自参加选稿和确定篇目，对大部分文章进行了精心修改和校订，而且还为部分文章撰写了题记和注释。《毛泽东选集》第一、第二、第三卷先后在1951年10月、1952年4月和1953年4月出版发行，其中，第一卷第一次印行就达106.6万册，第二、第三卷的首次印行更是达到了150万册以上。与此同时，毛泽东在新中国成立以后的一些讲话和论著，也不断地在报刊上发表或以单行本面世。可以说，毛泽东著作的出版发行，为广大干部群众学习和掌握毛泽东思想及其立场、观点和方法提供了丰富的资料，而毛泽东思想本身也日益成为指导中国社会主义革命和建设的强大思想武器。除此之外，在高校开设公共政治课，对青年知识分子群体进行理论灌输，也是政治社会化的重要途径和有效举措。1950年教育部颁布指示，规定在大学开设以“新民主主义论”为核心的马克思主义理论课程，该课程以毛泽东《新民主主义论》为教材，1953年改称为“中国革命史”，1961年又更名为“中共党史”。1971年，高校复课后，政治课以讲解包括《共产党宣言》、《国家与革命》在内的四本马列著作和毛泽东著作为主，直到“文革”结束。为进一步加强马克思主义和社会主义意识形态建设，毛泽东还在1955年3月中国共产党全国代表会议上特别提出要“组成一支强大的理论队伍”的任务。“我们要作出计划，组成这么一支强大的理论队伍，有几百万人读马克思主义的理论基础，即辩证唯物论和历史唯物论，反对各种唯心论和机械唯物论。我们现在有许多做理论工作的干部，但还没有组成理论队伍，尤其是还没有强大的理论队伍。而没有这支队伍，对我们全党的事业，对我国的社会主义工业化、社会主义改造、现代化国防、原子能的研究，是不行的，是不能解决问题的。”①

对于马克思主义理论学习和教育中的教条主义倾向，毛泽东也从来没有放松警惕。他在1956年4月《论十大关系》的讲话中再次强调了把马克思主义普遍原理同中国实际相结合的问题，“我们要学的是属于普遍真理的东西，并且学习一定要与中国实际相结合。如果每句话，包括马克思的话，都要照搬，那就不得了。我们的理论，是马克思列宁主义的普遍真理同中国革命的具体实践相结合。党内一些人有一个时期搞过教条主义，那时我们批评了这个东西。但是现在也还是有。学术界也好，经济界也好，都还有教条主义。”② 随后，6月17日，中共中央发出通知，要求全党重新学习毛泽东《改造我们的学习》、《整顿党的作风》、《反对党八股》和《关于若干历史问题的决议》等文件，“克服实际工作中的主观主义即教条主义和经验主义，特别是克服学习马克思列宁主义和外国经验中的教条主义倾向，克服学术研究、报刊宣传、教学工作中的教条主义、宗派主义和党八股。”③ 强调要坚持马克思主义与中国实际相结合的正确方向，使马克思主义在中国社会主义意识形态中的指导地位焕发出更加蓬勃的生命力和战斗力。

第三，必须正确开展反对错误倾向的思想斗争，注意一种倾向掩盖另一种倾向。毛泽东有关社会主义意识形态建设的思

---

① 《毛泽东文集》（第6卷），北京：人民出版社，1999年版，第395—396页。

② 《毛泽东文集》（第7卷）［M］．北京：人民出版社，1999年版，第42页。

③ 《中国共产党宣传工作文献选编（1949—1956）》，北京：学习出版社，1996年版，第1154页。

想是在新中国刚刚成立、新生的人民政权急需巩固的前提下产生和发展起来的。因此，在这样的背景之下，加强意识形态领域的斗争，巩固社会主义革命成果就成为建设社会主义的必然要求和历史与时代的必然选择。其中，在防止资本主义“和平演变”这条主线的牵引之下，毛泽东主要强调的是：一重视阶级与阶级斗争，抵制资产阶级思想侵蚀；二防止在中国出现修正主义，保证社会主义永不变色；三加强党的建设，使之成为社会主义意识形态建设的领导核心。

阶级与阶级斗争是毛泽东一生致力于研究的问题，而这恰恰又是一个正确与失误交织的复杂问题。社会主义改造完成后，毛泽东在考察了国际国内阶级斗争状况之后，认为社会主义社会仍然存在着阶级和阶级斗争，存在着社会主义道路与资本主义道路的斗争，存在着资本主义复辟的危险性。他指出，社会主义社会里阶级斗争并没有熄灭，还将在一定范围内长期存在。同时，毛泽东认为，世界范围的阶级斗争也是客观存在的，国际国内阶级斗争相互交织是新中国成立以来阶级斗争的基本特点，帝国主义推行的“和平演变”策略是国际阶级斗争的一个重要部分。由此可见，在我国社会主义建设的初期，毛泽东极为重视国内的阶级斗争，实质是将其作为防止帝国主义“和平演变”的有力措施。

防止和反对修正主义，是毛泽东加强社会主义意识形态建设的又一重要手段。新中国成立初期，毛泽东考虑的一个中心问题就是如何使党和国家不改变颜色，特别提出要警惕和防止党的高层领导出现修正主义的思想倾向。对于修正主义的危险性，毛泽东曾经明确指出，修正主义或者是右倾机会主义，是一种资产阶级思潮，它比教条主义有更大的危险性。因为，虽然修正主义者、右倾机会主义者，他们口头上也挂着马克思主义，也在那里攻击“教条主义”，但是，他们所攻击的恰恰是马克思主义最根本的东西。特别是在我国社会主义革命取得基本胜利以后，社会上还有一部分人梦想恢复资本主义制度，他们从各个方面同工人阶级进行斗争，这其中也包括思想方面的斗争，而在这个斗争中，修正主义者正是他们最好的助手。对此，在20世纪60年代初期，毛泽东曾经多次提出中央如果出了修正主义应该怎么办的问题。他认为，社会主义国家被“和平演变”的主要危险还是在于执政党的高层领导。历史经验表明，敌对势力要从外部搞垮我们这个党，并不是那么容易，但如果党内出现了修正主义和腐败变质分子而不加以制止的话，就有可能对党构成直接威胁。因此，西方国家“和平演变”的阴谋是否能得逞，最终还是取决于社会主义国家的内部因素，而其中具有决定作用的是党的领导层特别是中央能否坚持马克思主义。

毛泽东历来十分重视党的自身建设，在党的建设和发展的不同时期、不同阶段，提出了不同的建设重点，采取了不同的形式，对保持党的先进性和纯洁性，防止各种错误思想对党的侵蚀起到了十分重要的作用。新中国成立以后，面对帝国主义伺机向新生的社会主义中国发动战争和“和平演变”攻势这种形势，1954年，毛泽东在中华人民共和国第一届全国人民代表大会第一次会议的开幕词中，提出了“领导我们事业的核心力量是中国共产党，指导我们思想的理论基础是马克思列宁主义”① 的科学论断。1957年，针对社会上出现的一种偏离党的领导、偏离社会主义的言论和行为，毛泽东再次强调“中国共产党是全中国人民的领导核心。没有这样一个核心，社会主义

① 《毛泽东选集》（第5卷），北京：人民出版社，1977年版，第133页。

事业就不能胜利。”① 因此，只有加强党的建设，才能使之成为领导中国人民进行社会主义建设事业的坚强核心，才能使之成为抵御帝国主义“和平演变”的坚强堡垒。毛泽东特别强调要在思想上、作风上加强党的建设。在社会主义改造完成以后，他就要求在全党范围内进行一次马列主义理论教育，要求大家要运用马克思主义的对立统一学说，观察和处理社会主义社会的阶级矛盾和阶级斗争的新问题，观察和处理国际斗争中的新问题。1957 年，为适应社会主义建设的需要，纠正党内已经抬头的官僚主义、宗派主义和主观主义，党中央和毛泽东发动和领导了党的历史上第四次整风运动，并号召全党要保持过去革命战争时期的那么一股劲，那么一股革命热情，那么一种拼命精神，把革命工作做到底。他提倡批评和自我批评，认为批评和自我批评是一种方法，是解决人民内部矛盾的方法，而且是唯一的方法；他提倡深入群众，调查研究，号召各省市区、各部委负责同志都要到下面去研究问题，要密切联系群众，脱离群众，官僚主义，势必要挨打。除此之外，在毛泽东看来，腐败现象本身也是“和平演变”的一种表现，并指出，资产阶级糖弹的进攻比战争还要危险和严重。毛泽东在党的七届二中全会上的精辟论述，事实上把党执政后反腐败的问题提到了全党面前。新中国成立后的一个时期，在执政的环境中，党面对资产阶级糖衣炮弹的进攻，革命队伍中的确有少数人出现严重的蜕化变质倾向。对此，毛泽东及时地通过“三反”、整党等斗争，制止了这种腐败现象，保持了艰苦奋斗的优良传统，使中国共产党经受住了执政的考验。

在毛泽东看来，“马克思主义必须在斗争中才能发展，不

① 《毛泽东选集》（第 5 卷），北京：人民出版社，1977 年版，第 430 页。

但过去是这样，现在是这样，将来也必然还是这样。正确的东西总是在同错误的东西作斗争的过程中发展起来的。真的、善的、美的东西总是在同假的、恶的、丑的东西相比较而存在，相斗争而发展的。”① 虽然这种意识形态斗争的思想最终由于被极端化而导致文化大革命的爆发，但在之后的国家建设中，党和国家历届领导集体在理性认识意识形态领域斗争的基础上，仍然十分重视和强调事实上存在的意识形态领域的斗争，在防止意识形态斗争走向极端化的同时，强调防范和抵御一切有损政权和制度稳定的思想和观点。可以看到，在社会主义中国接下来的发展历程中，虽然意识形态的具体定位和实践方式会随着社会的发展和时代特征的变化而发生变化，但毛泽东有关抓学习（解决什么是马克思主义、如何用马克思主义武装头脑、占领思想阵地）、抓批判（及时纠正错误倾向、注意一种倾向掩盖另一种倾向）、抓制度化（从国家政权建设高度抓意识形态建设、意识形态和制度建设互为支撑）的观点一直以来都是国家意识形态建设高度重视和始终坚持的宝贵经验，是国家主流意识形态建设的基本原则。

第二节 真理标准驱动下的道路重塑

1976年9月9日，带着对国家和民族命运深深的忧虑，新中国的缔造者毛泽东离开了人世。10月6日，中共中央采取果断措施，对江青和王洪文、张春桥、姚文元等人隔离审查。十年动乱就此宣告结束。在这场浩劫结束以后，人们需要医治创伤，但同时，人们更企盼新的开始，企盼能有一股强劲的新风

---

① 《毛泽东文集》（第7卷），北京：人民出版社，1999年版，第230页。

吹散笼罩在前进道路上的浓重迷雾。

一、历史转折的思想先导

起初，面对建国初期百废待兴的局面，摆在新中国缔造者面前有两种截然不同的选择：一种就是把工作重心首先放在经济建设上，推动生产力的发展，以此来弥补资本主义阶段缺失情况下的生产力发展状况；另一种是把工作重心首先放在意识形态领域，从思想上提高人们的社会主义觉悟，从上层建筑的角度间接地促进生产力的发展。显然，后一种选择在“文革”中的变异使中国的发展陷入了绝境，并就此形成了“路径障碍”。于是，可供选择的只有一个，那就是发展经济以救亡图存。特别是“文革”以后，随着重新掌权的以邓小平为代表的革命元老派的实事求是理性的觉醒，更是促成了新的决策逻辑环节的形成，那就是：什么是社会主义，过去并没有搞清楚，但贫穷不是社会主义→社会主义就是要让人民富裕起来→要使人民生活好起来，就要发展生产力→要发展生产力，就要改革开放，就要搞市场经济。当然，从决策的最初构想到实现不可能一蹴而就、一帆风顺。就改革以前中国社会组织和发展所依靠的、全面控制社会精神领域的意识形态的状况而言，这场变革遇到的首要障碍恰恰就是来自意识形态领域的。因为在中国人的社会意识中，价值评判往往与对伟人的崇拜是紧密联系在一起的，特别是当意识形态由一系列特定的理论概念符号，如阶级斗争、路线斗争、群众运动、无产阶级专政下的继续革命等彼此联结而成的概念所构成、并在逻辑上已经形成一个凝结硬化的板块的时候，要想在如此严苛的边界条件内实现突破和超越，是非常困难的。

我们看到，虽然在粉碎“四人帮”后召开的中共十一大上宣布了结束“文化大革命”，但是国家事实上却仍然未能从坚持无产阶级专政下继续革命的理论以及坚持以阶级斗争为纲的指导思想中解脱出来，因此，在这种情况之下，“文化大革命”的错误根本不可能得到彻底地肃清。于是，在意识形态领域，直至“文革”结束以后，国内的思想理论仍然还是受到当前凝结硬化的思想板块的严重阻碍。其中最典型的事件就是“两个凡是”的提出。1977 年 2 月 7 日，《人民日报》、《红旗》杂志、《解放军报》同时发表《学好文件抓住纲》的社论，提出“凡是毛主席作出的决策，我们都坚决维护，凡是毛主席的指示，我们都始终不渝地遵循”的指导方针。这个方针无疑是在维护毛泽东晚年的“左”倾错误，客观上给“文化大革命”中许多错误的纠正和历史遗留问题的解决设置了严重的思想障碍；同时，广大干部、群众对于拨乱反正的强烈要求也因此遭受到了压力，导致了党和国家工作在徘徊中前进的局面。

很明显，“两个凡是”的出现，恰恰就是因为“左”倾错误的严重影响在短期内难以被消除所导致的。于是，针对这样的情况，一场由政治权威引领的思想解放运动，或者更确切地说，是一场对传统意识形态话语进行改造的活动展开了。正如邓小平本人所强调的那样：“我们共产党有一条，就是要把工作做好，必须先从思想上解决问题。”① 1977 年 4 月 7 日，邓小平对当时的一位中央负责人明确表示：“两个凡是”不行！我出不出来没有关系，但天安门事件是革命行动。4 月 10 日，邓小平又给华国锋、叶剑英和中央写信，信中说：“我们必须世世代代地用准确的完整的毛泽东思想来指导我们全党、全军和全国人民，把党和社会主义的事业，把国际共产主义的事

① 《邓小平文选》（第 1 卷），北京：人民出版社，1993 年版，第 184 页。

业，顺利地推向前进。”在信中，邓小平所用的“准确的”和“完整的”两个词针对的正是“两个凡是”。之后，在一批党内老同志和民意的推动下，1977 年 7 月，中共十届三中全会终于作出决定，恢复了邓小平中共中央政治局委员、常委、中共中央副主席、中央军委副主席、国务院副总理、中国人民解放军总参谋长等职务。在这次会上，邓小平进一步指出，他反对“引用毛泽东同志的某些片言只语来骗人、吓唬人”，并针对“我们党内同志不敢讲话，尤其不敢讲老实话，弄虚作假”的情况，提出要“整党整风”，特别是要“充分信任群众，实事求是，发扬民主”。不仅如此，他还以非凡的政治勇气主张：“我们要创造这样一种政治局面，在党中央领导下，全党、全军和全国人民团结起来，既有统一意志，又有个人心情舒畅，生动活泼，什么问题都可以摆到桌面上来，对领导人有意见，也可以批评。”“有了这样一种政治局面，我们什么风险也能够经受得住。”[①] 邓小平的这次复出对于当时的中国而言，可谓意义重大。仅就他所提出的与“两个凡是”针锋相对的观点来说，由于是作为首先在政治权威层面展开的思想论战，因而为之后《实践是检验真理的唯一标准》一文所引领的、在全国范围展开的、围绕真理标准问题的大讨论和全面的思想解放运动，提供了来自政治上层的支持与保障。事实上，《光明日报》新上任的总编辑杨西光就是由于在上任之前，已经听过邓小平关于批评“两个凡是”的精神传达，并在中共中央党校参加过有关真理标准问题的讨论，因此，才能在看到准备翌日在《哲学》专刊上刊登的《实践是检验一切真理的标准》一文的大样时，慧眼识玉，立即要求重新修改，在头版刊用。而他所加上

① 《邓小平文选》（第 2 卷），北京：人民出版社，1994 年版，第 43—46 页。

的“唯一”二字则是以更加鲜明的态度表达了与“两个凡是”针锋相对的政治立场。因为“唯一”这个词本身就蕴含着绝对性和排它性、非此不可、不存在中间状态和模糊状态的意思，所以“唯一”这个词的加入实际上是将实践是检验真理的标准推向了一种极致，使问题的提出显得更为突出、更为尖锐、更为彻底。

《实践是检验真理的唯一标准》一文在 1978 年 5 月 11 日的《光明日报》发表以后，立刻引起了一场全国范围的大讨论和大争论。也许，在新中国建设发展的历史中，很少有哪一篇学术文章能够像《实践是检验真理的唯一标准》这样引起如此之多之广的关注，更不要说对中国当代的历史进程产生如此深刻而长远的影响了。然而，正因为具备了这些特征，所以对于《实践是检验真理的唯一标准》一文，我们才不能仅仅只将其看成是一篇理论文章、哲学文章，而应将其看成是一篇极其重要的、处于中国历史转折点的政治檄文。特别是针对，当时甚至有些领导同志认为，这篇文章就是冲着毛主席来的，是对着毛主席来的，是来砍毛主席的旗帜的情况，更是使这个原本学术性的、思想性的问题上升到了政治的层面。[①] 因为，如果这个问题得不到解决，那么就没有办法正确评价毛泽东的功过，就没有办法总结“文化大革命”的经验教训。而这正如邓小平所说，“关于真理标准问题的争论，的确是个思想路线问题，是个政治问题，是个关系到党和国家的前途和命运问题。”[②] 可以说，真理标准问题讨论的虽然是认识论的基本原则问题，但却在客观上引发了一次思想的大解放，为以后实事求是地评价

① 参考中央电视台《复兴之路》节目组编著：《复兴之路》（中），北京：中国民主法制出版社，2008 年版，第 162 页。

② 《邓小平文选》（第 2 卷），北京：人民出版社，1994 年版，第 143 页。

毛泽东的功过、为意识形态的转型、为实施新的发展战略和政策开启了思想先导、奠定了思想基础。因为就这一理论的实质而言，它所内涵的精神和原则便是，中国共产党的方针政策是否正确合理，不应以某位革命导师说过的话或其中既定的教条或信念为依据，而是应该根据是否能满足于实现人民利益的需要，能否在实践中取得功效作为判断的标准。这就为从根本上摆脱教条主义提供了理论根据。此后，借着真理标准问题大讨论提供的良好契机，邓小平开始到全国各地进行思想动员，用他自己的话说就是“到处点火”①。

1978 年 9 月，正值真理标准大讨论进入高潮的时候，邓小平前往东北三省考察工作，行程数千里，与当地领导谈他思虑已久的想法，走一路讲一路，谈得最多的就是思想路线问题。他说，毛泽东思想的根本点就是实事求是、理论联系实际。毛泽东思想要发展，不然就会僵化，现在连实践证明真理都有争论，说明存在严重的思想僵化。在黑龙江，邓小平提出了一个很重要的观点：从总的状况来说，我们国家的体制，包括机构体制等，基本上是从苏联来的，人浮于事，机构重叠，官僚主义发展。有好多体制问题要重新考虑。总的说来，我们的体制不适应现代化，上层建筑不适应新的要求②。接着，邓小平在吉林发表了更为激动人心的讲话，针对“两个凡是”，他说道，“大家知道，有一种议论，叫作‘两个凡是’，不是很出名吗，凡是毛泽东同志圈阅的文件都不能动，凡是毛泽东同志做过的、说过的都不能动。这是不是叫高举毛泽东思想的旗帜呢，不是！这样搞下去，要损害毛泽东思想。毛泽东思想的基本点

---

① 《邓小平年谱（1975—1997）》（上卷），北京：中央文献出版社，2004 年版，第 382 页。

② 同上书，第 376 页。

就是实事求是，就是把马列主义的普遍原理同中国革命的具体实践相结合。毛泽东同志在延安为中央党校题了‘实事求是’四个大字，毛泽东思想的精髓就是这四个字。”① 邓小平进一步指出：思想僵化，就不可能实现四个现代化。世界天天发生变化，新的事物不断出现，新的问题不断出现，我们关起门来不行，不动脑筋永远陷于落后不行。社会主义制度优越性的根本表现，就是能够允许社会生产力以旧社会所没有的速度迅速发展，使人民不断增长的物质文化生活需要能够逐步得到满足。生产力发展的速度比资本主义慢，那就没有优越性，这是最大的政治，这是社会主义和资本主义谁战胜谁的问题。一定要根据现在的有利条件加速发展生产力，使人民的物质生活好一些，使人民的文化生活、精神面貌好一些②。事实证明，邓小平点燃的是思想解放的“星星之火”，这“星火”不久即成燎原之势，在整个中国大地上燃烧起来。

1978 年 11 月 10 日至 12 月 15 日，中共中央在北京召开工作会议，为十一届三中全会的召开做准备。会上，陈云率先提出系统地解决历史遗留问题的意见，引起与会者的强烈反响，从而改变了会议的形势和既定议程。与会者纷纷敞开思想，畅所欲言，讲出了憋在心里多年的真话、实话，而且一发而不可收。当时，在会议召开的 36 天里，《简报》就出了多达 500 多期。12 月 13 日，邓小平在闭幕会上作了题为《解放思想，实事求是，团结一致向前看》的讲话，他在讲话中强调，解放思想是当前的一个重大政治问题。首先是解放思想，只有思想解放了，我们才能正确地以马列主义、毛泽东思想为指导，解决

---

① 《邓小平文选》（第 2 卷），北京：人民出版社，1994 年版，第 126 页。

② 《邓小平年谱（1975—1997）》（上卷），北京：中央文献出版社，2004 年版，第 379—380 页。

过去遗留的问题，解决新出现的一系列问题。一个党，一个国家，一个民族，如果一切从本本出发，思想僵化，迷信盛行，那它就不能前进，它的生机就停止了，就要亡党亡国。民主是解放思想的重要条件。为了保障人民民主，必须加强法制。必须使民主制度化、法律化，使这种制度和法律不因领导人的改变而改变，不因领导人的看法和注意力的改变而改变。[①] 几天之后，在中共十一届三中全会上，这篇讲话成为会议的主题报告。该报告不仅是对之前真理标准问题大讨论的总结和升华，更是冲破“左”的思想禁锢、开辟新时期新道路的宣言书。

1978年12月18日至22日，在京西宾馆，中共十一届三中全会开得热烈而又轻松，与争论了36天的中央工作会议相比，虽然会议只有短短的5天，但却开得非常顺利，仿佛瓜熟蒂落。全会批判了“两个凡是”的错误方针，重新确立起解放思想、实事求是的思想路线，实现了思想路线的拨乱反正；停止使用“以阶级斗争为纲”的口号，作出工作重点转移的决策，实现了政治路线的拨乱反正；形成了以邓小平为核心的新一代中央领导集体。12月22日，大会宣布：全党工作的着重点应该从1979年转移到社会主义现代化建设上来。至此，“以阶级斗争为纲”被抛弃了，从1957年以来一直没有解决好的工作重点转移问题迎刃而解，大会上提出的“改革开放”直到今天仍然是指引中国前进的战略方针。正是在这个意义上，我们说，这场被人称为“新时期的遵义会议”的十一届三中全会是中国共产党执政历史上具有深远意义的伟大转折，它标志着中国共产党从严重的历史挫折中重新奋起，踏上了探索中国特色社会主义道路的新征程。

---

① 参见《邓小平文选》（第2卷），北京：人民出版社，1994年版，第140—153页。

由此，真理标准问题大讨论的广泛展开、邓小平的“到处点火”以及十一届三中全会所定下的拨乱反正、改革开放的基调共同构成了开启新的发展道路的三个标志性的事件。在这样一个过程之中，无疑破除思想领域，更确切地说，破除意识形态领域的错误和桎梏，正是开启这一历史转折点的钥匙。当然，在这样一个意识形态渐进创新的过程中，邓小平无疑都是关键性的人物。总之，邓小平是通过以下四条环环相扣、紧密相连的路径，实现了意识形态内涵的发展与创新。第一条路径是，通过“真理标准”大讨论冲破了僵化、教条地理解“毛泽东思想”的“两个凡是”派对意识形态的束缚，提出了“理论与实践的统一是马克思主义的一个最基本的原则”的论点，并以此强调要以科学的态度掌握马列主义与毛泽东思想。邓小平强调要高举毛泽东思想的旗帜，不仅因为毛泽东思想是中国革命成功经验的结晶，而且也是意识形态内在规律性的要求。换句话来说，高举毛泽东思想的旗帜，就是巩固人民民主专政的社会主义国家制度，就是巩固中国共产党的执政地位。这显然是进行一切改革的前提。通过高举毛泽东思想的旗帜，不仅破除了对毛泽东的个人崇拜，同时也为改革开放破除了政治障碍。第二条路径是，在“真理标准”论战所冲破的思想空间下，进而提出“解放思想”的主张。以“真理标准”大讨论为突破口，树立了实践唯物主义的科学态度，并进而成功地对社会主义理想进行时代再塑造，在社会主义现代化建设是当前最大政治的基本认识上，冲破了原先意识形态对经济领域的束缚，巧妙地将曾经在很多人看来与社会主义制度水火不容的属于资本主义“专利”的市场经济引入进来，并使其成为实现共产主义远大理想的必要条件，从而为生产力的发展创造了条件。第三条路径是，在“解放思想”所构筑的政治氛围中，提出坚持四项基本原则，即坚持社会主义道路、坚持无产阶级专政、坚持共产党的领导、坚持马列主义毛泽东思想，从而为党的意识形态的发展规定了思想路线、政治路线与组织路线的底线。第四条路径是，通过重新评价毛泽东和总结历史的方式，在新中国成立以来的历史发展中重新确立了党的意识形态的诠释体系，并以此为基础展开国家未来建设发展的方向。该项工作的成果就具体展现在 1981 年党的十一届六中全会通过的《关于建国以来党的若干历史问题的决议》之中。在这份文件中，面对改革开放后的新局势，中国共产党以调整与重新评价毛泽东在党史中地位的方式，采取除旧布新的策略，通过对“毛泽东思想”的辩护、重新评价的补充，实现了重新建构意识形态建设诠释与发展体系的目标。

通过以上论述，我们可以很明显地感受到，一个中国共产党的领导人为了转型时期的权威控制与政治稳定，所成功垂范的充满变法易教的政治智慧的意识形态创新工作。他在保持执政党意识形态符号系统的基础上，将原有意识形态中乌托邦的成分进行消解，将信仰主义、平均主义等理想因素进行剥离和剔除，同时加入对社会主义价值的论述、对时代发展脉搏和契机的洞察以及对人民群众利益和愿望的体察，以此起到重塑社会主义意识形态的合法性基础，为改革开放提供合法性的依据，保护执政党统治权威的合法性，以及引领社会主义经济和政治体制改革的目的。由于当代中国的改革开放本质上是社会主义的自我更新和自我发展，所以，保持意识形态的连贯性不仅是稳定大局的策略需要，同时也是中国特色社会主义的制度特征。这就决定了意识形态的一切变革和调整都必须是坚持前提下的发展、继承前提下的创新、一脉相承下的与时俱进。

总之，通过意识形态的转型和重塑，以邓小平为核心的党的第二代领导集体不仅继承了毛泽东时期原有的强大政治资源，同时，还通过强大的有广泛社会基础的执政党实现了引入市场经济之后整个社会的政治稳定，为中国发展道路迎来了新生。

二、生成改革的意识形态生产

1982年9月1日，中国共产党第十二次全国代表大会在北京召开，在大会的开幕词中，邓小平说道："我们的现代化建设，必须从中国实际出发。……把马克思主义的普遍真理同我国的具体实际结合起来，走自己的道路，建设有中国特色的社会主义，这就是我们总结长期历史经验得出的基本结论。"[①]"走自己的路"表达了探索自己道路的思想。毋庸置疑，直至今日，在我国仍不断出现的制度创新恰恰就是从这五个简短有力的话中获得了最初的勇气和动力。

我们看到，面对改革初期的障碍和困难，我党在意识形态和制度这两个层面都进行了相应的调整。特别是，通过意识形态"绵绵细雨和涓涓暖流"的消融作用，"冲刷了极左思潮在中国人民心灵中聚结的思想的坚冰冻土和观念尘垢，为改革开放扫除了旧的思想观念障碍，减轻了社会运行摩擦"。正是在这个意义上，可以说，"中国改革开放的成功首先得益于社会主义意识形态建设的成功"。[②]

首先，矫正意识形态的极端倾向，反"左"防右。

---

① 中国共产党第十二次全国代表大会开幕词［OL］. http：//news. xinhuanet. com/ziliao/2005－02/07/content_ 2558864. htm。

② 参见何怀远：《论邓小平对社会主义意识形态建设的杰出贡献》，《毛泽东邓小平理论研究》，2004年第7期，第19—25页。

从我党巩固与壮大的历史中，我们看到，反“左”、反右这两条战线斗争始终是贯穿其中的。从一定意义上甚至可以这样说，一部共产主义运动史，就是一部马克思主义的正确的思想理论和路线方针政策，同各种“左”的和右的错误倾向作斗争的历史。[①] 根据前文的论述，在党的十一届三中全会以后，为了顺利地把工作重心转移到社会主义现代化建设上来，邓小平带领着我们党对在经济建设和阶级斗争关系问题上的“左”倾错误思想进行了认真地清理，同时，也着重尖锐地揭露了某些人以所谓的“社会改革”的名义鼓吹资本主义的实质。这一切恰恰是基于邓小平本人对“左”、右倾错误深刻的认识之上，即：“右可以葬送社会主义，‘左’也可以葬送社会主义。”[②] 事实上，自党的十一届三中全会以来，中国共产党之所以能在较短的时间内，把许多相当复杂的思想问题和社会政治矛盾处理得比较妥善，其中原因归根结底就在于，党在一系列重大原则问题上，能始终保持坚定的立场，及时正确地开展反对“左”和右的倾向的两条战线的思想斗争。特别是结合当时的时代背景郑重提出，“中国要警惕右，但主要是防止‘左’”[③]。可以说，这一认识是基于对当时国内思想和政治领域的客观实际进行正确把握而得出的。在当时，从国内形势来说，“左”的错误思想已经成为影响我们深化改革、扩大开放、进一步加快经济发展的主要思想障碍。在“左”的思想的影响下，有些人动不动就拿所谓的姓“社”还是姓“资”去衡量事物。甚至还有人利用人们对资本主义及其丑恶现象深恶痛绝的心理，

---

① 参见杨春长、王聚英主编：《论反“左”反右——中国共产党反对错误倾向的理论与实践》，北京：人民武警出版社、中央文献出版社，2011 年版，第 84 页。

② 《邓小平文选》（第 3 卷），北京：人民出版社，1993 年版，第 375 页。

③ 同上。

把农村家庭联产承包责任制说成是农民走回头路、搞单干，背离了社会主义方向；把企业兼并和优化劳动组合说成是“大鱼吃小鱼”的资本主义；把学习国外先进技术、经营方式与管理方式说成是崇洋媚外……。正因为如此，邓小平在谈到建国以后主要教训的时候才这样说道：“建国后，从1957年到1978年，我们吃亏都在‘左’。”[①] 的确，从党的发展历史来看，在党内，“左”的积习确实是比较深的，党在“左”倾方面的错误，时间最长、危害也最大。不仅如此，更为严峻的是，这些“左”的积习还逐步转化为一些干部和群众的心理积淀。而这种心理积淀一旦面对改革开放、面对新旧体制和观念交替，就会成为一种严重的障碍。不仅如此，这种障碍与右的错误所造成的障碍相比，还更具有隐蔽性和欺骗性，不易被人们察觉，从而最终会给共产主义事业带来严重的、甚至是无法挽回的后果。道理很简单，因为与右的错误相比，“左”仿佛与“革命”相近，并且从表面上又往往体现出强烈、坚定、纯洁的“革命”之情、“革命”之心和“革命”之途。所以，常常有人会认为，“左”只不过是方法问题，而右却是立场问题，“左”比右好，凡事宁“左”勿右，这样“保险”。然而当我们深究其本来面目，却发现，它实际上是超越了事物的客观发展阶段，不切实际地把将来才能办的事拿到现在来办，对没条件办的事硬要勉强去办，把好像是“敌人”但又不是敌人的人当敌人去打击……所以，“左”倾方面的错误从本质上来说是有违马克思主义根本原则和马克思主义方法论的。而正是由于它的这种欺骗性、蛊惑性和隐蔽性，会更容易使我们丧失警惕，更容易给社会主义革命和建设事业造成危害。对此，朱德

① 《邓小平文选》（第3卷），北京：人民出版社，1993年版，第249页。

也曾经说过："反右比较容易，因为资产阶级的东西在我们党内比较容易识别，好制止一些。'左'的东西往往不容易看清，不容易制止。"①

实践证明，正是在反"左"防右的思想指导下，我们用实事求是取代了"两个凡是"，用"以经济建设为中心"取代了"以阶级斗争为纲"，用改革开放、搞活经济取代了僵化、封闭和停滞。在此基础上，在党的十三大上，我党进一步形成了较为完整的有关党的基本路线的概括和表述，即："在社会主义初级阶段，我们党的建设有中国特色的社会主义的基本路线是：领导和团结全国各族人民，以经济建设为中心，坚持四项基本原则，坚持改革开放，自力更生，艰苦创业，为把我国建设成为富强、民主、文明的社会主义现代化国家而奋斗。"其中最为核心的内容便是"以经济建设为中心，坚持四项基本原则，坚持改革开放"。简称为"一个中心、两个基本点"，这是指引我们建设社会主义国家的总纲领、总方针和总政策。在两个基本点之中，坚持四项基本原则与反对资产阶级自由化是统一的，是我们的立国之本，是我们社会主义现代化建设的根本前提和保证，必须始终一贯地坚持；坚持改革开放与反对僵化保守是统一的，告诫党员干部和广大群众要时刻注意避免犯"左"的错误。正是在这个意义上，我们说，始终强调要坚持党的基本路线，其实质就是既防止犯"左"倾错误，又防止犯右倾错误，必须有右反右，有"左"反"左"。

其次，强调生产力发展水平的评价标准。

马克思、恩格斯在《共产党宣言》中指出："共产党人可

① 《朱德选集》，北京：战士出版社，1983年版，第387—388页。

以把自己的理论概括为一句话：消灭私有制。”[①] 在这里，消灭私有制指的就是用生产资料的社会所有取代私有制。然而至于社会究竟应该如何占有生产资料，马克思和恩格斯却没有（当然也不可能）作出详细的论述。随着人类社会的发展，社会主义制度不仅从理论构想成为了现实存在，而且，在现实中，社会主义还实际创造了两种社会所有制（公有制），即集体所有制和全民所有制。但是，在现实中，建立了社会主义制度的国家却都不可避免地面临到这样一个问题，那就是如何对待这两种公有制以及在他们之外的非公有制的问题。无疑，这个问题不仅是一个关系到如何看待和构建社会主义经济基础的重大问题，同时也是一个关系到社会主义意识形态核心焦点的重大问题。可以看到，从斯大林模式的社会主义到中国改革开放以前的社会主义，都无一例外地把不断改造和提升生产关系作为一个基本目标，即无一例外地都将希望寄托在以先进的生产关系来促进生产力的发展之上。然而，改革开放以后，生产力生产关系的原理相较于之前无疑有了新的阐释，即，开始强调生产力发展水平的评价标准，并且由这一评价标准得出了一个有关中国社会主义制度发展状况的基本的判断，那就是，中国的社会主义还处在初级阶段。邓小平指出：“现在虽说我们也在搞社会主义，但事实上不够格。只有到了下世纪中叶，达到了中等发达国家的水平，才能说真的搞了社会主义，才能理直气壮地说社会主义优于资本主义。现在我们正在向这个路上走。”[②] 显然，这种“事实上不够格”的社会主义指的正是处在初级的不发达阶段的社会主义。由此，初级阶段的理论判断和定论便

① 《马克思恩格斯选集》（第1卷），北京：人民出版社，1995年版，第286页。

② 《邓小平文选》（第3卷），北京：人民出版社，1993年版，第225页。

给中国民众提供了这样一个基本的理念，那就是，由于我们生产力发展水平比较低，因此一方面我们不能盲目地只追求生产关系的提升，而不顾生产力的实际发展状况；另一方面，务必要将发展生产力看作是社会主义的根本任务。对于前者，邓小平曾经明确地作出过阐释，他说，“生产关系究竟以什么形式为最好，恐怕要采取这样一种态度，就是哪种形式在哪个地方能够比较容易比较快地恢复和发展农业生产，就采取哪种形式；群众愿意采取哪种形式，就应该采取哪种形式，不合法的使它合法起来。”① 于是，在政策及实践领域，我们看到，从农村联产承包责任制开始，我们对所有制进行了与改革开放之前完全不同的调整，逐步形成了以公有制为主体，多种所有制并存的格局。对于后者，即社会主义的根本任务是发展生产力这一方面，邓小平也作出过明确的说明。在 1978 年 9 月，邓小平就曾指出：“社会主义制度优越性的根本表现，就是能够允许社会生产力以旧社会所没有的速度迅速发展，使人民不断增长的物质文化生活需要能够逐步得到满足。按照历史唯物主义的观点来讲，正确的政治领导的成果，归根结底要表现在社会生产力的发展上，人民物质文化生活的改善上。如果在一个很长的历史时期内，社会主义国家生产力发展的速度比资本主义国家慢，还谈什么优越性？”② 1979 年 11 月，邓小平更是掷地有声地说道：“我们革命的目的就是解放生产力，发展生产力。”“我们不要资本主义，但是我们也不要贫穷的社会主义，我们要发达的、生产力发展的、使国家富强的社会主义。”③ 事实上，可以看到，在之后邓小平一系列的讲话和谈话中，始终

① 《邓小平文选》（第 1 卷），北京：人民出版社，1989 年版，第 323 页。

② 《邓小平文选》（第 2 卷），北京：人民出版社，1994 年版，第 128 页。

③ 同上书，第 231 页。

都没有离开过"社会主义首先要发展生产力"这一主题和中心思想。直到1992年视察南方谈话中，邓小平还依然十分强调生产力发展水平的评价标准，并进一步把解放和发展生产力纳入到社会主义本质的重要理论之中。那么，发展生产力，作为社会主义最根本的任务，落实到党和国家的各项工作上，又体现在哪里呢？那就是必须始终坚持以经济建设为中心不动摇。"现代化建设的任务是多方面的，各个方面需要综合平衡，不能单打一。但是说到最后，还是要把经济建设当做中心。离开了经济建设这个中心，就有丧失物质基础的危险。其他一切任务都要服从这个中心，围绕这个中心，决不能干扰它，冲击它。"① 这正是十一届三中全会以后，邓小平领导我们全党作出的最根本的拨乱反正②。

第三，剥离计划与社会主义本质属性的必然关联。

马克思主义经典作家对社会主义经济的计划性作过明确的论述，如《反杜林论》中推论，当社会成为生产资料的主人，可以按照社会计划来利用生产资料的时候，社会就消灭了人受生产资料奴役的状况，使人得到解放，在新的组织中，每个人都必须劳动，并且生产劳动给每一个人提供全面发展和表现自己全部能力的机会。③ 又如《共产主义原理》中预测，由整个社会按照确定的计划和社会全体成员的需要来领导生产，消费品将生产得很多，使每一个社会成员都能够完全自由地发展和发挥他的全部力量和才能；剥夺资本家的生产交换分配权以后，由计划来支配这一切东西，扩大的生产不再引起生产过剩

① 《邓小平文选》(第2卷)，北京：人民出版社，1994年版，第250页。

② 杨春长、王聚英主编：《论反"左"反右——中国共产党反对错误倾向的理论与实践》，北京：人民武警出版社、中央文献出版社，2011年版，第97页。

③ 参见《马克思恩格斯选集》(第3卷)，北京：人民出版社，1995年版，第376页。

和造成贫困，超出社会当前需要的生产余额可以保证满足社会全体成员的需要，并将是进一步前进的条件和刺激。[①] 正是基于这样的理论阐述，以马克思主义经典作家的理论为指导思想、并在现实中建立起社会主义制度的国家，在起初，无论是苏联模式的社会主义，还是我国改革开放以前的社会主义，都始终坚持计划经济，并将计划看成是社会主义的一个本质属性，认为抛弃了计划就等于背离了社会主义。正因为如此，当时，尽管社会主义国家也曾经对价值规律、对市场的功能进行过一些改革方面的尝试，但却始终都没能突破传统社会主义的计划模式。然而，现实永远都是最具有说服力的。经过20多年的实践，计划经济的弊端逐渐显现出来，它不仅造成国家对企业统得过多过死，而且由于忽视商品生产、价值规律和市场的作用，由此发展而来的却是“一大二公”，却是对个人利益的绝对否定，却是要“狠斗私字一闪念”，结果，形成了一个10亿人的“大锅饭”，严重扼杀了人们发展生产、改善生活的积极性和创造性。于是，要挽救百废待兴的中国，克服计划经济所带来的弊端，无疑成为我们实行改革、进行攻坚克难的重中之重。然而，要迈出这一步，其中一个必要的先决条件就是必须剥离计划与社会主义本质属性的必然关联。这样一项工作同样也是首先从意识形态领域实现突破的。这个过程可以说大致经历了三个阶段。

第一个阶段，就是对“什么是社会主义，怎样建设社会主义”进行新的阐发和解释。即，什么是社会主义，是社会主义的本质问题；怎样建设社会主义，是坚持什么样的路线、方针、政策的问题；以往社会主义实践中的挫折和失误，说到

① 参见《马克思恩格斯选集》（第1卷），北京：人民出版社，1995年版，第237、242页。

底，是理论上的失误，而理论上的失误，最根本的就是对“什么是社会主义，怎样建设社会主义”这个问题没有完全搞清楚。邓小平对此作了专门的论述，他指出：贫穷不是社会主义，发展太慢也不是社会主义；平均主义不是社会主义，两极分化也不是社会主义；计划经济不等于社会主义，市场经济也不等于资本主义，并进而提出社会主义本质的概念，“社会主义的本质，是解放生产力，发展生产力，消灭剥削，消灭两极分化，最终达到共同富裕。”① 从这些阐释社会主义本质的话语中，可以发现，其中明显祛除了有关计划经济、公有制等这些过去与社会主义本质属性密不可分的要素，同时给社会主义制度下实行市场经济设置了一定的存在空间，并进而为社会主义经济提供了一种除计划经济、公有制之外的新的选择机制。第二个阶段，是以爱国主义的广阔包容力，揭去长期以来贴在计划和市场上面的特定的制度标签，创建以利益为基础的社会秩序。从“文化大革命”中走出来的中国已经从深刻的教训中意识到，把国家孤立于国际共同体之外，只会导致国家的贫穷和落后。因此，当时尽管上层领导人之间仍时常有意见不同之处，但是（市场经济）全球化的过程却依然还是被看成是中国成为强大民族国家的必经之路，被竭尽全力地推进着。在推进的过程中，由于经济全球化在客观上不仅会造成经济的“去国家化”，而且也会给民族国家对公民社会的控制制造困难，于是，在决定输入（市场经济）全球化之前，中国的政治领导人首先要考虑的就是在面对改革开放之前国家意识形态中有关计划与社会主义本质属性的必然关联的内容的时候，如何为自身和公众论证这种输入的正当性。面对这一问题，“爱国主义”

---

① 《邓小平文选》（第3卷），北京：人民出版社，1993年版，第373页。

此时就成为一种意识形态的工具，发挥着至关重要的作用。即通过将爱国主义和全球主义这两个看似相互矛盾的“主义”进行调和的方式，来推动人们接受并鼓励（市场经济）全球化。那么，这种作用是如何发挥的呢？简单地说，就是让广大民众意识到，全球主义能够并且可以作为建设一个足以抵抗西方的强大中国的适时的手段，其方式就是通过发展经济来促成这一目标的实现。毋庸置疑，“经济发展”这一目标和诉求是国人在走出十年动乱以后就已经首先取得的共识。于是，为上至整个中国下至社会成员提供经济上的“出路”，以便通过提升经济实力带动政治地位的提高的方式，来实现民族和国家的繁荣富强，成为推进改革开放顺利进行的意识形态创新发展的内容和目的所在。在这样一种意识形态的牵引之下，民众的激情从政治利益逐渐转向了经济利益，整个社会也逐渐建构起以利益为基础的新秩序，中国开始由政治社会转向了经济社会。这样一种转变，即创造以利益为基础的社会秩序，在客观上不仅促进了中国国内经济的发展，同时也带来了很多政治上的好处：首先，构建以利益为基础的社会秩序比不是以利益为基础（比如各种形式的激情）的社会秩序，治理起来相对更为容易。因为受利益导向的个人行为显然要比受情感导向的行为更可预见。其次，在一个以利益为基础的社会秩序中，个人行为的稳定性和持续性也是可以预期的。因为当一个人在追求单一的物质利益的时候，他们的行为一般来说不会有剧烈的变化。第三，经济发展与以利益为基础的社会秩序的结合，可以使个人行为不断趋向和平。18 世纪法国启蒙时代思想家、法学家孟德斯鸠曾经说过，无论何地，如果有商业，那里人们的行为方式就会是温和的，这是一个一般的规则。第四，经济发展能够软化政治权力的强制性使用，能够消除掌权者的专断和权威主义的决策方式，使其尊重人民基本的经济自由权利。当然，事实也已经证明，改革开放三十多年来，中国领导人成功组织起的这样一种以利益为基础的社会秩序，在实践中确实带来了中国经济的快速发展和政治上的相对稳定。第三个阶段，就是在前两个阶段的铺垫之下，最终在中国共产党的第十四次全国代表大会上正式提出了“社会主义市场经济”这一概念，即“我国经济体制改革确定什么样的目标模式，是关系整个社会主义现代化建设全局的一个重大问题，这个问题的核心，是正确地认识和处理计划与市场的关系。……实践的发展和认识的深化，要求我们明确提出我国经济体制改革的目标是建立社会主义市场经济体制。”① 由此，“社会主义市场经济”被郑重地写入了中国的历史，以意识形态创新发展重要成就的面貌，成为了中国特色社会主义的内涵和特征之一，同时也为处于历史转折点的中华民族的伟大复兴指明了方向。

第四，丰富按劳分配的内涵。

马克思在阐明资本主义经济运动规律、揭示资本主义必然为社会主义所代替的历史趋势的基础上创立了按劳分配理论。在《哥达纲领批判》中，马克思进一步论证了在社会主义阶段，个人消费品必须实行按劳分配原则，即在共同占有生产资料为基础的社会里，除了自己的劳动，谁都不能提供其他任何东西，另一方面，除了个人消费资料，没有任何东西可以成为个人的财产。正是在这个意义上，在现实中建立的社会主义国家都将按劳分配看成是社会主义能够、并且一定要实现的最重要、最主要的原则。正如列宁所说的那样：“这个简单的，十分简单和明显不过的真理，包含了社会主义的基础，社会主义

① 江泽民在中国共产党第十四次全国代表大会上的报告［OL］. http://www.gov.cn/test/2008-07/04/content_1035850_2.htm。

力量的取之不尽的源泉，社会主义最终胜利的不可摧毁的保障。”[①] 然而，在按劳分配制度具体实施过程中，却由于一些错误思想的干扰，出现了一些偏差。这些错误思想主要就表现在，一是在1958年前后和“文化大革命”期间，我国曾出现过借口按劳分配是“资产阶级法权”而否定按劳分配原则的“左”的错误思潮，这一错误思潮严重干扰和影响了按劳分配原则在我国的贯彻实行；二是在建国以来的很长一段时间内，我国在消费资料的分配问题上始终存在一种误解，那就是，社会主义就是要平均，如果一部分社会成员的劳动收入比较多，出现了一定程度的差别，那就是两极分化，就是背离社会主义，于是，在这种思想的影响下，我国分配实践中平均主义现象十分突出，从而造成了企业吃国家“大锅饭”、职工吃企业“大锅饭”的局面，严重压抑了企业和广大职工群众的积极性、主动性和创造性，使本来应该生机盎然的社会主义经济在很大程度上失去了活力，最终造成了全国范围的共同贫穷。在这种情况之下，通过对我国社会主义建设经验教训的深刻反思，邓小平敏锐地觉察到，就我国社会主义制度的现实而言，我们是无法真正实行马克思、恩格斯所设想的经典式的按劳分配方式的，但同时，作为传统社会主义意识形态的重要内容，我们又必须对按劳分配原则持一以贯之的态度，因此，对于此时处于百废待兴局面的中国而言，我们必须实行植根于中国土壤的、适合中国国情的按劳分配制度，从而“刺激大家努力向上”，“使全国人民普遍过上小康生活”。显然，这就需要我们对按劳分配原则进行丰富和发展，赋予其符合中国国情和社会发展阶段的时代内涵，并以此完成在按劳分配问题上的拨乱反正。

---

① 《列宁全集》(第34卷)，北京：人民出版社，1985年版，第335页。

于是，针对国内否定按劳分配原则的“左”的思潮，邓小平重申按劳分配的性质是社会主义的、社会主义中国必须坚持按劳分配原则。事实上，早在1961年，邓小平在其主持制定的《国营工业企业工作条例（草案）》（简称《工业七十条》）中，就强调过社会主义分配原则是按劳分配，并对“大跃进”中把按劳分配当“资产阶级法权”批判的作法进行了纠正。之后，在数次谈话和一些重大场合，邓小平也仍然不断地强调和重申这一观点。如，1975年8月《关于发展工业的几点意见》的谈话中，他就明确指出：要“坚持按劳分配原则”，“这在社会主义建设中始终是一个很大的问题”①。1978年3月，在同国务院政策研究室负责同志的谈话中，他又说道：“按劳分配的性质是社会主义的，不是资本主义的”，“我们一定要坚持按劳分配的社会主义原则。”② 1980年8月，在《答意大利记者奥琳埃娜·法拉奇问》时，邓小平仍然强调：“按照马克思说的，社会主义是共产主义的第一阶段，这是一个很长的历史阶段，必须实行按劳分配，必须把国家、集体和个人利益结合起来，才能调动积极性，才能发展社会主义的生产。”③ 在主张必须坚持按劳分配原则的同时，邓小平还反复强调必须正确地贯彻按劳分配原则。即，一是按劳分配要体现差别，他说：“人的贡献不同，在待遇上是否应当有差别？……如果不管贡献大小，技术高低、能力强弱、劳动轻重，工资都是四五十块钱，表面上看来似乎大家都是平等的，但实际上是不符合按劳分配原则的，这怎么能调动人们的积极性？”④ “合格的管理人员、

---

① 《邓小平文选》（第2卷），北京：人民出版社，1994年版，第30页。

② 同上书，第101页。

③ 同上书，第351—352页。

④ 同上书，第30—31页。

合格的工人，应该享受比较高的待遇，真正做到按劳分配。”[①] 二是按劳分配是按劳动的数量和质量进行分配，而不是按政治态度分配，也不是按资格分配。也就是说，讲按劳分配，指的是多劳多得，少劳少得，不劳不得，根据这一原则，在评定职工工资级别时，就应该“主要是看他的劳动好坏、技术高低、贡献大小。政治态度也要看，但要讲清楚，政治态度好主要应该表现在为社会主义劳动得好，做出的贡献大。处理分配问题，如果主要不是看劳动，而是看政治，那就不是按劳分配，而是按政分配了。总之，只能是按劳，不能是按政，也不能是按资格。”[②] 三是按劳分配要建立严格的考核制度，并且各行各业都要这么做，对于职工提级也要根据考核的成绩，合格的就允许提级，不合格的就不提。

传统的社会主义意识形态中非常强调按劳分配的“劳动”要素，目的在于表达对资本主义不劳而获的坚决反对，因此，具有鲜明的政治色彩。虽然经过新中国成立以来的最初探索，我们已经明确，对新中国而言，时代最大的挑战不是不劳而获，而是如何保护和激励人民群众劳动的积极性和创造性，但是，如果此时我们转而突出按老分配中“劳动贡献”这一要素，就会引起分配的差异问题，并进而引发社会主义意识形态的解读问题。那么，应如何实现意识形态创新之后的平稳过渡呢？邓小平突破了“社会主义就是要平均”的思想障碍，创造性地提出了允许和鼓励一部分地区、一部分企业、一部分人先富起来的理论和政策。在 1978 年 12 月召开的中央工作会议上，邓小平提出：“在经济政策上，我认为要允许一部分地区、一部分企业、一部分工人农民，由于辛勤努力成绩大而收入先

① 《邓小平文选》（第 2 卷），北京：人民出版社，1994 年版，第 130 页。
② 同上书，第 101 页。

多一些，生活先好起来。一部分人生活先好起来，就必然产生极大的示范力量，影响左邻右舍，带动其他地区、其他单位的人们向他学习，这样就会使整个国民经济不断波浪式地向前发展，使全国各族人民都能比较快地富裕起来。”① 之后，邓小平又多次强调了这一思想。1980 年 1 月，他在《目前的形势和任务》的讲话中指出：“我们提倡按劳分配，对有特别贡献的个人和单位给予精神奖励和物质奖励；也提倡一部分人和一部分地方由于多劳多得，先富裕起来。这是坚定不移的。”② 1983 年 8 月，他在同国家计委、国家经委和农业部门负责同志谈话时又指出：“农村、城市都要允许一部分人先富裕起来，勤劳致富是正当的。一部分人先富裕起来，一部分地区先富裕起来，是大家都拥护的新办法，新办法比老办法好。”③ 1984 年 2 月，他在视察广东、福建、上海等地回京后同几位中央负责同志谈话中再次说道：“如果将来沿海地区搞好了，经济发展了，有了条件，收入就可以高一点，消费就可以增加一点，这是合乎发展规律的。要让一部分地方先富裕起来，搞平均主义不行。这是个大政策，大家要考虑。”④ 之后，随着改革开放实践的深入发展，邓小平的“部分先富”的思想和主张逐渐得到了全党的赞同和拥护。1984 年 10 月，党的十二届三中全会以决定的形式把“允许和鼓励一部分地区、一部分企业、一部分人依靠勤奋劳动先富起来”确定为党的一大政策。当然，因为共同富裕是社会主义生产的最终目的和社会主义分配的最高原则，所以，在允许“部分先富”的同时，一定还要注意防止和

① 《邓小平文选》（第 2 卷），北京：人民出版社，1994 年版，第 152 页。

② 同上书，第 258 页。

③ 同上书，第 23 页。

④ 同上书，第 52 页。

克服两极分化。在《一靠理想二靠纪律才能团结起来》的讲话中，邓小平就明确指出："社会主义的目的就是要全国人民共同富裕，不是两极分化。如果我们的政策导致两极分化，我们就失败了；如果产生了什么新的资产阶级，那我们说真是走了邪路了。"[①] 之后，1986 年 9 月，在接受美国记者迈克·华莱士电视采访时，邓小平进一步强调："但我们讲的致富不是你们讲的致富。社会主义财富属于人民，社会主义的致富是全民共同富裕。社会主义原则，第一是发展生产，第二是共同富裕。我们允许一部分人先好起来，一部分地区先好起来，目的是更好实现共同富裕。正因为如此，所以我们的政策是不使社会导致两极分化，就是说，不会导致富的越富，贫的越贫。坦率地说，我们不会容许产生新的资产阶级。"[②]

邓小平以非凡的政治勇气和理论勇气对社会主义个人收入分配理论进行的大胆突破，不仅体现在既要坚持按劳分配原则，又要正确贯彻按劳分配原则；既要打破平均主义，又要注意防止和克服两极分化；既要允许和鼓励一部分人先富起来，又要坚持走共同富裕的道路；同时更体现在他提出，既要坚持按劳分配为主体，又要允许其他分配方式存在和发展的观点之上。如前所述，改革开放以前，由于我国一直都把按劳分配看成是社会主义国家唯一的分配方式，因而，从理论和实践上都极力排斥其他分配方式的存在和发展。经过建国后 30 多年的社会主义建设实践，在总结经验教训的基础上，以邓小平为代表的中国共产党人越来越深刻而清醒地认识到：在所有制上，现实社会主义中国不可能实行单一的公有制，而只能是在以公有制为主体的前提下发展多种经济成分；相应地，在分配上，

① 《邓小平文选》（第 3 卷），北京：人民出版社，1993 年版，第 111 页。
② 同上书，第 172 页。

现实社会主义中国也不可能实行单一的按劳分配方式，而只能是在以按劳分配为主体的前提下实行多种分配方式。原因很简单，因为我国是由半殖民地半封建社会脱胎而来，所以经济发展不平衡，除了社会主义公有制经济在国民经济中占主导地位之外，还存在一定数量的非社会主义性质的个体经济、私营经济和外资经济等非公有制经济，这就决定了我们在实行以按劳分配为主体的分配形式的同时，还必须根据现实社会生产力的发展状况，允许其他分配形式的存在。1981 年 6 月，在党的十一届六中全会上通过的《关于建国以来党的若干历史问题的决议》中，对此进行了初步的阐述：国营经济和集体经济是我国基本的经济形式，一定范围的劳动者个体经济是公有制经济的必要补充。必须实行适合于各种经济成分的具体管理制度和分配制度。之后，在 1987 年 10 月召开的党的十三大第一次会议上就明确提出：社会主义初级阶段的分配方式不可能是单一的。我们必须坚持的原则是，以按劳分配为主体，其他分配方式为补充。与此同时，这次大会还首次明确地提出了允许合法的非劳动收入的存在，即除了按劳分配这种主要方式和个体劳动所得以外，企业发行债券筹集资金，就会出现凭债权取得利息；随着股份经济的产生，就会出现股份分红；企业经营者的收入中，包含部分风险补偿；私营企业雇用一定数量劳动力，会给企业主带来部分非劳动收入。以上这些收入，只要是合法的，就应当允许。

第五，扛起民主法治的大旗。

除了“思想解放”、“实事求是”以外，“民主法治”是邓小平复出后扛起的第三面大旗。早在党的十一届三中全会召开前夕的中央工作会议上，邓小平就曾经明确指出：“首先是解放思想”，而“民主是解放思想的重要条件”，“当前这个时期，特别需要强调民主”，“一个革命政党，就怕听不到人民的声音，最可怕的是鸦雀无声”，“要切实保障工人农民个人的民主权利，包括民主选举、民主管理和民主监督”，“为了保障人民民主，必须加强法制。必须使民主制度化、法律化，使这种制度和法律不因领导人的改变而改变，不因领导人的看法和注意力的改变而改变”，要“做到有法可依，有法必依，执法必严，违法必究”，“国要有国法，党要有党规党法。党章是最根本的党规党法”①。由此可见，在邓小平看来，思想解放是前提，实事求是是根本，民主法治则是条件和关键。其中，实行人民民主专政，发扬人民民主，健全社会主义法制，并且把民主与法制有机地结合起来，是邓小平政治法律思想的重要内容和特征。

马克思恩格斯在《共产党宣言》中曾经指出：工人革命的第一步就是使无产阶级上升为统治阶级，争得民主。列宁也曾经指出：无产阶级专政，向共产主义过渡的时期，将第一次提供给人民享受的、大多数人享受的民主，同时对少数人即剥削者实行镇压。毛泽东则是结合我国的具体情况，提出要建立人民民主专政。在社会主义建设的新时期，邓小平继续坚持了人民民主专政的理论，并且还在人民民主专政的具体方式上实行了变革，改变了已往的“人治”和群众性政治运动的作法，提出通过加强社会主义民主与法制建设，对人民实行民主，对敌人实行专政，从而把人民民主专政同发扬人民民主和加强社会主义法制有机结合起来。

事实上，早在 1957 年，毛泽东曾在《关于正确处理人民内部矛盾问题》一文中认为民主这个东西，有时看起来是目

① 《邓小平文选》（第 2 卷），北京：人民出版社，1994 年版，第 141—147 页。

的，实际上只是一种手段。然而，这种作为治国手段意义上的民主，在新中国成立以后的社会主义建设实践中，却常常被人们忽视，直至最后演变为“文化大革命”无政府主义的“大民主”。对此，邓小平在总结我国社会主义胜利和挫折的历史经验的基础上，明确提出“没有民主就没有社会主义，就没有社会主义的现代化”[①] 的科学论断，认为民主不仅仅是方法和手段，更重要的是目的——“民主是我们的目标”[②]，同时，民主也是国家根本制度，因为缺失民主的社会主义和社会主义现代化就不是社会主义和社会主义现代化。

其中，就民主本身而言，在邓小平看来，至少应包括以下几个方面的内容：（1）政治上的民主。“我们进行社会主义现代化建设，是要在经济上赶上发达的资本主义国家，在政治上创造比资本主义国家的民主更高更切实的民主。”“政治上，充分发扬人民民主，保证全体人民真正享受通过各种有效形式管理国家、特别是管理基层地方政权和各项企业事业的权力，享有各种公民权利，健全革命法制，正确处理人民内部矛盾，打击一切敌对力量和犯罪活动，调动人民群众的积极性，巩固和发展安定团结、生动活泼的政治局面。”[③]（2）经济上的民主。在1978年12月13日的一次中央工作会议上，邓小平曾专门论述过经济民主的问题，他说：“现在我国的经济管理体制权力过于集中，应该有计划地大胆下放，否则不利于充分发挥国家、地方、企业和劳动者个人四个方面的积极性，也不利于实行现代化的经济管理和提高劳动生产率。应该让地方和企业、生产队有更多的经营管理和自主权。……当前最迫切的是扩大

① 《邓小平文选》（第2卷），北京：人民出版社，1994年版，第168页。
② 《邓小平文选》（第3卷），北京：人民出版社，1993年版，第285页。
③ 《邓小平文选》（第2卷），北京：人民出版社，1994年版，第282页。

厂矿企业和生产队的自主权，使每一个工厂和生产队能够千方百计地发挥主动创造精神。……同样，要切实保障工人农民个人的民主权利，包括民主选举、民主管理和民主监督。"[①]（3）文化上的民主。在天安门事件平反之后，邓小平就明确指出："对于思想问题，无论如何不能用压服的办法，要真正实行'双百'方针。一听到群众有一点议论，尤其是尖锐一点的议论，就要追查所谓'政治背景'、所谓'政治谣言'，就要立案，进行打击压制，这种恶劣作风必须坚决制止"；"我们要创造民主的条件，要重申'三不主义'：不抓辫子，不扣帽子，不打棍子。在党内和人民内部的政治生活中，只能采取民主手段，不能采取压制、打击的手段。宪法和党章规定的公民权利、党员权利、党委委员的权利，必须坚决保障，任何人不得侵犯。"[②]

当然，民主不可能凭空实现。为此，邓小平进一步提出，为了保障人民民主，就必须加强法制，即必须使民主制度化和法律化，使这种制度和法律不因领导人的改变而改变，不因领导人的看法和注意力的改变而改变。正如他强调指出的那样，"社会主义民主和社会主义法制是不可分的，不要社会主义法制的民主，不要党的领导的民主，不要纪律和秩序的民主，决不是社会主义民主。相反，这只能使我们的国家再一次陷入无政府状态，使国家更难民主化，使国民经济更难发展，使人民生活更难改善。"[③] 无疑，民主的制度化和法律化，是一项艰巨而又长期的系统工程。要完成这项工作，一方面要完善各项民

---

① 《邓小平文选》（第2卷），北京：人民出版社，1994年版，第145—146页。

② 同上书，第144、145页。

③ 同上书，第359—360页。

主制度，把社会主义民主纳入制度化、法律化的轨道，把各项民主权利，首先是人民当家作主、管理国家事务和其他民主权利，用国家制度和法律的形式加以确认，并使之系统化；另一方面要运用行政和司法的手段，使人民的民主权利受到保护和尊重，违反法律的行为必须受到法律的严厉制裁。

邓小平曾经在总结经验教训的基础上明确指出："我们这个国家有几千年封建社会的历史，缺乏社会主义的民主和社会主义的法制。现在我们要认真建立社会主义的民主制度和社会主义法制。只有这样，才能解决问题。"① "斯大林严重破坏社会主义法制，毛泽东同志就说过，这样的事件在英、法、美这样的西方国家不可能发生。他虽然认识到这一点，但是由于没有在实际上解决领导制度问题以及其他一些原因，仍然导致了'文化大革命'的十年浩劫。这个教训是极其深刻的。""我们过去发生的各种错误，固然与某些领导人的思想、作风有关，但是组织制度、工作制度方面的问题更重要。这些方面的制度好可以使坏人无法任意横行，制度不好可以使好人无法充分做好事，甚至会走向反面。"② 因此，"还是要靠法制，搞法制靠得住些。"③ 即，就是要对党和国家的领导制度进行改革，改变那种凭领导人主观意志决定一切的人治传统，代之以制度的法律化、规范化。与此同时，邓小平还就执政党要学会依法办事、接受监督的问题作出过明确的指示。他提出要通过深化政治体制和行政体制改革，处理好党和政府的关系，实行党政分开、政企分开、政事分开、政社分开，逐步做到从制度上保证党和国家政治生活的民主化、经济管理的民主化、整个社会生

① 《邓小平文选》（第2卷），北京：人民出版社，1994年版，第348页。

② 同上书，第333页。

③ 同上书，第379页。

活的民主化。要求全党同志和全体干部按照宪法、法律、法令办事，学会使用法律武器（包括罚款、重税一类经济武器）同反党反社会主义的势力和各种刑事犯罪分子进行斗争，并将这一要求看成是现在和今后发展社会主义民主、健全社会主义法制的过程中全党同志和全体干部必须尽快学会处理的新课题。

此外，“共产党要接受监督”也是由邓小平提出并着力关注的一个民主与法治范畴内的重要命题。邓小平将其看成是十分迫切和现实的问题。他在《共产党要接受监督》一文中明确指出：“宪法上规定了党的领导，党要领导得好，就要不断克服主观主义、官僚主义、宗派主义，就要接受监督，就要扩大党和国家的民主生活。如果我们不受监督，不注意扩大党和国家的民主生活，就一定要脱离群众，犯大错误。因为如果我们关起门来办事，凭老资格，自以为这样就够了，对群众、对党外人士的意见不虚心去听，就很容易使自己闭塞起来，考虑问题产生片面性，这样非犯错误不可。”[①] 因此，要让群众和党员监督干部，特别是领导干部。

总之，在这样一种有关社会主义民主与法治观念和思想的引领之下，指导我国社会主义建设的意识形态实现了一次重大推进，中国社会发展的宏伟蓝图也就此作出了重大调整。因为民主法治不只意味着一种制度化的领导者的民主选举（选拔）程序和民主决策程序，同时更意味着我国从“人治”到“法治”的历史性转变，特别是随着健全的民主管理制度和民主监督制约机制的建立和日益完善，“有法可依、有法必依、执法必严、违法必究”的社会主义法制原则也随之建立起来。

---

① 《邓小平文选》（第1卷），北京：人民出版社，1994年版，第270页。

三、邓小平对意识形态工作的理论和实践贡献

从“极左”思潮的危害中走出来的党的第二代中央领导集体，并没有就此否定意识形态的作用甚至忽视事实上存在的意识形态领域的斗争。正如邓小平在《对起草关于建国以来党的若干历史问题的意见》中指出的那样，“1957 年的反右斗争还是要肯定。三大改造完成以后，确实有一股势力、一股思潮是反社会主义的，是资产阶级性质的。反击这股思潮是必要的。我多次说过，那时候有的人确实杀气腾腾，想要否定共产党的领导，扭转社会主义方向，不反击，我们就不能前进。”①

作为党和国家老一辈的无产阶级革命家，邓小平担任过党、国家和军队的一系列重要职务，一直以来，即便在不同的历史时期、不同的工作岗位，邓小平对意识形态工作也都给予了高度的重视。抗日战争时期，在担任八路军 129 师政治委员的时候，他就在《动员新兵及新兵政治工作》中充分肯定了宣传鼓动工作的积极作用，他说：“经过广泛深入的宣传后，民众的抗日热情很快地激发起来，自动加入军队的踊跃，是大大超过强征的效果。”② 并以此要求宣传队“要进行战时宣传鼓动工作，在任何情况下都应不间断地进行宣传鼓动工作。”③ 解放战争时期，在贯彻中共中央关于土改和整党工作指示的时候，他同样强调：“历来的经验证明，展开充分的宣传活动，扩大党的全部正确政策的宣传，揭露敌人的欺骗和罪恶，首先在群众中建立和占领思想阵地，这对新区战胜敌人和发动群众

---

① 《邓小平文选》（第 2 卷），北京：人民出版社，1994 年版，第 294 页。
② 《邓小平文选》（第 1 卷），北京：人民出版社，1993 年版，第 3 页。
③ 同上书，第 29 页。

关系极为重大。”[①] 解放初期，在西南区工作的时候，邓小平依然十分明确：“拿笔杆是实行领导的主要方法。领导同志要学会拿笔杆。”“任何政策如果只同干部见面，不同群众见面，是不能发生效果的。……出报纸、办广播，出刊物和出小册子，而又能做到密切联系实际，紧密结合中心任务，这在贯彻实现领导意图上，就比其他方法更有效、更广泛，作用大得多。”[②] 改革开放以后，作为我们党第二代中央领导集体的核心，邓小平在总揽全局的工作中，依然把意识形态工作放在了非常重要的地位。他强调指出：“我们一定要把思想政治工作放在非常重要的地位，切实认真做好，不能放松。这项工作，各级党委要做，各级领导干部要做，每个党员都要做。要做得有针对性、细致深入和为群众所乐于接受。”[③] 特别是在“工作重心转移到经济建设以后，全党要研究如何适应新的条件，加强党的思想工作，防止埋头经济工作、忽视思想工作的倾向。”[④] 同时，他还以一名老共产党员的经验谆谆告诫全党：“过去我们党无论怎样弱小，无论遇到什么困难，一直有强大的战斗力，因为我们有马克思主义和共产主义的信念。有了共同的理想，也就有了铁的纪律，无论过去、现在和将来，这都是我们的真正优势。”[⑤] 因此，我们必须“抓精神文明建设，抓党风、社会风气好转，必须狠狠地抓，一天也不放松地抓，从具体事情抓起。”[⑥] 在高度重视意识形态工作重要地位和作用的同时，邓小平还牢牢地把握住意识形态工作的正确方向，并在此基础上

① 《邓小平文选》（第1卷），北京：人民出版社，1993年版，第113页。

② 同上书，第145—146页。

③ 《邓小平文选》（第2卷），北京：人民出版社，1993年版，第342页。

④ 《邓小平文选》（第3卷），北京：人民出版社，1993年版，第48页。

⑤ 同上书，第144页。

⑥ 同上书，第152页。

提出了一系列指导我国意识形态工作的方针和原则，为我国意识形态工作在理论和实践方面做出了杰出的贡献。

牢牢把握意识形态工作的正确方向，坚持马克思主义意识形态的主导性，保证中国共产党执政合法性的基础。“文化大革命”结束以后，中国面临着向何处去的重大历史抉择，在意识形态领域，又同时面临着来自“左”倾错误思想的威胁和来自资产阶级自由化及腐朽思想文化的侵袭。面对如此情况，如果意识形态工作稍有偏差闪失，那么就会给我国现代化建设造成重大损失。对此，邓小平首先通过领导和支持真理问题大讨论，冲破了“两个凡是”的思想禁锢，确定了解放思想、实事求是的马克思主义思想路线。作为我们立党立国的根本指导思想和社会主义意识形态的旗帜、灵魂，马克思主义始终是我们立党立国的根本指导思想。因此，坚持和巩固马克思主义在我国意识形态领域的指导地位，是党和人民团结一致，始终沿着正确方向前进的根本思想保证。在实际工作中，要坚持马克思主义为指导，既要遵循马克思主义的基本原则，同时又要结合中国实际，解放思想、实事求是，根据当前的情况和实际，认识、继承和发展马克思主义，不断开拓马克思主义理论的新境界。正如邓小平所说：“决不能要求马克思为解决他去世之后上百年、几百年所产生的问题提供现成答案。列宁同样也不能承担为他去世以后五十年、一百年所产生的问题提供现成答案的任务。真正的马克思列宁主义者必须根据现在的情况，认识、继承和发展马克思列宁主义。”“革命是这样，建设也是这样。在革命成功后，各国必须根据自己的条件建设社会主义。固定的模式是没有的，也不可能的。”① 其次，通过科学评价毛

① 《邓小平文选》（第3卷），北京：人民出版社，1993年版，第42—43页。

泽东的历史地位，正确地对待毛泽东的政治遗产，坚定不移地高举毛泽东思想的旗帜，为新一代领导集体获得执政合法性打下坚实的基础。很明显，在当时的历史条件下，对毛泽东的评价，对毛泽东思想的阐述，已经不仅仅是涉及毛泽东一个人的问题，而是直接关系到党和国家的前途命运，所以，这不只是个理论问题，尤其还是个政治问题，是国际国内的很大的政治问题。对此，在倾注了邓小平极大心血、经过反复修改、在党的十一届三中全会上通过的《中共中央关于建国以来党的若干历史问题的决议》中明确指出，要把毛泽东同志晚年的错误同经过实践检验证明是正确的作为科学体系的毛泽东思想区别开来。这一指示不仅反对了那种因毛泽东犯了错误就要否定毛泽东和毛泽东思想的右的错误倾向，而且也反对了那种不愿实事求是承认毛泽东犯了错误甚至还要继续坚持这种错误的“左”的错误倾向，为党的意识形态工作留下了一份宝贵的遗产。第三，将四项基本原则视为社会主义意识形态的集中体现，旗帜鲜明地提出必须在思想上和政治上坚持四项基本原则，从而明确了我国的立国之本。邓小平明确指出，政治权力的合法性并不是以抛弃社会主义意识形态基础为代价的，相反，一致化的意识形态既是一种生存和发展的社会环境，同时也是取得政治合法性的重要政治基础。因此，经济建设必须以四项基本原则为政治界限，这是新时期意识形态工作的党性原则，“决不允许在这个根本立场上有丝毫动摇”[①]。第四，坚持不懈地强调两手抓，两手都要硬，大力推进社会主义精神文明建设。邓小平始终强调，社会主义精神文明是社会主义的重要特征，是社会主义现代化建设的重要目标和重要保证，只有物质文明和精神

① 《邓小平文选》（第2卷），北京：人民出版社，1994年版，第173页。

文明都搞好，才是中国特色的社会主义。对此，他反复告诫领导干部要“两手抓，两手都要硬”，“所谓两手，即一手抓建设，一手抓法制”[①]，“一手抓改革开放，一手抓严厉打击经济犯罪，包括抓思想政治工作。这就是两点论。”[②] 可以说，正是这“两手抓，两手都要硬”的指导思想，才使我国的社会主义现代化建设既实现了经济的快速发展，同时也实现了社会的全面进步。

在牢牢把握意识形态工作正确方向、坚持马克思主义意识形态主导性的同时，邓小平还确定了一系列指导我国意识形态工作的重大原则和方针。

第一，邓小平强调意识形态工作必须以经济建设为中心，要服务于全党全国工作的大局。十一届三中全会确立了一心一意搞现代化的政治路线，从而把党和国家的工作中心转移到了经济建设上来，并作出了改革开放的战略部署。其中，强调以经济建设为中心，说的就是党和国家的各项工作都要服从和服务于这个中心，因此，对意识形态工作而言，也不例外，即，“经济工作是当前最大的政治，经济问题是压倒一切的政治问题。不只是当前，恐怕今后长期的工作重点都要放在经济工作上面。”[③]

第二，明确指出我国意识形态工作的根本方向在于唱响主旋律、打好主动仗、为人民服务、为社会主义服务。“为人民服务、为社会主义服务”是继毛泽东延安文艺座谈会讲话，在十一届三中全会以后，我党提出的又一有关文艺工作的根本问题和原则问题，说到底，就是文艺工作的根本方向问题。当

---

① 《邓小平文选》（第3卷），北京：人民出版社，1993年版，第154页。
② 《邓小平文选》（第2卷），北京：人民出版社，1993年版，第306页。
③ 同上书，第194页。

然，这一根本问题和原则问题不仅是对文艺工作而言，同时也是对整个意识形态工作而言。因此，“为人民服务、为社会主义服务”同样也是整个意识形态工作的根本方向。也就是说，“任何进步的、革命的文艺工作者都不能不考虑作品的社会影响，不能不考虑人民的利益、国家的利益、党的利益。培养社会主义新人就是政治。”①

第三，明确提出要坚定不移地贯彻执行百花齐放、百家争鸣的方针，坚持社会主义意识形态多样性。“百花齐放、百家争鸣”是毛泽东提出和倡导的，同时也是我们党和国家在社会主义文化事业中的基本方针。但是，这一方针从提出到“文化大革命”结束，却一直都没能得到很好的贯彻和执行。对此，在党的十一届三中全会以后，邓小平就多次重申这一方针，并强调对于思想问题，无论如何都不能用压服的方法，“双百”方针不能变、不能丢，要永远坚持。“我们要继续坚持毛泽东同志提出的文艺为最广大的人民群众、首先为工农兵服务的方向，坚持百花齐放、推陈出新、洋为中用、古为今用的方针，在艺术创作上提倡不同观点和学派的自由争论”②，以此使思想文化大大活跃起来，繁荣和发展社会主义的科学和文化。此外，针对社会主义现代化建设和社会主义市场经济发展过程中，多种意识形态成分并存的客观事实，邓小平强调必须坚持四项基本原则，但同时，对于现实生活中不同层次人们的意识形态倾向，要认真对待，要对他们进行教育、团结、允许他们进行思考，让事实说话，让事实来解决这一问题。如果一些问题暂时不能解决，也可以留给将来解决。对此，他曾经说过，“不争论，是我的一大发明。不争论，是为了争取时间干。一

① 《邓小平文选》（第2卷），北京：人民出版社，1993年版，第209页。

② 同上书，第210页。

争论就复杂了，把时间就争掉了，什么也干不成。不争论，大胆地试，大胆地闯。”[1] 此外，根据时代和世界环境的变化，以及中国社会主义建设的实际情况，邓小平还提出了有关社会主义意识形态主导性与多样性统一的思想，即，一方面，批判继承中华民族传统文化，特别是以“求同存异”的精神扬弃吸收资本主义文化[2]，同时，另一方面，对待西方文化和民族传统文化，“属于文化领域中的东西，一定要用马克思主义对它们的思想内容和表现方法进行分析，借鉴和批判”[3]，通过秉持开放和求同存异的态度和精神，建议“一元主导”和“多样性”和谐共处的社会主义意识形态格局，并用主流意识形态引导各种非主流意识形态，并在与非主流意识形态的碰撞争鸣中得到不断的丰富和发展。

第四，强调要切实加强和改善党对意识形态工作的领导。对此，邓小平始终强调：“必须大力加强党对思想战线的领导”，“从中央到地方，各级党委的主要负责人一定要重视理论界文艺界以及整个思想战线的情况、问题和工作。”[4] 其中，对于意识形态领域的一些具体工作，邓小平也提出了明确和具体的要求。对于思想理论工作，邓小平提出：“今后要求从中央起，各级党委一定要把思想理论工作放在正确轨道和重要地位上。我们是一个马克思主义的大党，我们自己不重视马克思主义的研究，不按照实践的发展来推动马克思主义的前进，我们的工作还能够做得好吗？我们讲高举马列主义、毛泽东思想的

---

① 《邓小平文选》（第3卷），北京：人民出版社，1993年版，第374页。

② 参见郑永廷等著：《社会主义意识形态研究》，广州：中山大学出版社，1994年版，第205页。

③ 《邓小平文选》（第3卷），北京：人民出版社，1994年版，第111页。

④ 同上书，第45页。

旗帜，不就成了说空话了吗？"[①] 因此，"我们思想理论战线的同志们一定要赶快组织力量，订好计划，在尽可能短的时间里陆续写出并引出一批有新内容、新思想、新语言的有分量的论文、书籍、读本、教科书来，填补这个空白。"[②] 对于思想政治教育工作，"我们一定要把思想政治工作放在非常重要的地位，切实认真做好，不能放松。这项工作，各级党委要做，各级领导干部要做，每个党员都要做。"[③] 同时把思想政治教育工作看成是社会主义意识形态建设的重要途径，把思想政治工作提倡革命精神同关心、解决人民群众的物质利益结合起来，加强正反两个方面的宣传教育，一方面"教育全党同志发扬大公无私、服从全局、艰苦奋斗、廉洁奉公的精神，坚持共产主义思想和共产主义道德"[④]，另一方面"继续批判和反对封建主义在党内外思想政治方面的种种残余影响"，"同时要批判和反对崇拜资本主义、主张资本主义自由化的倾向，批判和反对资产阶级损人利己、唯利是图、'一切向钱看'的腐朽思想，批判和反对无政府主义、极端个人主义"[⑤]。最后，对于文艺工作，"各级党委都要领导好文艺工作。党对文艺工作的领导，不是发号施令，不是要求文学艺术从属于临时的、具体的、直接的政治任务，而是根据文学艺术的特征和发展规律，帮助文艺工作者获得条件来不断繁荣文学艺术事业，提高文学艺术水平，创作出无愧于我们伟大人民、伟大时代的优秀文学艺术作品和表演艺术成果。"[⑥]

---

① 《邓小平文选》（第2卷），北京：人民出版社，1993年版，第181页。

② 同上书，第180页。

③ 同上书，第342页。

④ 同上书，第367页。

⑤ 同上书，第368—369页。

⑥ 同上书，第213页。

第三节　先进性追问下的道路自省

对于20世纪80年代的中国，人们往往将其称为邓小平时代，因为在这一时期，邓小平在坚持社会主义道路的前提下对社会主义提出了新的理解。他强调，社会主义是经济发展、人民富裕的社会主义，是改革开放的社会主义，是主张和平的社会主义。正是在这一理念的牵引之下，中国开始大踏步地向前发展，跟上了时代前进的步伐。时间到了1989年的6月24日。这一天中央电视台《新闻联播》播出了这样一条新闻：中国共产党第十三届中央委员会第四次全体会议6月23日至24日在北京召开，全会对中央领导机构的部分成员进行了必要的调整。选举江泽民同志为中央委员会总书记，增选江泽民、宋平、李瑞环同志为中央政治局常务委员会委员，决定增补李瑞环、丁关根同志为中央书记处书记。由此，中国自90年代开始就进入了以江泽民为核心的领导时期。这一时期，江泽民不仅继承了邓小平的路线、高举起邓小平理论的旗帜，同时在此基础上也促进了意识形态的新的发展。从而使中国的现代化建设取得了突飞猛进的发展。至2000年，我国的国内生产总值就达到了一万多亿美元，人均国内生产总值也增至约800美元，顺利完成了邓小平提出的第二步发展战略目标。

一、延续与坚持的智慧

了解历史的同志应该知道，江泽民其实是在国际国内风云变幻的特殊历史时刻走上中国共产党第三代中央领导集体核心岗位的，因此，可以说是受命于危难之际。但与此同时，我们也必须认识到，恰恰就是因为时代环境与邓小平时期相比发生了显著变化，才引发了我国社会主义意识形态的又一轮创新。

首先是国际环境的变化。从 1989 年 6 月江泽民当选为总书记起之后的十来年间，可以说，世界发生了自 20 世纪下半叶以来最大的变化。关于这一变化，冷溶在其《江泽民领导下的中国——十年回顾和新世纪的展望》一文中，将其概括为三个方面，即：政治格局多极化、经济全球化、科技信息化[①]。所谓政治格局多极化着重指的是，人类社会进入 20 世纪 90 年代以后，随着苏联的解体，两极格局也就此结束，世界开始了多极化的进程，大国关系重新调整，一些过去被掩盖的如地区冲突和民族宗教等问题开始暴露出来，新的霸权主义强权政治有所抬头。当然，国际政治格局的这种变化所带来的影响，对于社会主义国家而言，显得尤为巨大，所导致的形势也更为严峻。因为苏联的解体使传统的社会主义模式逐步丧失了活力，许多社会主义国家因此在探索新的发展道路中陷入了迷途。但就在此时，西方一些国家却借此时机对社会主义国家加紧了西化、分化的攻势。

当然，苏联的解体带来的不仅仅是世界范围政治格局的变化，同时，由于东西方经济相互往来的重要障碍在此时也被消除，因此，全球的经济联系相较于过去也变得更加密切。特别是随着跨国公司的生产经营和规模的迅速发展，经济全球化的进程也在不断地推进。其中，为此推波助澜的一个重要因素就是信息化的发展。因特网的发明和应用破除了国与国之间的障碍，使一个国家几乎不可能再封闭锁国。同时，生产要素的流转速度也因为信息化的发展而被空前加快，可以看到，即使是

① 参见《江泽民领导下的中国——十年回顾和新世纪的展望》［OL］. http：//www. people. com. cn/GB/guandian/29/173/20010706/505085. html。

上百亿美元的资金也能借助高科技的信息化手段在转瞬之间绕世界一周，国际贸易、跨国投资和国际金融得到了迅速的发展。

与信息化相辅相成、相伴而生的还有科学技术的突飞猛进，它不仅带来了生产力的巨大进步，同时也造成了产业结构的重大调整，农业和工业的比例都在大大减少，而以服务性行业为主的第三产业的比例却在大大增加，传统的工业被迅速地淘汰，高新技术产业却得到巨大发展。

在国际社会发生重大变化和调整的时候，进入20世纪90年代的中国社会也在发生着深刻的变化。

首先，在国际大气候的影响之下，中国国内也产生了一股资产阶级自由化的小气候，并最终酿成了1989年发生于北京的政治风波。西方国家便以此为借口纷纷宣布制裁中国，国际上各种政治势力掀起的反华声浪甚嚣尘上，西方社会出现了一片“历史终结”的欢呼，期待中国成为继苏联之后倒下的下一张多米诺骨牌。

其次，在告别实行了四十多年的计划经济体制之后，中国确立了社会主义市场经济，并由此带来了一系列的新情况。众所周知，是邓小平首先提出了社会主义也可以搞市场经济。而至于“社会主义市场经济”这一概念，则是由江泽民在1992年6月的中央党校的讲话中明确提出的。之后，在1992年10月12日召开的中共第十四次全国代表大会上，江泽民进一步指出，我国经济体制改革确定什么样的目标模式，是关系到整个社会主义现代化建设全局的一个重大问题，这个问题的核心，是正确地认识和处理计划与市场的关系；实践的发展和认识的深化，要求我们明确提出我国经济体制改革的目标是建立社会主义市场经济体制。由此可见，对于以江泽民为核心的党的第三代中央领导集体而言，他们遇到并需要解答的新问题就聚焦到了如何建立社会主义市场经济之上了。事实上，这是一个复杂的问题，同时也是一个艰巨的任务。如何在推进改革的过程中保证社会的发展与稳定，这是中国的发展在进入关键时期、改革进入攻坚阶段、社会生活发生重大变化的时刻，中国共产党必须面对和着力解决的问题。无疑，相对于 80 年代破计划经济体制的改革而言，目前这场立市场经济的改革，与前者有着非常显著的差别。它涉及到了从经济基础到上层建筑的全方位的巨大而深刻的变革。而这其中所涉及的每一个问题可以说都不是那么简单和轻而易举能够解决的。特别是在推进改革的过程中产生的一些诸如国有企业改革、意识形态争论、城市的新贫困、农民的权益问题、腐败问题、人口和就业问题、资源和环境污染问题等等，都是对中国共产党严峻的考验。再加之邓小平、陈云、王震、李先念、彭真等老一辈革命家在 1997 年前后相继过世，革命元老主导中国政治生活的历史时代宣告终结。于是，对于中国而言，无疑又再次走到了一个决定历史命运的时刻。对于这个时刻，正如基辛格当年对邓小平所说的那样，如果你们成功了，那么将会给资本主义和社会主义共同提出一个哲学问题。对于这个问题，中国共产党这次又该如何应对呢？

在做出解答之前，我们不妨来比较一下分崩离析之前的苏联究竟是一个怎么样的状况。美国马萨诸塞大学经济学教授大卫·科兹在清华大学曾经做关于苏联解体问题的演讲，其中列举了这样两组非常具有对比意义的数据：苏联曾经搞过多次民意测验，测验结果表明，在广大民众中赞成搞资本主义的只占 5—20%。1991 年 5 月进行的、由美国操作的最大的一次民意测验（在苏联的欧洲部分进行）的抽样人口中，10% 赞成改革前的社会主义；36%赞成更多民主的社会主义；23%赞成瑞典式的社会主义；只有17%赞成自由市场的资本主义。然而，同样的问题在苏联解体前的苏联共产党的上层精英里，却完全是另外一个结果。在这些人之中，只有9.6%赞成共产主义和民族主义，12.3%赞成民主社会主义；而赞成资本主义的社会形态的比例却高达76.7%；取其他态度的占1.4%。显然，苏共上层精英的态度与人民群众的态度形成了鲜明的对比，可是，不要忘了，这些人才实实在在的是决定国家意识形态的主要力量，同时也实实在在地掌握着实现转向资本主义的权力。后来的事实证明，这些人通过与其他集团结盟，与黑社会、富翁、城市知识分子的一部分结盟，最终夺取了政权，建立了资本主义。最后，大卫·科兹教授从苏联解体的教训中总结说：这并不证明社会主义制度不可行，它告诉我们，社会主义要长久，必须使从社会主义得到好处的人同时得到权力，人民必须有真正的主权。①

苏联的解体对于国际共产主义事业而言无疑是一个沉重的打击，但对于社会主义中国而言却不能仅仅只看成是一个打击，而应确实地将其看成是一个深刻的教训。于是，我们看到，同样是面对西化、分化的攻势，同样是时处伟人逝去的转折点，面对未来的不确定，拿过接力棒的中国共产党的第三代中央领导集体却非常智慧地完成了一次顺利的衔接，从而保证了社会主义制度的稳定和中国社会的稳定。也就是说，他们以坚定不移、毫不动摇的态度延续了社会主义意识形态的基本符号体系，以全面执行、一以贯之的坚决消解了人们的疑惑和对

① 参见《苏联解体的原因究竟是什么？——美国马萨诸塞大学经济学教授大卫·科兹在清华大学的讲演录》［OL］. http://news.ifeng.com/history/special/sulian1977/200908/0818_7734_1308218.shtml。

未来的不确定性，从而在保证政策延续性的基础上使改革得以顺利推进、社会得以平稳发展。

当然，正是因为是“衔接”，所以它必定是一项承上启下的工作。也就是说，在此过程中，我们不能忽视一代伟人邓小平以其敏锐的洞察力和卓越的领导能力所发挥的关键性的作用。

1985 年，邓小平在接受迈克·华莱士采访的时候曾经说过：“如果我在去世前退休，这会有助于实现现行政策的连续性。”四年后，即 1989 年 6 月 16 日，他又再次说道：“我不希望在新的政治局、新的常委会产生以后再宣布我起一个什么样的作用。为什么这样？这不是因为我谦虚或别的什么。现在看起来，我的分量太重，对国家和党不利，有一天就会很危险。国际上好多国家把对华政策放在我是不是病倒了或者死去了上面。我多年来就意识到这个问题。一个国家的命运建立在一两个人的声望上面，是很不健康的，是很危险的。不出事没问题，一出事就不可收拾。”同年，邓小平就辞去了他担任的中共中央军委主席的职务，这也是他担任的最后一个职务。在辞职信中，邓小平这样写道：“党的十三届四中全会选出的以江泽民同志为首的领导核心，现已卓有成效地开展工作。经过慎重考虑，我想趁自己身体还健康的时候辞去现任职务，实现夙愿。这对党、国家和军队的事业是有益的。恳切希望中央批准我的请求。”之后，党的十三届五中全会认真讨论了邓小平的辞职信，同意了他的辞职请求。1990 年 3 月，七届全国人大三次会议批准邓小平辞去中华人民共和国中央军事委员会主席的职务。[①] 至此，邓小平终于实现了早在他第三次复出的时候就

---

① 参见中央电视台《复兴之路》节目组编著：《复兴之路》（下），北京：中国民主法制出版社，2008 年，第 28—30 页。

坚决主张的废除领导职务终身制的愿望。无疑，作为一个国家领袖，这份淡然、这份勇气、这种智慧以及身体力行的作为，确实是值得整个中华民族乃至全世界为之钦佩的，当然，也正因为邓小平的这个决定，才使得即便在他逝世的时候，中国社会也能够相对平静地接受他离去的现实，而不至于因为伟人的逝世影响到整个社会的稳定。然而，中国社会对邓小平逝世的平静反应，并不表示邓小平的分量不重。因为尽管邓小平早已退了下来，但是在大多数人的眼里，他一直以来都是一个令新中国发生长远和巨大变化的人，所以，他的影响应该说在任何时候都是举足轻重的。正因为如此，虽然邓小平身后的中国平静如常，但依然还是有一个疑问在国人的心中回荡。那就是，中国能够习惯没有伟人的日子吗？新一代领导集体要如何解决中国面临的问题呢？中国能沿着邓小平开辟的道路走下去吗？

答案很快就在邓小平逝世的 7 个月以后，即 1997 年 9 月 12 日揭晓了。中国共产党第十五次全国代表大会在北京召开，江泽民代表第十四届中央委员会向大会作了《高举邓小平理论伟大旗帜，把建设有中国特色社会主义事业全面推向二十一世纪》的报告。此报告总结了马列主义与中国实际相结合所实现的两次历史性飞跃，并将毛泽东思想和邓小平理论视为这两次飞跃所产生的两大理论成果，并声称，旗帜问题至关重要。旗帜就是方向，旗帜就是形象。坚持十一届三中全会以来的路线不动摇，就是高举邓小平理论的旗帜不动摇。邓小平同志逝世后，全党在这个问题上尤其要有高度的自觉性和坚定性。这次大会的灵魂，就是高举邓小平理论的伟大旗帜。坚持邓小平理论，在实践中继续丰富和创造性地发展这个理论，这是党中央领导集体和全党同志的庄严历史责任。这次大会的任务，就是动员全党和全国各族人民团结奋斗，全面推进建设有中国特色社会主义的伟大事业。团结就是大局，团结就是力量。大会继而把邓小平理论和马克思列宁主义、毛泽东思想一起确立为中国共产党的指导思想，并写入了修改后的《中国共产党章程》。

于是，通过这样一份报告，以江泽民为核心的党的第三代中央领导集体坚定而鲜明地亮出了指引未来道路的旗帜，并以一种一脉相承的决心缓和了人们的担心、消除了人们的疑虑；同时，在此基础上进一步向广大中国民众廓清了中国前行的道路，即使未来仍有许多艰难险阻、历史使命任重而道远，但中国将继续沿着邓小平开辟的道路义无反顾地走下去，将中国特色社会主义的伟大事业进行到底。就此，两个时代的衔接顺利完成。即，通过对社会主义意识形态基本符号体系的延续与坚持以及原有制度文化资源的保留，合理有效地利用了权威意识形态在人们心中的影响力，在一定程度上实现了在延续历史传统过程中继续凝聚人心的作用。这无疑为改革的进一步深化和社会的发展与稳定打下了良好的基础。同时，不容忽视的是，在继承前人理论创新成果的前提下，即在坚持理论的坚定性和指导思想不动摇的前提下，以江泽民为核心的党的第三代中央领导集体同样也继承了改革开放以来的创新精神，坚决反对把马克思主义、毛泽东思想和邓小平理论僵化和教条化的做法。党的十五大对此有十分精辟的阐述，“马克思主义是科学，它始终严格地以客观事实为根据”，“因此，马克思主义必定随着时代、实践和科学的发展而不断发展，不可能一成不变。”我们“一定要以我国改革开放和现代化建设的实际问题、以我们正在做的事情为中心，着眼于马克思主义理论的运用，着眼于对实际问题的思考，着眼于新的实践和新的发展。”① 这样一种认识，无疑为我党在面对不断变化的国际国内形势时候，进一步与时俱进地创新发展社会主义意识形态提供了有效的支撑和保证。

二、巩固执政合法性的意识形态生产

如前文所述，出于稳定大局的策略需要和中国特色社会主义的制度要求，从新中国成立以来直至改革开放以后，中国共产党都始终保持着一种意识形态的连贯性，即意识形态的变革和调整总是表现为在坚持前提下的发展、继承前提下的创新、一脉相承下的与时俱进。其中，为我们始终坚持、继承和一脉相承的内容，从某种角度来说，就是社会主义中国意识形态的底线。具体体现为，一是必须要以经济和现代化建设为中心，一心一意谋发展，聚精会神搞建设。这是必须牢牢把握的大方向，不能被其他事情牵扯精力、偏离方向。因此，在社会建设发展的过程中，稳定压倒一切，稳定大局是改革、发展的必要前提。二是始终坚持“四项基本原则”，这是立国之本，也是党的基本路线的“两个基本点”之一。这无疑是维护国内外稳定大局，培育民族精神、形成共同理想、增强国家凝聚力的需要。因此，如果否定“四项基本原则”，那就等于毁灭中国的现代化事业。三是对西化、分化的图谋始终保持高度的警惕，始终坚持中国特色社会主义道路。世界霸权主义总是力图通过各种手段来左右中国的现代化进程，不断地为中国的发展设置障碍，甚至企图让中国按照西方设计的方式来实现现代化。对此，邓小平在改革开放之初就明确指出：“任何外国不要指望

① 《中国共产党第十五次全国代表大会文件汇编》，北京：人民出版社，1997年版，第13、14页。

中国做他们的附庸，不要指望中国吞下损害我国利益的苦果。”[①] 否则，这不仅对于中国来说将会是一场大灾难，而且对于世界而言也将是一幅难以想象的图景。当然，除了坚持、继承和一脉相承以外，结合国际国内形势和社会发展实际，实现意识形态的发展、创新和与时俱进，也是一项极其重要的工作，同时也是引领中国特色社会主义不断向前发展进步的前提和基础。

1998 年 7 月 17 日，江泽民在学习邓小平理论工作会议上将当前改革发展的状态概括为“攻坚阶段”。他说道：“在社会主义现代化建设新时期，有了邓小平理论，这是我们党最大的思想政治优势。十一届三中全会以来，我国改革开放和现代化建设取得举世瞩目的伟大成就，最根本的就是靠邓小平理论的指导。以十五大为标志，我们进入了高举邓小平理论伟大旗帜，推动建设有中国特色社会主义事业跨世纪发展的关键时期。全面完成十五大确定的历史任务，最根本的仍然要靠邓小平理论的指导。当前，以建立社会主义市场经济体制为目标的改革，已进入攻坚阶段。整个形势是好的。……同时必须看到，我国整个经济正处在战略性结构调整过程中，面临的任务非常艰巨，矛盾和问题不少。”[②] 很明显，在经济领域，我们面临着经济结构战略性调整的重大课题，这无疑是我们在改革发展过程中需要攻坚的重要方面。但，对于中国共产党而言，面临的艰巨任务绝非仅此一个。

如果说，“实践是检验真理的唯一标准”为我们提供了新时期真理判断的基本标准，解决了拨乱反正所需要的意识形态

---

① 《邓小平文选》（第 3 卷），北京：人民出版社，1993 年版，第 3 页。

② 《江泽民同志在学习邓小平理论工作会议上的讲话》［OL］. http：//news.xinhuanet.com/ziliao/2000－12/31/content_ 479878.htm。

基础；“社会主义初级阶段论”为我们提供了推进市场经济改革的必要性的论证和市场经济下中国具有社会主义性质的理论根据，那么，随着改革的深入，一种寻找执政合法性新资源的要求就显得越来越迫切了。虽然，中国共产党的领导是近代中国社会发展的必然结果，是广大人民群众的最终选择，没有中国共产党的领导，就没有现代中国革命、建设和改革的一切。但是，我们也应该看到：在一些国家，无产阶级政党虽然进行了艰苦卓绝的斗争，但并没有取得政权；在另一些社会主义国家，共产党失去了政权。这就说明，执政地位，不仅不是共产党天然得来的，而且也并非天然属于共产党。所以，关注共产党执政的合法性问题，是时代的要求，更是时代的挑战。正如列宁所说：“政权问题是不能回避，不能撇开不管的，因为这是一个根本问题。”① 正是在这个意义上，只有首先解决好党执政的合法性问题，也就是牢牢把握住政权的问题，才能体现出社会主义政权的本质要求，才能实现党的最低纲领与最高纲领，才能完成无产阶级的历史使命。

关于政治合法性的问题，其实在历史上由来已久，古希腊时期的亚里士多德就曾说过：“一个政体要达到长治久安的目的，必需使全邦各部分（各阶级）的人民都能够参加而且怀抱着让它存在和延续的愿望。”② 近代学者马克斯·韦伯也指出，没有一种统治“仅仅以价值合理性的动机，作为其继续存在的机会。毋宁说，任何统治都企图唤起并维持对它的合法性的信仰”③。而著名学者哈贝马斯也认为：“合法性意味着某种政治

① 《列宁全集》（第25卷），北京：人民出版社，1985年版，第357页。

② ［古希腊］亚里士多德：《政治学》，北京：商务印书馆，1996年版，第188页。

③ ［德］马克斯·韦伯：《经济与社会》，北京：商务印书馆，1998年版，第239页。

秩序被认可的价值。"① 作为政治学的重要概念，由于合法性在本质上反映的是公民与公共权力的关系，因此，它是政治体系中最为重要的政治资源。那么，执政党的合法性指的又是什么呢？它指的是执政党凭借非权力因素和非暴力手段，通过其意识形态、纲领政策、组织架构、执政绩效及其公众形象的积极影响，使民众出于自觉或自愿主动接受执政党的执政和领导地位的能力。从执政党的合法性的概念中，我们可以看出，这种合法性远比我们所了解的法律意义上的"合法"要广泛的多。除了法理层面的"合法律性"之外，即，当今世界每一个执政党都毫不例外地以法律的形式明确自己在国家政治社会中的地位和作用；它还包括民众对执政党的一种心理认同，即人们常说的人心向背问题。邓小平经常讲的"人民拥护不拥护，人民赞成不赞成，人民高兴不高兴，人民答应不答应"，实际上就是对执政党合法性心理认同这一层面的生动而形象的描述。

事实上，对于执政党合法性人心向背问题，在人类社会发展的过程之中，历史早已给出了充分的证明。1991 年 12 月 25 日，世界上第一个社会主义国家苏联解体了。这是 20 世纪世界历史上的一件大事。然而，为什么这样一个经历过种种考验的大党、大国，却在一夕之间突然垮台呢？当然其中的原因是多方面的。但究其根源之一，就在于执政党的合法性出现了危机。当初，布尔什维克党凭借广大俄罗斯人民的支持打下了天下，人们对其政策和目标的认同构成了其执政党的基础。可是，随着时间的推移、社会的发展和国家建设步伐的推进，原有的合法性基础不可避免地受到了挑战，特别是执政党未能真正做到满足大多数人的要求的时候，这

① ［德］哈贝马斯：《交往与社会进化》，重庆：重庆出版社，1989 年版，第 184 页。

种危机感就更为严重了。根据1990年6月《西伯利亚报》针对“苏共在苏联社会中的作用”为题的调查报告，当人们在被问及“你认为苏共政策代表谁的利益”的时候，其中，回答代表苏共党员的占到被调查人数的11%，回答代表全体人民的仅仅占到7%，而回答代表党的机关人员的却竟然占到了85%。失去了民众对执政合法性的心理认同，苏共执政的合法性也因此遭受到普遍的质疑。由此可见，对于执政党合法性心理认同的问题，我们必须抱着一种发展的眼光，认识到不可能有一劳永逸的认同：社会的生态环境无时无刻不在发生着变化，特别是在转型时期社会结构发生变动、新的社会阶层出现的时候，如何通过整合新阶层的利益来扩大社会基础，合理开发执政党的合法性资源，争取更为广泛的支持，对于保证执政党合法性来说尤为重要。

新中国自建立以来，在执政党执政合法性问题上并无争议。在新中国成立初期，武装斗争的胜利是中国共产党执政的最根本的合法性基础，除此之外，在长期武装斗争中产生的党和国家领导人的个人魅力，以及中国共产党在长期的武装斗争中积累的巨大的组织资源，也都在一定程度上增强和保证了这种合法性。在以邓小平为核心的党的第二代中央领导集体领导期间，一方面通过对社会主义优越性的宣传和论证，在意识形态上进一步强化了这种合法性；另一方面实实在在的建设成果也在事实上不断证明和强化着这种执政的合法性。同样，在以江泽民为核心的党的第三代中央领导集体的领导时期，在延续和继承的智慧中中国共产党无疑继续秉承着这种执政的牢固的合法性基础。然而，随着环境和任务的变化，特别是随着改革进入“攻坚”阶段，我党的执政合法性不可避免地也面临到一些挑战。

中国共产党自建立以来，就是一个以列宁主义意识形态为其奋斗目标的革命党，其目的就是要通过暴力革命的手段，推翻旧政权，实现公有制社会，并在这一条件下完成向消灭了阶级的共产主义社会的过渡。然而，上世纪80年代以来的改革运动，却在本质上是一个摆脱传统意义上革命性质，与世界市场经济主流相融合的运动。因此，改革越深入，这种寻找执政合法性新资源的要求就越迫切。于是摆在中国共产党面前的最为关键的问题就是如何顺利地实现党的历史方位的转变，即从领导人民为全国政权而奋斗的党转变为领导人民在全国掌握政权并长期执政的党；从在外部封锁和实行计划经济条件下领导国家建设的党转变为在对外开放和发展社会主义市场经济条件下执政的党。简单说来就是，实现由革命党到执政党的转变。很显然，由革命党到执政党，本身就是一个质的飞跃和一个跨时空的发展，更何况，除此之外，还要力图在全球化进程中立于不败之地，可见，中国共产党面临的压力和挑战空前。对于这一情况，江泽民就曾在十五届五中全会上，忧心忡忡地告诉过全党："九十年代以来，一些执政几十年的政党先后下台，有的已经衰亡。其中的根本原因是党的内部出了问题。认真分析这些政党的兴衰，加以借鉴，对我们加强党的建设很有意义。"① 具体说来，这些压力和挑战表现为：首先，腐败现象构成了对执政合法性的最大威胁。对此，江泽民曾深刻地指出："党内确实存在一些同党的性质、宗旨不相符的突出问题，如果我们不下最大的决心加以解决，就会带来严重的后果。一些腐败案件触目惊心，必须引起全党的高度警觉。"② 我们看到，

---

① 《江泽民文选》(第3卷)，北京：人民出版社，2006年版，第129页。

② 江泽民：《论"三个代表"》，北京：中央文献出版社，2001年版，第72页。

在新形势下，少数党员干部的世界观、人生观和价值观发生了严重的扭曲，一些党员领导干部滥用权力、贪污受贿、贪赃枉法、违法犯罪的行为触目惊心。腐败问题犹如长在我们身上的毒瘤，不仅危害党的性质、损害党的形象、败坏党的声誉，而且还会使干群关系脱离、疏远甚至对立，从而严重威胁到我国政权体系的合法性基础。其次，随着改革开放以来和市场经济的深入发展，个人利益观念得以普遍树立，社会文化和意识逐渐趋向世俗化和理性化，从而使我国原有的意识形态优势有所削弱。第三，经济发展在为执政党提供“绩效合法性”的同时也逐渐显露出它的负面效应。与经济迅速发展相伴相生的还有农村与城市收入分配差距的不断扩大、东西部地区的发展不平衡、再就业问题的空前严峻、“三农”问题的日益突出、以及大批下岗工人和“社会边缘化”群体的出现。随着这些问题的产生和日益突出，一些人开始对社会主义制度的可行性乃至执政党的能力产生了怀疑。而这些问题给执政党合法性带来的影响，正如法国的马克·夸克在其《合法性与政治》一书中所说的那样，要获得更深层次的政治合法性，中国要认真对付面临的诸多挑战[①]。

回顾往昔，十一届三中全会以来，在解放思想的动力驱动下，我们摆脱了教条主义的束缚，回归和重塑了实事求是的精神，认清了社会主义初级阶段的历史使命，创造性地将市场经济作为一种促进生产力发展的积极有效的手段引入到社会主义制度之中来，并以此获得了改革开放以后经济的大发展和大繁荣。如今，面对着这“诸多挑战”，要想顺利成功地攻坚克难，除了需要继续推动生产力的发展、用经济增长继续为党的执政

① 参见［法］马克·夸克：《合法性与政治》，佟心平、王远飞译，北京：中央编译出版社，2008 年版。

合法性提供有效资源之外，中国共产党还必须清醒地认识到，执政党的执政地位不是与生俱来的，不是一劳永逸的，过去拥有的不等于现在拥有，现在拥有的不等于永远拥有，如果党脱离了群众，就会失去群众的支持，乃至最终失去执政的资格。那么，中国共产党在巩固执政合法性方面又做出了哪些努力和新的尝试呢？

毋庸置疑，作为长期执政的政党，只有而且必须以经济增长及其取得的绩效为主要途径，才能真正实现党在革命时期的承诺，满足民众生存发展需要的基本条件，并进而获得合法性的坚实基础。因此，一直以来，中国共产党都始终以经济建设为中心，推动着改革开放和社会主义现代化建设，并以此在国际形势处于前所未有的大变动中始终居于不败之地。正是在这个意义上，经济的增长所提供的合法性资源由于适应了中国社会转型期的客观需要，因而被认为具有历史的必然性。但与此同时，政治发展的经验却又表明，经济增长所提供的政治合法性是有限的。这是因为经济的增长在满足人们需求的同时也使其对政府的期望值不成比例地迅速膨胀。事实证明，随着我国经济的发展和社会主义市场经济体制的确立，自由、民主、契约、公正等价值观逐渐上升为人们的普遍追求和信仰，再加之政治世俗化对人精神的解放，人们更倾向于追求知识、财富和个人的自我实现，因而对政府的评价也更具有现实性，他们不再盲目绝对地服从，而是更看重政府的实际作为，引用山口定在《政治体制：宏观政治学》中的一句话就是，“人民已习惯于根据公民的经常性利益来评价政治。”① 当然，经历了1989年北京政治风波的中国共产党也逐渐意识到了这种悄然在人们

① ［日］山口定：《政治体制：宏观政治学》，北京：经济日报出版社，1991年版，第216页。

思想上发生的变化，于是，为了顺应这种思想变迁的过程，中国共产党便努力在意识形态领域展开了新一轮的创新与发展。

作为执政合法性结构中最为基础的部分，意识形态可以为政治体系的正当性和合法性提供道义上的诠释，并通过培育社会成员对于政治体系的合理性认同和情感来促进政治权威的形成。如今，在经济全球化的浪潮中，各种不同的政治思想、价值观念、政治意识相互渗透、相互影响，世界文明相互交融、相互碰撞，因此，意识形态挑战难以避免。如何保持自己的优势，同时又吸收借鉴世界上先进的思想和理念，就成为现代执政党的当务之急。为此，我党一方面确立起适应社会发展需要的观念，将民主、平等、法治等看成是社会主义制度的应有之义；另一方面，作为中国社会主义革命和建设灵魂力量的中国共产党，为了能在现实的社会主义国家兑现这些承诺，于是在经济增长所能提供的合法性资源之外，又重新回到了对自身的追问与重构之中，即，在扩大改革开放的前提下，中国共产党开始通过加强党的自身建设、提高执政能力、改善执政方式的途径来重新确定和加强其执政的合法性基础，而“先进性”在此时便成为这个时期意识形态创新与发展的关键词。因为，“先进性”无疑在任何时候都代表着一个政党的生命力，同时“先进性”本身也是政党自身建设矢志不渝、永恒追求的主题。作为已为历史所证明的具有先进性的政党，中国共产党当前正置身于一个剧烈变化的时代，面临着国际大局变动和国内大局发展的考验，面临着执政能力和领导水平的考验。因此，面对种种考验，如何才能始终保持党的先进性这一问题，便突出地摆在了全党的面前。“三个代表”重要思想就是在这样一种背景之下提出来的。江泽民从“办好中国的事情关键在于党”的逻辑出发，结合经济全球化和“四个多样化”条件下党的建设的现实情况，总结了全球执政党执政的经验教训，认真履行和实践邓小平“中国的问题关键在党”的政治交代，从历史和现实、理论和实践、国际和国内的结合点的分析入手，得出了“只要我们党始终成为中国先进社会生产力的发展要求，中国先进文化的前进方向和中国最广大人民的根本利益的忠实代表，就能够永远立足于不败之地”的经典结论①。

可以说，“三个代表”重要思想的提出，其意义在于，它扬弃了传统的建构一个平均主义理想社会的目标意识，并以发展先进生产力、先进文化、满足广大人民的根本利益这三个具有丰富包容力的目标取而代之，从而实现了党在意识形态领域的新的跨越，标志着中国共产党一整套成熟的意识形态理论和政策的形成。它不仅回应了执政合法性所面临的潜在的挑战，而且还前瞻性地应答了中国共产党长期执政何以可能的问题，并通过意识形态的这种创造性的解释与转化，消解了革命党时期的乌托邦式的终极承诺，成为我国意识形态去魅化过程的最为重要和关键的环节。

① 注：2000年江泽民考察深圳期间，他在一次党建工作座谈会上，这样说道：“总结我们党70多年的历史，可以得出一个重要的结论，这就是，我们党之所以赢得人民的拥护，是因为我们党作为中国工人阶级的先锋队，在革命、建设、改革的各个历史时期，总是代表着中国先进社会生产力的发展要求，代表着中国先进文化的前进方向，代表着中国最广大人民的根本利益，并通过制定正确的路线方针政策，为实现国家和人民的根本利益而不懈奋斗。”（“江泽民在广东考察工作强调紧密结合新的历史条件加强党的建设 始终带领全国人民促进生产力的发展”，《人民日报》，2000年2月26日。）这是江泽民对“三个代表”重要思想的第一次表述，只是这时的这段表述还没有一个正式的名字，当然也不像后来那样引人注目。但是随着时间的推移，其影响和分量就越来越重了。2001年7月1日，在庆祝中国共产党成立80周年的大会上，江泽民对“三个代表”重要思想作了全面的阐述。2002年11月8日，中国共产党第十六次全国代表大会在北京召开，“三个代表”重要思想继毛泽东思想、邓小平理论之后，被确立为党的指导思想，写进了《中国共产党章程》。

首先，“三个代表”重要思想体现出中国共产党作为执政党对自身历史方位的准确认识。如果说邓小平的社会主义初级阶段理论主要回答和解决的是有关我国社会发展的历史方位问题，那么，“三个代表”重要思想则在直接意义上，首先回答和解决了现阶段我们党的历史方位问题，而其中有关“建设什么样的党、怎样建设党”的基本问题则都是建立在该问题的前提之上的。“党的历史方位”是在党的十六大上提出的科学概念，指的是党在时代和历史发展中所处的位置。毋庸置疑，一个政党只有结合实际对自身建设发展有一个清晰准确的定位，才能保证其制定的理论、路线、方针、政策和全部工作既不割断历史、又不迷失方向，既不落后于时代、又不超越于当前阶段。而事实上，中国共产党自身建设的历史经验已经充分证明，党的建设的成功推进，其前提都离不开正确认识和把握其所处的历史方位；相反，党的建设中所出现的偏差和失误，也都与在历史方位问题上认识的偏差和错误密切相关。可以看到，在新民主主义革命时期，以毛泽东为代表的中国共产党人就是在科学判断党的历史方位的基础上，从中国半殖民地半封建社会的具体实际出发，结合马克思建党学说，成功建立起了一个具有广泛群众性的马克思主义的无产阶级政党。同样，在改革开放和社会主义现代化建设的新的历史时期，以邓小平为代表的中国共产党人也正是在科学判断党的历史方位的基础上，积极适应了改革开放和现代化建设对党的建设的要求，使党成为领导社会主义物质文明和社会主义精神文明建设的领导核心。当前，国内外形势相较于建国初期和改革开放初期，已经发生了重大的变化，这无疑给党的建设带来了新情况和新问题。正是基于这样的情况，江泽民在《全面建设小康社会开创中国特色社会主义事业新局面》中明确指出：“我们党历经革命、建设和改革，已经从领导人民为夺取全国政权而奋斗的党，成为领导人民掌握全国政权并长期执政的党；已经从受到外部封锁和实行计划经济条件下领导国家建设的党，成为对外开放和发展社会主义市场经济条件下领导国家建设的党。”[①] 江泽民这段讲话中所提出的“两大变化”，不仅集中反映了中国共产党在历史发展过程中所取得的胜利、成就和进步，同时也明确了中国共产党在新形势下所面临的全部挑战和考验。分析概括这些挑战和考验，其实说到底就是，中国共产党能不能在面对国际国内形势发生重大变化的时刻，完成对自身所处历史方位的科学准确定位，同时，能否真正站在这一历史方位之上，代表中国先进生产力的发展要求、代表中国先进文化的前进方向、代表中国最广大人民的根本利益，从而不断推进社会主义理论、制度、科技、文化乃至其他各方面的创新，不断促进社会主义物质文明、政治文明和精神文明的协调发展，并以此团结和带领全国各族人民，抓住机遇，迎接挑战，胜利地实现党在新世纪继续推进现代化建设、完成祖国统一、维护世界和平促进共同发展的三大历史任务，以及在中国特色社会主义道路上实现中华民族伟大复兴的庄严使命。

其次，“三个代表”重要思想实现了党与先进性关系的新突破。中国的意识形态是靠中国共产党来引领的，能否保持正确的意识形态方向，这显然是由中国共产党自身的建设来决定的。加强党的建设，以先进的政党引领先进的意识形态，这正是党的第三代领导集体在意识形态建设上新的重大举措。面对国际共产主义运动在20世纪80年代末和90年代初出现的剧变，江泽民在其《论党的建设》中这样写道：“现在历史条件

① 江泽民：《全面建设小康社会开创中国特色社会主义事业新局面》，北京：人民出版社，2002年版，第11页。

变了，党肩负的任务变了，因此党的建设和党的领导方式、方法，也必须相应地加以改变和改进。过去党的建设的成功经验，应结合新的实际继续运用和发展，但光靠老经验老方法是不够的，必须有新的创造。……在理论上要结合新的历史条件大胆探索，力求在党的建设理论上有新的建树。"① 面对新的历史条件，1994 年 9 月，党的十四届四中全会更是将党的建设提高到了"新的伟大工程"的层面，充分体现出新的历史条件下，党的第三代中央领导集体对党的建设问题的高度重视。之后召开的十五大更是进一步阐述了党的建设这一新的伟大工程，并从全党要"经受住各种风险"和"始终走在时代前列"的关键词出发，郑重地提出了"面向新世纪的中国共产党"这一命题。这一命题的提出，反映出中国共产党对面临的时代的严峻挑战的清醒认识，同时也折射出中国共产党对全国人民乃至全世界所要表达的一种态度，即如果无产阶级政党不加强自身建设，保证党的先进性，那么，它同样也会落后于时代，甚至被人民所抛弃。我们看到，在此之前，事实上，大多数人都普遍认为无产阶级政党与先进性之间是存在着某种必然的联系的，即，无产阶级政党生来就是具有先进性的，并且也会将这种先进性一直保持下去。而如今由中国共产党自己发起的破除天然先进性的认识，则让我们看到了一个在历经了苦难和考验之后已经日趋成熟的无产阶级政党的睿智和勇气。而形成这份睿智和勇气的驱动力就在于中国共产党一脉相承的实事求是、解放思想的精神品格，同时也在于中国共产党从组建的那一刻起就一直铭记于心的使命和理想——带领中国人民建立社会主义新中国并以此实现民族的繁荣与富强。

---

① 江泽民：《论党的建设》，北京：中央文献出版社，2001 年版，第 44—45 页。

第三，“三个代表”重要思想继续保持了经济增长及其绩效所提供的合法性资源。在政党执政合法性的所有基础中，绩效的合法性是一种最为常见的政治合法性基础。虽然，这种合法性基础是有一定的局限性的，但不可否认的是，发展始终都是人类永恒的主题，而这其中至关重要的环节就是经济的发展。正是在这个意义上，我们认为，只有经济发展了，人民才能拥护现有的政权。这无疑是最为浅显的道理，人类社会发展的实践也已经给出了充分的论证。例如，苏东剧变、苏联解体，从一定意义上来说，就是与经济建设的迟缓与落后密切相关的；相反，在我国，中国共产党执政之所以一直有着牢固的群众基础，则恰恰要归功于我国在经济建设方面取得的巨大成果。邓小平在1989年北京政治风波结束后就曾这样说过：“如果没有改革开放的成果，‘六四’这个关我们闯不过，闯不过就乱，乱就打内战，‘文化大革命’就是内战。为什么‘六四’以后我们的国家能稳定？就是因为我们搞改革开放，促进了经济发展，人民生活得到了改善。”① 其实，对于处于新的历史条件下的中国共产党而言，情况更是如此。因为，从中国发展的现状分析，仍是只有抓住经济发展的关键，才能抓住“解决中国所有的问题的关键”。我们看到，从人类社会整体生产力的发展进程来看，以技术创新为主要标志的科技革命已经先后使世界进入到了蒸汽机时代、电气时代、微电子时代和网络时代。在不同的时代，全球利益分配都进行过重大的调整，在此过程之中，一些世界大国潮起潮落、兴衰更迭。但可惜的是，在前三次的全球利益分配中，中国都失去了参与全球利益分配的机会。而今身处网络时代，面对全

---

① 《邓小平文选》（第3卷），北京：人民出版社，1993年版，第371页。

球范围经济结构和产业结构重大调整、全球利益分配格局重新洗牌的时机，如果中国能够在全球棋局中成为赢家，那么，中国的发展无疑将会以此实现一次真正的飞跃。于是，为有机会参与全球利益分配，融入全球经济一体化，虽前前后后历经15年的不懈奋斗，但中国还是最终在2001年通过加入WTO取得了参与制定全球利益分配规则的主动权。这一举动无论对于世界还是对于中国自身而言，无疑都是具有里程碑意义的重大事件。加入WTO是中国实行市场经济的必然选择，因为只有加入WTO以后，中国的对外开放才能真正转变成为市场主导型的、体制性的对外开放，中国才能实现与世界经济真正的接轨，当然，随之而来的一系列发展战略的重大调整也才能带领中国进入新的开放时代。回顾这一系列重大的战略调整和举措，当我们追溯其中来自意识形态领域的理论支撑的时候，就会发现，它正是起源于邓小平理论中的“社会主义初级阶段论”以及“三个有利于”标准，即中国共产党执政的目标是以发展生产力为依据的，而要发展生产力，就只有通过市场经济条件下的竞争机制才能得以实现。这是自改革开放以来中国共产党就首先为之强调的发展要求。而“三个代表”重要思想更是借着思想解放和理论创新的伟力将发展先进生产力提到了前所未有的高度，正所谓“党的一切奋斗，归根到底都是为了解放和发展生产力；党的一切方针政策最终都要促进生产力尤其是先进生产力的不断发展。”[①] 当然，这其中还有更为深层的意蕴，那就是，任何有利于发展生产力的制度，包括法制化、市场化、相应的经济制度都是合理的。正如江泽民在《纪念中国共产党成立70周年

① 中共中央宣传部：《“三个代表”重要思想学习纲要》，北京：学习出版社，2003年版，第29页。

的讲话》中所说的那样：在生产关系和上层建筑领域中，成为生产力发展和社会进步的障碍的，必然要发生调整和变革。无疑，这样的话语体系不仅为进一步强化市场经济纵深发展提供了合理化的解释，同时也为其提供了更为宽松的政策环境。

第四，"三个代表"重要思想为新的历史条件下中国共产党的执政合法性开辟了新的资源，即来自文化层面的合法性、来自于充分发挥政党独特社会功能的合法性和来自民主政治层面的合法性。(1) 来自文化层面的合法性。众所周知，建立在不同民族、地域、宗教基础上的文明冲突以及基于在不同世界观和价值取向基础上的思想交锋，一直以来都是困扰执政党对自身意识形态定位的重要因素。因此，从意识形态上保证政党长期执政的政治合法性是极其必要的。对于中国共产党而言也是如此。特别是在经历了 1989 年的政治风波之后，中国共产党更是越发清醒地认识到，意识形态领域一直以来都是和平演变斗争的重要领域，作为执政党，要保证政权的长久稳定就必须牢牢掌握意识形态的领导权。虽然之前的实践已经证明，"文化大革命"中那种撇开经济建设的"意识形态中心论"是错误的，但我们不能就因此走向另一个极端，被那些所谓的"意识形态淡化论"、"意识形态虚假论"等等这些错误的理论搞晕头脑、迷失方向。正如西方近代学者帕森斯所指出的那样，一个社会中，政治统治的合法性的最终和最重要的基础就是政治统治者的统治或指挥得到该社会最高价值为依据①。显然，"三个代表"重要思想中代表先进文化前进方向的内容，对应的正是从意识形态上巩固中国共产党长期执政的政治合法性的问题。因为先进文化的核心无疑只能是社会主义的意识形

① 参见［美］安东尼·奥罗姆：《政治社会学》，上海：上海人民出版社，1989 年版，第 109—112 页。

态，而其合法性的资源价值就在于它是从人们的信仰方面获得对政治权力自愿的认同、支持与服从。当然，在这个过程之中，中国共产党也以此进一步强化其对思想文化领域的指导和引领地位。其中，必须明确的是，指导和引领绝不等于“统一”和“独霸一方”。因为在强调先进文化引领作用的同时，中国共产党也承认文化的多样性和丰富性。可以看到，世界文明的冲突和各种思想的交锋，经过各国人民的选择、取舍、阵痛、沉淀，已经逐步融合出越来越多的中西文明和价值共同体。时代发展的趋势已经为中国共产党在意识形态上的务实化选择提供了有意义的参照系。借此，通过“贯通中西，博古通今”，中国共产党不仅可以找到先进文化和尊重中国历史传统的最佳结合点，实现社会主义文化的繁荣和社会主义意识形态包容性的提升，同时还可以使基于不同民族文化和不同利益诉求的中国民众都能从中找到归属感和认同感，并进而为其执政合法性找到更具包容性和延展性的新资源。（2）来自充分发挥政党独特社会功能的合法性。世界上不存在超阶级的政党，政党总是代表一定阶层利益的，这是毫无疑义的。因此，作为无产阶级政党，中国共产党必然是在整合无产阶级意愿的基础上来形成自己的意识形态的。但与此同时，还必须看到的是，从政党产生到建设发展的历史过程中，一旦某个政党掌握了国家政权，成为执政党以后，它实际上就会成为联系政府和民众的桥梁，成为不同阶层群体利益表达和利益综合的工具。正如西方学者亨廷顿所说，如果政府制度只代表利益集团的利益，只代表社会组织的利益，那么政府行为就只有局部的合法性，而不可能有普遍的合法性。[①] 所以，当改革开放使中国社会结构

① 参见［美］塞缪尔·亨廷顿：《变革社会中的政治秩序》，王冠华、刘为等译，华夏出版社，2009 年版。

发生极大变化，即由过去比较简单的阶级构成向多元化方向发展的时候，中国共产党如果在其意识形态内涵中还仅仅强调代表和整合的是工人阶级的意愿，那就显然不能适应作为执政党的时代要求了。中国共产党要巩固其执政地位，就必须针对社会阶层的新变化，不断增强其阶级基础和扩大其群众基础，从而提高党的社会影响力。要实现这一目的最为直接的方法就是对社会结构复杂化背景下的多元利益表达进行有效的整合，使执政党成为超越一切个人与团体利益的全社会共同利益的代表者，并以此为执政党长期执政寻求来自于充分发挥政党独特社会功能基础上的合法性。正是在这个意义上，我们说，“三个代表”重要思想中有关“代表最广大人民群众的根本利益”的内容就深刻地反映出了处于社会结构复杂化背景下的中国共产党，作为执政党对多元利益表达整合的态度和意愿。而江泽民在庆祝中国共产党成立八十周年大会的讲话中，特别强调的两个先锋队的思想，即我们党要始终成为中国工人阶级的先锋队，同时成为中国人民和中华民族的先锋队的思想，无疑也是对“代表最广大人民群众的根本利益”的生动描绘和诠释。于是，通过在意识形态领域扩大和增强阶级基础和群众基础、不断提高党的社会影响力，并承认新的社会阶层中的广大人员为发展社会主义社会的生产力和其他事业同样做出了自己的贡献，中国共产党实现了其功能的历史性转换，成为了代表中国社会各个阶层利益的执政党。无疑，这一转换是具有重大的政治合法性意义的，因为，只有代表了包括新的社会阶层在内的所有社会阶层，中国共产党才是真正意义上的执政党，当然，也只有代表了最广大人民的根本利益，中国共产党才能具备坚实的执政合法性基础。(3) 来自民主政治层面的合法性。中国实行改革开放以来，其经济的外向度越来越高，与世界经济的联系也越来越紧密，相反，政党政府对本国经济的干预能力却在逐步减弱。因此，在这种情况之下，如果政党只是一味把经济增长视作其合法性的主要基础，而不寻求新的来源，那么，后果将会不堪设想。例如，日本、俄罗斯、阿根廷等国都曾出现过因执政党对治理经济不力和无法满足利益群体的要求，最终被逼下台的悲剧。中国共产党也同样需要正视和妥善解决这一问题，特别是针对中国国内经济社会秩序的变动和不稳定因素增加的现实，在依靠经济增长的绩效合法性之外，寻找新的合法性基础。从中国国内建设发展的情况来看，贫富悬殊和利益分化在短期内仍有扩大的趋势，而经济市场化的取向也将会使越来越多的经济组织和利益群体开始追求政治权利。从这一实际情况出发，很明显，如果民主法治和社会公正难以实现，那么政治参与和社会参与就会杂乱无章，从而导致新的“合法性困境”的产生。因此，在避免由于单纯依靠经济增长而导致“政绩合法性困境”[①] 的同时，中国共产党将目光聚焦在了解决社会公正和民主法治的问题之上。“三个代表”重要思想的理论阐述中有关推动民主政治发展和实现社会公正的承诺，正是基于这种思考提出的。其中，特别值得关注的是，在“三个代表”重要思想的理论阐述中提出了关于政治文明的问题，并形成了“三个文明”（物质文明、精神文明、政治文明）协调发展的思想。“三个代表”、“三个文明”，两者从本质上来说，是具有内在的统一性的。“三个代表”中关于先进生产力和先进文化的政治承诺，毫无疑问指称的就是中国共产党对物质文明和精神文明的引领问题。至于人民利益的代表，虽然其间并没有直接用政治文明的话语来表达，但

① ［美］塞缪尔·亨廷顿：《第三波——20世纪后期民主化浪潮》，上海：上海三联书店，1998年版，第58页。

从本质上来说，其实就是政治文明问题。因为，社会主义政治文明本身就是代表人民利益的根本机制，只有在社会主义政治文明条件下，人民掌握了社会管理的权力，才能真正有效地维护和促进自身的利益。因此，我们说，从人民利益的代表这一角度出发，不仅抓住了社会主义政治文明最核心的民主问题，同时，也为实现社会主义政治文明确立了评判的标准。正是在这个意义上，“三个代表”重要思想对政治文明的阐述反映出了中国共产党从人们对社会发展规律的认识入手，通过规划引领社会文明的发展，勾勒出理想社会的基本形态，并以此完成对社会发展宏观布局的整体推进的设计方案，同时也在另一个方面从更深的层次上解决了中国共产党长期执政的政治合法性问题。

总而言之，在新的历史条件下，面对国际国内形势的巨大变化，开辟了社会主义新中国伟大事业的中国共产党，其执政的合法性地位是否能够得到巩固和加强、是否能够赢得中国广大民众的衷心拥护，其中的关键就在于中国共产党能否顺应执政的合法性规律以及能否适应社会生态环境的瞬息万变，在努力消除执政合法性危机的同时，不断地开发和整合新的合法性资源。对此，“三个代表”重要思想作为中国共产党领导人民建设中国特色社会主义必须坚持的基本经验、坚持和发展社会主义的必然要求以及艰辛探索和伟大实践的必然结论，无疑是中国共产党在以邓小平理论为指导，在应对当代世界和中国的发展变化对于党和国家工作新要求的时候，在思想认识上所做的新思考以及在应对实践上所采取的新对策和新举措。当然，从理论和政策的层面来说，它更是建设中国特色社会主义事业的指导理念，是体现当今世界特别是中国发展的时代精神。

三、党的第三代中央领导集体对意识形态工作的创新与发展

如前文所述，20 世纪 80 年代末特别是进入 90 年代以后，随着苏东剧变和冷战的结束，经济全球化和政治多极化的趋势日益明显。此时，以江泽民为核心的党的第三代中央领导集体，在高度重视我国意识形态建设工作的前提下，继续推进着这项工作向前发展。其中，特别是针对如何应对国际国内复杂局势和经济全球化挑战的问题，提出了许多新的思路和对策：强调面对新形势新情况，思想政治工作应在继承和发扬优良传统的基础上，努力实现内容、形式、方法、手段、机制等方面的创新和改进，特别是要在增强时代感和加强针对性、实效性上下功夫。

首先，在全党乃至全国范围内明确在经济全球化背景下加强意识形态建设的极端重要性。面对国际格局的新变化、苏东剧变的新情况，中国共产党的第三代中央领导集体充分吸取了苏东剧变在意识形态领域的教训，提出要进一步加强意识形态建设工作，尤其是在改革开放和经济全球化背景下更要高度重视和加强意识形态建设工作，正确认识意识形态在社会整个系统中的地位和作用，既不能夸大也不能弱化意识形态的作用，充分发挥社会主义意识形态在抵御“西化”与和平演变、巩固和发展社会主义过程中的能动作用。正如江泽民明确指出的那样，“从十月革命以来，西方国家就一直不遗余力地对社会主义国家发动各种攻势，其中很重要的就是进行意识形态渗透。东欧剧变，苏联解体，就与西方国家长期进行的意识形态渗透有密切关系。现在，中国是世界上最大的社会主义国家，正在不断发展、日益富强。西方敌对势力加紧以各种手段和方式对我国施行西化、分化的政治战略，企图颠覆中国共产党的领导

和中国的社会主义制度。”[①] 因此，中国共产党必须对此时刻保持清醒的头脑，在坚持以经济建设为中心的前提下，决不放松意识形态工作，无疑，“这方面工作做得好不好，直接关系社会主义事业的成败。”[②]

其次，着力于加强和改进思想政治教育和宣传工作。以江泽民为核心的党的第三代中央领导集体非常重视群众的思想政治工作，并以此为新形势下搞好党的意识形态工作奠定了坚实的基础。江泽民曾经指出：“党的思想政治工作，是经济工作和其他一切工作的生命线，是团结全党和全国各族人民实现党和国家各项任务的中心环节，是我们党和社会主义国家的重要政治优势。”而“只有充分发挥党的思想政治工作这一政治优势……才能及时排除和战胜各种错误东西的干扰，才能巩固和发展全国各族人民共同奋斗的思想政治基础，从而为经济工作和其他一切工作提供强大的动力与保证。对思想政治工作的这种重要作用和重要地位，全党同志特别是各级领导干部必须充分认识。”[③] 这一论述深刻地揭示出了思想政治工作在党和国家全局工作中重大的战略地位和重要作用。结合新的历史条件，中国共产党具体在以下几个方面对新时期思想政治工作进行了有益的探索。

（1）突出理想信念教育这个核心和思想道德建设这个基础。在社会主义初级阶段，一方面，经济全球化的进程日益加快、各种思想文化思潮相互激荡，西方敌对势力打着“民主”、“自由”、“人权”的幌子，加紧对中国实施“西化”、“分化”的战略图谋，千方百计地进行思想文化渗透；另一方面，随着

① 《江泽民文选》（第3卷），北京：人民出版社，2006年版，第83页。
② 《江泽民文选》（第1卷），北京：人民出版社，2006年版，第160页。
③ 《江泽民文选》（第3卷），北京：人民出版社，2006年版，第74、78页。

我国改革开放的不断深入和社会主义市场经济的迅速发展，人们的价值观念、思维方式呈现出多样化的趋势。面对思想观念多样化的现实，要达到明辨是非、正本清源的目的，就必须把理想信念教育作为中国共产党思想政治工作的核心内容，贯彻到思想政治工作的各个方面和各个环节。因为只有在全党同志和全体人民中牢固树立正确的理想信念，才能不断地增加凝聚力和战斗力，中国特色社会主义事业也才能取得成功。实施该教育的具体方法是在全国范围坚持进行爱国主义、集体主义和社会主义教育，通过使广大人民群众正确认识国家和自己的根本利益，坚定对建设中国特色社会主义的信念、对改革开放和现代化建设的信心以及对中国共产党和政府的信任，以此动员全国各族人民为建设中国特色社会主义事业，为把我国建设成为富强民主文明的社会主义现代化国家而共同奋斗。与此同时，思想道德建设也是中国共产党思想政治工作的题中应有之义和基础性环节。面对改革开放事业进行一段时间之后，出现的如贫富差距拉大、反腐形势严峻、社会风气令人担忧的问题，江泽民提出了“以德治国”的概念，并指出，要建立与社会主义市场经济相适应、与社会主义法律规范相协调、与中华民族传统美德相承接的社会主义思想道德体系，以此来巩固和深化改革开放所取得的成果。具体要求是认真贯彻公民道德建设实施纲要，弘扬爱国主义精神，以为人民服务为核心、以集体主义为原则、以诚实守信为重点，加强社会公德、职业道德和家庭美德教育，特别要加强青少年的思想道德建设，引导人们在遵守基本行为准则的基础上，追求更高的思想道德目标。当然，在坚持以德治国的同时，还必须坚持依法治国，即要坚持以德治国与依法治国相结合。这两者是相辅相成、相互促进的，因此同等重要、不可偏废。

（2）结合新的历史条件，探索新的方式、方法、手段和机制，体现时代性、提高针对性、增强实效性。体现时代性就是要紧紧围绕经济建设这个中心，联系改革开放的实际，提高思想政治工作把握和解决时代重大课题的能力。提高针对性，就是要从社会主义初级阶段的实际出发，把先进性要求同广泛性要求结合起来，扩大思想政治工作的覆盖面，提高思想政治工作的整合力。增强实效性，就是要进一步强化党的宗旨意识，从维护广大人民群众的根本利益出发，把解决群众思想认识问题与解决群众切身利益问题紧密结合起来，使思想政治工作真正落到实处，取得实效。改革开放以来，中国人民的精神文化生活有了许多新的发展。一是随着物质生活的不断改善，人们对精神文化生活提出了新的要求，心理状况、接受能力、欣赏水平也发生了变化；二是在科学技术不断创新的条件下，人们接受信息、休闲娱乐的方式、方法和手段也发生了很大的变化，一些新的传播媒体和文化娱乐场所吸引了大量群众；三是随着新的经济组织、社会组织的出现，以及社会成员流动的数量、范围、方式的不断扩大和变化，思想政治工作机制不适应的问题十分突出。因此，要加强和改进思想政治工作，在新的历史条件下，为使思想政治工作体现时代性、提高针对性、增强实效性，中国共产党一方面对过去行之有效的好传统、好办法继续坚持发扬，另一方面，则是在适应新的情况的前提下，不断探索思想政治工作新的方式、方法、手段和机制。对此，江泽民在中央思想政治工作会议上曾明确指出："要力求做到生动活泼，群众喜闻乐见，切忌形式主义、教条主义，切忌简单生硬。思想工作必须讲求春风化雨，润物无声，耐心细致，潜移默化。人民群众中蕴藏着丰富而实际的教育资源。对群众在实践中形成和表现出来的好思想、好品德，对基层创造的新鲜经验和好的作法，要及时总结推广。要重视和充分运用信息网络技术，使思想政治工作提高时效性，扩大覆盖面，增强影响力。”[①] 对于互联网，江泽民曾将其概括为思想政治工作一个新的重要阵地。因为信息技术特别是信息网络技术的发展，可以为党开展思想政治工作提供现代化手段，拓展思想政治工作的空间和渠道。

（3）将新时期思想政治工作的着力点放在基层。正所谓“基础不牢，地动山摇”。中国共产党结合自身思想政治教育的实际总结得出结论，认为思想政治工作在基层相对比较薄弱，因此，是新形势下开展思想政治工作的难点和重点。对此，以江泽民为核心的党的第三代中央领导集体做了大量的调查研究和深入的理性思考，认为，一切社会基层，包括农村、社区、企业、学校、军队和各类人民团体、社会组织，它由于直接面对群众，因此其作用和影响不可低估，一定要切切实实地管理好、建设好。具体要求企业思想政治工作要结合深化改革、建立现代企业制度、提高经济效益来进行；农村思想政治工作要结合奔小康、建设社会主义新农村来进行；学校思想政治工作要围绕培养社会主义事业建设者和接班人的根本任务来进行；城市思想政治工作要围绕提高市民素质和城市文明程度，认真研究、积极探索社区思想政治工作的途径和办法。其中，针对下岗职工和离退休人员、困难企业的职工、农村贫困地区的群众，由于他们在生活上遇到的实际困难比较大，因此思想情绪容易波动，对此要特别注意深入细致地做好思想政治工作，以确保社会稳定。同时，在党和政府实施重大改革决策的时候，也要注意进行广泛的

---

① 江泽民：《在中央思想政治工作会议上的讲话》［OL］. http：//cpc. people. com. cn/GB/64184/64185/180139/10818612. html。

宣传和细致的思想工作，以取得群众的理解和支持。

第四节　人的向度回归中的道路明晰

共和国建设与发展史中的经验与教训，从正反两个方面证明：科学的意识形态是中国社会全面发展的基本条件；意识形态变异是中国社会全面发展受挫甚至停滞的重要原因。随着2002年最高权力的平稳交接，聚精会神搞建设、一心一意谋发展的中国也即将步入一个崭新的时代。新一届中央领导集体，将如何带领中国继续走好民族复兴之路呢?

一、执政理念的历史转向

成功的意识形态创新与整合是中国改革开放以来获得有效发展的重要原因和前提条件。通过对马克思主义、毛泽东思想基本内核和基本精神的继承、坚持与科学诠释，通过对人民利益及其创造精神的吸收，通过对过去历史的负责任的、实事求是的总结，当代中国的意识形态在不同的人群和不同的阶层之间形成了一种系统的共识和信仰。这种共识和信仰不仅促进了当代中国的政治发展，维护、加强和改善了中国共产党在中国社会各项事业中的核心领导地位，发展了以制度和法律为支撑的民主政治；同时也通过社会整合以及在此基础上对社会行动和社会实践的有效动员，促进了中国经济乃至整个社会的发展与进步。因此，作为当代中国思想世界的有机组成部分，意识形态构成了当代中国思想世界中最具有主动性的部分①，在当

---

①　参见林尚立等：《政治建设与国家发展》，北京：中国大百科全书出版社，2008年版，第248页。

代中国政治发展中具有不可取代的重要价值。而这种意识形态创新与整合的精神及其所带来的重要价值和功能也毋庸置疑地将在中国接下来的建设与发展中被继续发扬光大。

2002 年 11 月 15 日，中国新一届中央领导集体第一次出现在全世界的面前。他们身着深色西服，面带微笑，在热烈的掌声中进入人民大会堂东大厅。胡锦涛逐一向记者们介绍了新当选的中央政治局常委，并说道："我们一定不辜负全党同志的重托和全国人民的期望，高举邓小平理论伟大旗帜，全面贯彻'三个代表'重要思想，认真落实十六大提出的各项任务，紧密团结和依靠全党、全国各族人民，继往开来，与时俱进，为全面建设小康社会，加快推进社会主义现代化，开创中国特色社会主义事业新局面而努力奋斗。"① 上任后不久，中共中央总书记胡锦涛率领中央书记处的同志冒雪来到曾经流传着"愚公移山"这一古老传说的河北平山县西柏坡学习考察。

西柏坡是中共中央旧址，也是中国五大革命圣地之一。这里曾是毛泽东和党中央解放全中国的最后一个农村指挥所。在这里，毛泽东和党中央指挥了三大战役，召开了中共七届二中全会，并开始为全国解放后的城市接管工作运筹帷幄。从"打江山"转向"坐江山"，毛泽东把这次转折称为"进京赶考"。在这次全会上，毛泽东谆谆告诫全党："夺取全国胜利，这只是万里长征走完了第一步……剧是必须从序幕开始的，但序幕还不是高潮。中国的革命是伟大的，但革命以后的路程更长，工作更伟大，更艰苦。这一点现在就必须向党内讲明白，务必使同志们继续地保持谦虚、谨慎、不骄、不躁的作风，务必使

---

① 胡锦涛等十六届中央政治局常委与中外记者见面［OL］. http://www.people.com.cn/GB/shizheng/16/20021115/867826.html。

同志们继续地保持艰苦奋斗的作风。"[①] 这便是意义重大而深远的"两个务必"。无疑，在胜利面前，共和国第一代领导人保持了无比清醒的头脑，一方面认识到"革命尚未成功，同志仍须努力"，另一方面，也深知"雄关漫道真如铁，而今迈步从头越"，肩上的担子很重。此后，虽然光阴荏苒，几十年过去了，但历史的回声却依然旷谷传响。就在53年后，中国共产党最高领导人又再次回到了执政的起点，不仅重温和重申当年的要义，更告诫说，当年的考试还在继续。前后相隔半个多世纪，如今的中国共产党已然从革命党转变为执政党，所处的国内外环境也发生了天翻地覆的变化，而且，经过20多年的改革开放，中国也已经取得了举世瞩目的成绩，作为世界上最大政党的领导人，胡锦涛的此时此举，其指向也许已经远非"耐人寻味"这四个字可以形容了。

当时，在七届二中全会的会址，胡锦涛坐在前排的椅子上，静静地听完了当时开会的情景和毛主席提出"两个务必"的介绍后，他就高声对在座的同志说："我们一定要牢记毛泽东同志倡导的'两个务必'，首先从自身做起，从每一位领导干部做起！"并在之后的讲话中，引用了很多古语，包括"艰难困苦，玉汝于成"、"居安思危，戒奢以俭"、"忧劳兴国，逸豫亡身"、"生于忧患，死于安乐"等等。面对中国改革开放20多年所取得的成绩，很多国内外的专家学者都在盛赞中国已经到了又一个盛世，进入了近代以来最长的繁荣期，但是，对于党的新一届中央领导集体而言，他们看到的不仅仅只是中国取得的巨大成绩，还清醒地看到了改革进入深水区后无法回避的诸多难题。因此，重返西柏坡、回归

① 《毛泽东选集》（第4卷），北京：人民出版社，1991年版，第1438—1439页。

传统的举动，从某种意义上来说反映着新一届中央领导集体对改革的一种反思。在当时，甚至有外媒这样评论，“不耽溺于盛世，能回到当年的起跑点，踏实检视中国共产党的成绩单，符合中国人民之所愿”，胡锦涛的西柏坡之行，是一个信号，中国要兴起“一场从小处开始的平静的革命”①。由此可见，虽然时间已经过了半个多世纪，但居安思危的忧患意识一直以来都伴随着中国共产党人。当然，对于接过重任的新一届领导集体而言，来到西柏坡重温历史，不仅是用居安思危的忧患意识对全党进行警示，同时也以此举表达出对广大人民的承诺。

在西柏坡的讲话中，胡锦涛把毛泽东的“两个务必”与当下新的实践结合起来，概括为了三句话——“权为民所用，情为民所系，利为民所谋”。他说道：“牢记党的宗旨，坚持艰苦奋斗，这两者之间有着十分紧密的联系。只有牢记全心全意为人民服务的宗旨，才能保持艰苦奋斗的革命意志和革命品格；只有坚持艰苦奋斗，才能更好地履行全心全意为人民服务的宗旨。坚持艰苦奋斗，根本目的就是要为最广大人民的根本利益而不懈努力，不断把人民群众的利益维护好、实现好、发展好。这也是我们贯彻‘三个代表’重要思想的必然要求。各级领导干部要坚持深入基层、深入群众，倾听群众呼声，关心群众疾苦，时刻把人民群众的安危冷暖挂在心上，做到权为民所用，情为民所系，利为民所谋。尤其要关心那些生产和生活遇到困难的群众，深入到贫困地区、困难企业中去，深入到下岗职工、农村贫困人口、城市贫困居民等困难群众中去，千方百计地帮助他们解决实际困难。要

① 参见五年新政始于重返西柏坡 胡锦涛：《考试在继续》［OL］. http：//www. chinanews. com/gn/news/2007/10－09/1043665. shtml。

通过扎实有效的工作，实实在在地为群众谋利益，带领群众创造自己的幸福生活。”① 不久，这种“权为民所用，情为民所系，利为民所谋”的“执政为民”理念就转化为了执政党的实际行动。在此后的中央经济工作会议、政治局常委会专题会议与全国组织工作会议上，胡锦涛等新一届中央领导都多次强调，要“倾听群众呼声，体察群众情绪，关心群众疾苦”。特别是在面对“非典”这一严峻考验的时候，中国共产党人更是以化解危机的强大决心和整合调动资源的非凡能力向国人乃至世界传达了这样一种信念，即，无论疾病灾难、无论艰险困苦，中国共产党都始终与人民在一起。“广泛动员全社会实行群防群控，打一场防治疫病的人民战争”②，正是中国共产党历经艰难却不断取胜的秘诀。

2003 年 10 月 11 日至 14 日，中共十六届三中全会在北京召开。当天，《人民日报》头版头条发表文章《再谱改革新篇章》，文中写道：“站在一个新的起点上，回望历史：改革的难度出乎意料，改革的进展超过预期。艰难而辉煌的过去，必将成为开辟未来的宝鉴。”③ 在这次全会上通过了《中共中央关于完善社会主义市场经济若干问题的决定》。这一《决定》无论对于中国共产党而言，还是对于中国的社会主义建设事业而言，都预示着一个转折点的到来。因为我们注意到此时用词的一种变化：从十四届三中全会提出的“建立”到此时十六届三中全会提出的“完善”，这种用词的变化，不仅昭示着中国特

① 胡锦涛在西柏坡学习考察时的讲话［OL］. http://news.cctv.com/special/C19464/20071004/102197.shtml。

② 胡锦涛：《群防群控　打一场防治疫病的人民战争》［OL］. http://www.people.com.cn/GB/shizheng/16/20030501/983384.html。

③ 新华社记者赵承、刘铮、冯晓芳：《再谱改革新篇章》，人民日报，2003 年 10 月 11 日。

色社会主义发展道路的日渐清晰，同时也明确了时代赋予中国共产党的新的历史使命。

众所周知，以 1978 年中共十一届三中全会的召开为标志，我国开始了改革开放。至此，困扰中国几千年的温饱问题迎刃而解，民族复兴的大业也展现出光明的前景。1993 年，十四届三中全会通过了《关于建立社会主义市场经济体制若干问题的决定》，勾画出社会主义市场经济的基本框架。社会主义市场经济体制的建立，带动了中国经济社会的极大发展。经过 10 多年的发展，此时的中国，对于胡锦涛和他的同事们来说，就好比一列动力十足的火车，奔驰向前。然而，在这 10 多年的时间里，在社会主义市场经济体制得以初步确立的同时，人们却也看到了伴随着前进过程而产生的一些问题。如果我们把中国特色社会主义比作一项重大的建筑工程的话，那么十四届三中全会勾画的社会主义市场经济的体制框架，就好比这一建筑的结构，而如今，对于新一届的中央领导集体而言，则是必须在 10 年成就的平台上，努力做好“完善”这一构架的文章，为全面建设小康社会提供坚强的保证。无疑，这一历史性任务是异常艰巨的。

“艰难困苦，玉汝于成”，这是胡锦涛常讲的一句话。中国将长期处于社会主义初级阶段长达十年甚至更久的情况，对于中国共产党和中国广大人民群众而言，绝不仅仅是一个韬光养晦的策略，而是一个必须面对的现实。作为一个资源贫瘠的国家，我们没有挥霍哪怕一点资源的空间；我们的 GDP 虽然达到世界第六位、亚洲第二位，但一平均，却又落在了 100 位之后；我们的城乡发展不平衡、产权制度不健全、市场秩序比较混乱、政府执政转变还不到位；面对经济全球化和加入世贸组织的新形势，我们的经济结构还不合理、分配关系也尚未理顺、农民收入增长缓慢、就业矛盾突出、经济整体竞争力不强；而且，传统发展模式也已经给我们的环境造成了巨大的压力……由此可见，一个半世纪的时光锻造的绝不应该仅仅只是一列快速奔驰的经济列车；中国需要一个更加科学、全面、理性的判断标准来指导发展。科学发展观正是中国共产党新一届中央领导集体在中国经济发展的关键时期，提出的具有里程碑意义的理念，而其中“以人为本”的核心思想更是中国共产党执政理念的一次历史性转向。

古希腊哲学家普罗泰戈曾经说过，人是万物的尺度。在马克思看来，历史的进步是社会发展和人的发展相统一的过程，“整个历史也无非是人类本性的不断改变而已”[①]，社会发展的动力来源于人自身，社会发展的目的是为了实现人的全面而自由的发展。因此，从某种意义上来说，科学发展观是马克思主义的最高命题或根本命题。而科学发展观以人为本的论述，则是对马克思主义发展观的创新和发展。当然，对于新一届领导集体而言，以人为本绝不是一句空洞的口号，代表人民群众的根本利益也不是抽象的说辞，而是体现在党和政府的决策之中，体现在经济社会发展的各个方面，体现在各项具体工作之中，体现在每一名群众的具体利益之上的。取消农业税，解决拖欠农民工工资问题，关怀弱势群体，关注世界各地的中国公民，颁布实施第一部《行政许可法》，建立新闻发言人制度，将“公民的合法的私有财产不受侵犯”、“国家尊重和保障人权”郑重写入宪法，颁布实施一系列如《中华人民共和国居民身份证法》、《散装食品安全卫生法》、《工伤保险条例》、《城市房屋拆迁估价指导意见》等以民生为要旨的法律法规等这些

① 《马克思恩格斯选集》（第1卷），北京：人民出版社，1995年版，第172页。

都是中国共产党将“以人为本”理念落在实处的最好诠释和体现。

正所谓，民为邦本，本固邦宁。从“执政为民”到“以人为本”，从“关注民生”、把人民群众的困难永远放在心坎上，到以人为本、尊重每一个个体的权利，中国共产党在回归传统的同时，实现了意识形态的又一次创新与升华。它不仅意味着社会主义已经从革命的、阶级斗争的时代真正进入到了建设、发展的时代，也意味着这种建设和发展更加追求质量，更加关注根本目标；不仅意味着不同制度之间的斗争和博弈将主要在经济和社会发展的战场上展开，也意味着社会主义的优越性将更多地从人民的幸福、人民共享发展的成果上体现出来。由此，无产阶级政党全面地开启了直接为人的自由和全面发展创造物质基础的新时期。

首先，“以人为本”作为科学发展观的核心，折射出一种新型的政治权力关系的体系。由于科学发展观本身就是当代中国全面发展的指导方针和战略思想，因而“以人为本”的理念对于中国社会的全面发展也具有普遍和整体上的指导意义。它不仅在经济领域批判片面发展的物本经济，提倡把人当作经济活动与经济发展的主体、尺度和目标；同时，也强调在政治领域要体现执政为民，承认和肯定人民群众在历史发展中的主体地位，强调把广大人民群众的根本利益作为一切工作的出发点和落脚点，不断满足人们的多方需求和促进人的全面发展；此外，还强调在文化领域，要提高人的素质，塑造独立自主、开拓创新、契约法治、诚信负责的新型人格。而此后在科学发展观基础上进一步提出的“构建社会主义和谐社会”的要求，更是将“以人为本”对当代中国政治发展的具体要求体现在了民主法治、公平正义、诚信友爱、充满活力、安定有序、人与自然和谐相处，以及共同建设、共同享有的原则之中。至此，“以人为本”理念所支撑和指向的理想的政治权力关系体系便逐渐明晰，即，坚持中国共产党的核心领导以获得当代中国社会稳定与科学发展之前提；坚持人民主体地位以获得发展之动力，并在发展中得享自由全面之发展以及人的解放；坚持法治、民主的基本原则以获得社会层面的公平正义、安定有序、社会活力与社会和谐[①]。

其次，“以人为本”作为马克思主义人的解放主题的又一次提升，引领中国人权发展进入新阶段。一百多年的社会主义运动，旨在“消灭一切阶级和进入无阶级社会的过渡”[②]。而“以人为本”理念所体现出的一种由革命到建设再到人民幸福的清晰的历史脉络，则深刻地体现出这种无产阶级推进人的解放的内在逻辑。同时，结合时代发展的客观实际，“以人为本”在体现人的解放主题时代内涵的同时，也引领中国人权发展进入了新的阶段。“坚持以人为本，就是要以实现人的全面发展为目标，从人民群众的根本利益出发谋发展、促发展，不断满足人民群众日益增长的物质文化需要，切实保障人民群众经济、政治和文化权益，让发展的成果惠及全体人民。”[③] 胡锦涛的这段叙述无疑是人权实实在在的体现，同时也是对中国人权发展提出的新要求。即，以人为本人，代表了社会的最大多数，代表了中国共产党对全中国最大多数人权利的维护和谋求，因而人权的实现具有更加广泛的普

① 参见林尚立等：《政治建设与国家发展》，北京：中国大百科全书出版社，2008年版，第260页。

② 《马克思恩格斯选集》（第4卷），北京：人民出版社，1995年版，第547页。

③ 《十六大以来重要文献选编》（上），北京：中央文献出版社，2005年版，第850页。

遍性。

再有，“以人为本”在促进当代中国社会态度和行为模式发生转化的同时，也对意识形态工作和战略作出了相应的调整与转向。在当代中国改革与发展的语境中，“以人为本”倡导的是在政治领域，要把维护最广大人民根本利益作为党和国家一切工作的出发点和落脚点，发展民主法治，保障自由平等，实现公平正义；在经济领域，是要坚持科学发展，坚持发展为了人民，发展依靠人民；在社会领域，是共富、共享、改善民生，提倡和谐社会人人有责，和谐社会人人共享；在文化领域，是在充分发挥人民在文化建设中的主体作用的同时，让人民共享文化发展的成果；在政党自身建设方面，则是提出建设立党为公、执政为民、求真务实、改革创新、艰苦奋斗、清正廉洁、富有活力、团结和谐的马克思主义执政党。这是意识形态本身在创新发展的过程中，通过解释或评价的方式，对社会态度和行为模式赋予的价值。由于具有强烈现实取向和社会关怀的意识形态，其存在方式是弥散性的而非是实体性的①，因此，意识形态本身的任何的实质性的创新，都会影响到作为思想体系的意识形态对于其自身的审视与解读，当然也会影响到意识形态战略和意识形态工作本身。正是在这个意义上，“以人为本”理念的产生，作为意识形态本身实质性的创新，也必然会引发当代中国意识形态工作和战略发生转变，即，坚持意识形态工作和战略的人本取向，彰显人文关怀，增强意识形态本身的凝聚力和吸引力。

---

① 参见［美］克利福德·格尔兹：《文化的解释》，纳日碧力戈等译，王铭铭校，上海：上海人民出版社，1999年版，第223—224页。

当然，作为执政党的中国共产党在此时并且能够在此时提出“以人为本”，也并非偶然。换句话来说，“以人为本”能够构成当代中国意识形态领域的重要创新和具有重要价值的突破，是有其现实基础和前提的。

首先，“以人为本”的提出顺应了改革开放以来当代中国意识形态创新的一般趋势。自改革开放以来，在中国的思想领域就存在着三种文化资源。第一种也是占主导地位的就是，马列主义以及作为其继承和发展成果的毛泽东思想、邓小平理论；第二种是随着中国发展和崛起而逐渐复苏的中国传统文化中的思想资源；第三种就是随着改革开放和中外交流，在中国思想领域取得了一定影响力的西方文化资源。可以看到，以马列主义的基本观点和基本方法为指导，兼收并蓄中国本土思想文化资源以及作为当代人类文明一部分的西方文化精华，在批判中继承，在承接中创新，成为当代中国意识形态创新发展的一般趋势。所以，在我们认真分析“以人为本”的内涵以后就会发现，这一理念的提出无疑也是顺应这一趋势而形成的基本思路和现实选择。因为，“以人为本”理念本身就与马克思主义关于人的解放和自由全面发展的理论具有充分的契合性①；同时，它又结合中国当下发展的实际，从中国古代政治思想的“以民为本”、本固邦宁以及西方思想发展史中的人本主义或人道主义思潮中吸取了合理的

① 注：熟悉马克思主义哲学的人都知道，马克思主义哲学创造性地从人及其实践活动入手，考察人与世界的本质关系，将对世界终极本质的追问和反思，建立在人的实践活动基础之上，把整个世界看作是与人类息息相关的人类世界、属人世界。借此，马克思不仅为现实的人类世界找到了人本基础，同时也找到了人之所以能成为人类世界之本的原因，并指出实践是构成人及其整个世界的根基所在。那么，当前语境中的“以人为本”也是同样，表达的正是一种对人在社会历史发展中主体作用和地位目的的肯定。

养分①。

其次，“以人为本”的提出顺应了时代发展的新诉求。换句话来说就是，“以人为本”是在对中国改革和发展的经验教训的深刻反思中提升出的一种实践理念。我们都知道，“全心全意为人民服务”一直以来都是中国共产党最高的政治原则和最重要的政治行为，那么，为何如今又再次将“为民”推及至“以人为本”加以强调呢？这恰恰体现了在继承和发扬党的指导思想的同时，中国共产党对当下现实的回应和观照。因为此时的“民”相较于建国初期、改革开放初期的“民”已经发生了很大的变化。确切地说，随着以“市场化”为主要取向的社会改革的全面推进，在物质生活得到极大丰富和提升的同时，人们的开放意识、市场意识、竞争意识、民主意识、法律意识也在显著增强。于是，“人民”作为一个政治概念，它的阶级属性在减弱，而它的法律属性却在不断增强；作为一个群体性概念，它的抽象性在减弱，而它的具象性或者说个体性却在不断增强。在传统的中国社会，“人”往往是被限制在由人伦形成的家族、民族、国家这类整体的规范之中的；然而，随着改革开放的不断深入，社会自主性以及与之紧密相连的个体独立、自由、自主的欲求却在不断地增强，由此可以想象，在市场经济条件下得以释放的、被传统礼教牵扯出来的郁结在心中无法释怀的、对自我独立和个体自由的欲望，所产生的能量

① 注：“吸取了合理的养分”意味着一种扬弃的过程，因为“以人为本”与西方人本主义思潮相比，在背景、目标、内涵、世界观与方法论上均有重大差别，因为就西方人本主义思潮而言，其中的“人”指的是一般的、抽象的人，而“以人为本”中的人除了相对于“以物为本”指称一般的人之外，更趋向的是当前社会历史条件下现实的人和作为推动社会发展和社会进步力量的人民群众；此外，“以人为本”与中国古代的“以民为本”政治思想在目的、价值和理论重心方面也存在区别，特别是在对“人”与“民”在现实政治体系中的地位、作用的主张方面截然不同。

会有多么的大——一个如今从根源处成为一个有着“自我”的个体，无疑给人们心理乃至社会生活和政治权力带来了巨大的冲击。这种在某种程度上是从外部强化的思想变迁过程，从一定意义上来说，一方面反映着国人作为“人”的发展与进步，但同时另一方面也给发展相对滞后的国家体制提出了新的挑战。特别是当这种观念预期与现实产生巨大反差，从而造成一种社会性的普遍怨恨（这种怨恨情绪不仅是底层民众体验强烈，而且现在大有演变成德国学者舍勒所谓的“怨恨式批评”的态势[①]）的时候，这一挑战就显得更为严峻和可怕。由此可见，要解决这些社会问题，根本的方法就在于适时、有效地改变公共权力的运作方式，回应人民的这种思想发展和观念预期。因此，从提出“权为民所用，情为民所系，利为民所谋”到以“以人为本”为核心的科学发展观，从表面上看是一种政治承诺，然而，从本质上，它们却是掀开一场深刻变革的开篇辞和决心书。可以看到，在这一思想的指导下，中国共产党的执政理念发生了重大的变化，公民人权、社会正义、法治建设成为特别观照的核心内容。至此，中国特色社会主义道路的内涵也在此次意识形态的创新与发展中、在实践的摸索与打磨中变得更为明晰了。那就是“在中国共产党领导下，立足基本国情，以经济建设为中心，坚持四项基本原则，坚持改革开放，解放和发展生产力，巩固和完善社会主义制度，建设社会主义市场经济、社会主义民主政治、社会主义先进文化、社会主义和谐社会，建设富强民主文明和

① 注：所谓怨恨式批评，就是缺乏任何积极目标的不分皂白的批评。这种批评并非真想消除不良现象，只是以此为借口；而且，对于所抨击的状况的任何改善，不仅不能令人满意，而且反而只能导致不满，因为它们破坏了谩骂和否定所带来的不断高涨的快感。怨恨式批评不会对内在价值和品质做出任何的肯定、赞赏和颂扬，仅是一味地否定、贬低、谴责。

谐的社会主义现代化国家”①。

二、凝聚发展共识的意识形态生产

“以人为本”理念的提出有效提升了改革开放以来在中国政治、经济、社会、文化持续发展过程之中的人的主体性。而这种主体性的提升，也必然会对社会主义意识形态提出更高的价值需求，即，应当着眼于现实社会中的人的存在和发展需求，构建具有深切人文关怀的社会主义价值体系。当然，这种着眼于人的存在和发展需求的社会主义价值体系，对其基本内涵是有着一定的要求的，即：一要体现出对我们所处时代和世界的基本观点与普遍认识；二要提供一套能指导我们进行一切社会价值评判，集根本性、终极性与系统性于一体的理论原则与规范；三要提供有关人之为人的自我认识和自我修养的基本判断和全面认识；四要设定一个具有共识性的社会理想。由此可见，这种对社会主义价值体系进行构建与传播的目的就在于，指引广大民众通过自身的社会行为来实现社会整体的进步与发展，并在此过程中谋求实现自身的进步与发展。其中，作为社会主义意识形态本质体现的社会主义核心价值体系，其最为核心的要务就是要凝聚全社会的发展共识。

首先，高举中国特色社会主义伟大旗帜，为广大民众提供共识性的信仰体系和评价依据。恩格斯曾经说过：“一个新的纲领毕竟总是一面公开树立起来的旗帜，而外界就根据它来判断这个党。”② 在这里，革命导师谈的是党的纲领，但通过其

① 胡锦涛总书记在庆祝中国共产党成立 90 周年大会上的重要讲话[OL]. http://news.xinhuanet.com/politics/2011-07-01/c_121612030.htm。

② 《马克思恩格斯选集》（第 3 卷），北京：人民出版社，2004 年版，第 325—326 页。

内在的关联性，可以看到旗帜的重要性。正所谓，旗帜就是方向，旗帜就是形象。旗帜问题，实质上就是以什么理论为指导、以什么制度为基础、朝什么方向、走什么道路的问题。因而，正确地解决这个问题，对于工人阶级政党和工人阶级领导的国家来说，关乎前途命运和兴衰存亡。从十三大到十六大，中国共产党一直都明确宣布中国特色社会主义是指引前进的伟大旗帜。十七大则更进一步概括升华为一面旗帜（中国特色社会主义伟大旗帜）、一条道路（中国特色社会主义道路）和一个理论体系（中国特色社会主义理论体系）。十七大是在中国改革发展关键阶段召开的一次十分重要的大会，无论从大会召开的时机、确定的主题，还是从大会担负的使命来看，对于党和国家事业发展都至关重要。在这次大会上提出的“道路”，用十七大报告的概括来说，就是在中国共产党的领导下，立足基本国情，以经济建设为中心，坚持四项基本原则，坚持改革开放，解放和发展社会生产力，巩固和完善社会主义制度，建设社会主义市场经济、社会主义民主政治、社会主义先进文化、社会主义和谐社会，建设富强民主文明和谐的社会主义现代化国家。“理论体系”指的是，包括邓小平理论、“三个代表”重要思想以及科学发展观等重大战略思想在内的科学理论体系，总体上是属于马克思列宁主义同中国实际相结合的第二次历史性飞跃的理论成果。而“旗帜”则体现了“道路”和“理论体系”的有机统一，即，中国特色社会主义伟大旗帜，是当代中国发展进步的旗帜，是全党全国各族人民团结奋斗的旗帜，高举这面旗帜，既要在中国特色社会主义理论体系指导下坚持中国特色社会主义道路的伟大实践，又要在伟大实践中不断丰富和发展中国特色社会主义理论体系，只有两者紧密结合、相互促进，才能保证中国特色社会主义伟大旗帜始终高高飘扬。无疑，通过“一条道路”、“一个理论体系”以及两者共同构成的“一面旗帜”，中国共产党向全国乃至全世界鲜明地回答了新时期指导思想的理论基础以及发展道路、奋斗目标、共同理想和当代中国的社会制度问题，彰显了中国特色社会主义理论和实践的日趋成熟，体现了中国共产党政治路线的坚定性和一贯性，同时，也表明了中国共产党带领全国各族人民在继续推进中国特色社会主义伟大事业上的坚定信心和决心。此后，在 2012 年 7 月 23 日，也就是中国共产党第十八次全国人民代表大会召开前夕的特殊历史时刻，胡锦涛又再次开宗明义地强调了高举中国特色社会主义伟大旗帜的重要性，并号召全党全国各族人民毫不动摇地坚持和发展中国特色社会主义，毫不动摇地走中国特色社会主义道路，毫不动摇地推进改革开放。胡锦涛在此时此刻提出这“三个毫不动摇”，充分体现了党中央高举中国特色社会主义伟大旗帜，领导全国各族人民奋力推进社会主义现代化，实现全面建成小康社会宏伟目标的坚强决心。这无疑是中国发展在进入关键期、改革在进入攻坚期的时刻，党中央发出的统一思想的宣言书、科学发展的动员令和未来治国理政的路线图。它不仅体现了中国共产党在思想建设上的先进性要求，也体现了思想建设上的广泛性要求：它既坚持了先进文化的前进方向，又符合不同层次群众的思想状况；既体现了共同的愿望和追求，又涵盖了不同群体和阶层的愿望和诉求。这种先进性与广泛性的有机统一，无疑具有强大的整合力，能够最大限度地引领社会思潮、凝聚社会共识。

其次，构筑中国特色社会主义的共同理想，提升意识形态的整合力。众所周知，意识形态确立最主要的就是理想信念的灌输，这是政治社会化的中心环节。邓小平就曾非常精辟地这样说过："我们这么大一个国家，怎样才能团结起来、组织起来呢？一靠理想，二靠纪律。组织起来就有力量。没有理想，没有纪律，就会像旧中国那样一盘散沙，那我们的革命怎么能够成功？我们的建设怎么能够成功？""最重要的是人的团结，要团结就要有共同的理想和坚定的信念。""有了共同的理想，也就有了铁的纪律。无论过去、现在和将来，这都是我们的真正优势。"① 由此可见，社会主义理想信念的传播，正是社会主义事业蓬勃发展的前提。坚持以人为本的科学发展观、构建社会主义和谐社会，作为中国共产党指导思想与时俱进的理论成果，在推进意识形态创新发展的同时，也提升了人们对理想社会追求这一根本问题的新认识，从而在取得广大中国民众乃至世界共识的基础上，构筑了体现时代发展特征和人民群众诉求的社会理想。实践证明，社会主义要被人们所信仰，并非仅仅依靠平等、公正、全人类的幸福和解放等这些美好的价值理念，更重要的还要靠它揭示人类社会发展的客观规律，把人们对美好社会的追求置于科学的轨道之上。从科学发展观的内涵来说，其中以人为本、全面、协调和可持续发展的内容虽然从表面上看体现得更多的是价值理念，但事实上却蕴含着深厚的科学底蕴。以人为本的落脚点在于对社会发展的科学评价，强调的是经济发展必须推动和服务于社会发展；全面、协调和可持续发展的根基在于对社会发展现实矛盾的科学破解，其中，从探索规律的角度，对城乡发展的协调、地区发展的协调、利益群体的协调以及经济政治文化发展的协调等方面所作的阐释，无不渗透着科学的精神、闪耀着理性的光芒。和谐社会是

---

① 《邓小平文选》（第3卷），北京：人民出版社，1993年版，第111、190、144页。

社会主义意识形态的新理念。胡锦涛曾经在一次讲话中说道："实现社会和谐，建设美好社会，始终是人类孜孜以求的一个社会理想，也是包括中国共产党在内的马克思主义政党不懈追求的一个社会理想。"[①] 和谐社会的思想古已有之，所谓"国泰民安"、"政通人和"、"安居乐业"、"大同社会"等等均是对和谐社会状态和特征的描述，体现出的都是人们对美好社会生活的向往。然而，此处的"和谐社会"却有着新的时代内涵：一方面，它崇尚平等，但却不是权威规划之下、削平特色的平等，而是扬其所长、尊重多样的协调和均衡，正所谓"和而不同"；另一方面，它强调发展，但却不是那种速度主宰下的发展，而是关注发展目的、以人为本、可持续的发展，这种发展体现着社会公正，观照着大众幸福，反映着人间正道。因此，构建社会主义和谐社会，是将"矛盾凸显期"转化为"战略机遇期"的必然要求，更是推动经济和社会共同进步的深远智慧。正如在十六届六中全会上通过的《中共中央关于构建社会主义和谐社会若干重大问题的决定》中所说的那样，"社会和谐是中国特色社会主义的本质属性，是国家富强、民族振兴、人民幸福的重要保证。构建社会主义和谐社会，是我们党以马克思列宁主义、毛泽东思想、邓小平理论和'三个代表'重要思想为指导，全面贯彻落实科学发展观，从中国特色社会主义事业总体布局和全面建设小康社会全局出发提出的重大战略任务，反映了建设富强民主文明和谐的社会主义现代化国家的内在要求，体现了全党全国各族人民的共同愿望。……任何社会都不不可能没有矛盾，人类社会总是在矛盾运动中发展进步的。构建社会主义和谐社会是一个不断化解社会矛盾的持续

---

① 胡锦涛：《在省部级主要领导干部提高构建社会主义和谐社会能力专题研讨班上的讲话》，《人民日报》，2005 年 6 月 27 日。

过程。"[①] 无疑，《决定》勾画出了一条促进社会和谐的科学发展之路。正是在这个意义上，我们说，科学发展观与社会主义和谐社会理论是内在统一的，归根到底，其核心都是解决人民最关心、最迫切要求解决的问题。构建社会主义和谐社会也是科学发展的题中应有之义，没有科学发展就没有社会和谐，而没有社会和谐也难以实现科学发展，两者既相互联系、相互制约又互为条件、相互促进。正如胡锦涛所说：科学发展，社会和谐，是发展中国特色社会主义的基本要求，是实现经济社会又好又快发展的内在需要，必须坚定不移地加以落实。这样，社会主义和谐社会的理念和科学发展观的一系列范畴，就形成了当代社会主义的新探索，同时也共同构成了代表特定历史阶段最广大人民利益的新的社会理想体系。之所以说是体系，是因为在这一社会理想之中，既勾勒出了理想社会的状态和特征，同时也明确了实现这一理想的方法和途径。通过塑造新的社会理想体系，中国共产党完成了从革命时期阶级的代表到建设时期中国人民和中华民族代表的转变，完成了从为利益而斗争到主导利益协调的转变，不仅展现了其自身执政理念发展的一次飞跃，同时也深刻地展现了社会主义的内在价值，在增强人们共同体认的基础上有力地提升了社会主义意识形态的整合力。

第三，凝练社会主义荣辱观，确立社会价值导向的标尺。马克思曾经说过，人在本质上是一切社会关系的总和。正是在这个意义上，人性论是一个社会关于人本身的基本认知和基本共识，它是通过对文化和思想的建构，指向社会中人性是非善恶的基本判断和基本标准。中国作为一个具有深厚历史文化传

① 中共中央关于构建社会主义和谐社会若干重大问题的决定［OL］. http://www.china.com.cn/policy/txt/2006-10/18/content_7252336.htm。

统，广纳人类现代文明成果，而又致力于社会主义建设的超大规模的发展中国家，应推崇一种怎样的人性形象呢？或者说，应当以何为是、以何为非、以何为善、以何为恶呢？这无疑是一个关系到当代中国发展全局、关系到中华民族未来的重大问题。正如古人所云："风俗者，天下之大事也。"好的社会风气可以陶冶、滋养人们的道德情操，给人以积极向上的精神状态，对经济社会的健康发展有巨大的促进作用，相反，不良的观念和行为一旦形成风气，就会腐蚀社会的健康机体。因此，在社会主义社会里，是非、善恶、美丑的界限绝对不能混淆，坚持什么、反对什么，倡导什么、抵制什么，都必须旗帜鲜明。作为社会主义核心价值体系的重要组成部分，以"八荣八耻"为主要内容的社会主义荣辱观的提出，正是对上述问题的解答。正如很多学者指出的那样，以"八荣八耻"为主要内容的社会主义荣辱观，把对历史传统的继承弘扬与对现实问题的战略思考结合起来，既体现了对中国历史文化传统的继承精神，同时又表现出着眼现实的中国社会全面发展的实践品格，其意义是不言而喻的。可以看到，在悠悠的历史长河中，无论历经了多少沧桑巨变，我们的民族总是坚守着一份对于真善美的崇高且纯粹的追求：公忠体国、为民立命的志士仁人，死而后已、舍命为人的忠义之士，温良恭俭、勤劳质朴的平民百姓，共同造就了中华民族千百年来的丰功伟绩。而正是这些承载着历史与传统的血脉的民族精神和传统美德，成为了中华民族得以生生不息、繁荣昌盛的精神支柱。同时，作为当代中国时代精神的中国革命精神，如井冈山精神、长征精神、延安精神、西柏坡精神、抗美援朝精神、"两弹一星"精神、"抗洪精神"、抗击"非典"精神、载人航天精神等等，其中所包蕴的热爱祖国、热爱人民、不屈不挠、艰苦奋斗的内涵和品格，在中国共产党从建立到发展壮大的历程中，也始终是作为马克思主义政党的政治本色的深刻体现，是凝聚党心民心、激励全党和全体人民为实现国家富强、民族振兴共同奋斗的强大精神力量，是我们党保持同人民群众血肉联系的一个重要法宝。面对当代中国社会存在的价值危机，如，对国家和广大人民群众采取事不关己、高高挂起的冷漠态度，甚至在言行上有损国家民族的利益与尊严；将诚实守信、辛勤劳动、艰苦奋斗视之为不合时宜的“傻冒”行为；将好逸恶劳、损人利己、见利忘义看成是出自“人的天然本性”，具有“合理性”；甚至更有人以违法乱纪、挥霍浪费、骄奢淫逸来显示其拥有的特权与显赫地位等等，以“八荣八耻”为主要内容的社会主义荣辱观无疑为当前社会提供了一个评判是非善恶的具体而形象的标准。这个标准不仅囊括了爱国主义、集体主义、社会主义思想，以及社会主义基本道德规范和社会风尚的本质要求，同时也为塑造具有崇高道德修养的社会主义公民和促进良好社会风气的形成和发展指明了方向。

通过以上论述，我们看到，从理想的漂移中解放出来的中国共产党，通过真理标准的驱动促成了中国发展道路的重塑和新生，通过对先进性的追问实现了对发展道路的自省，通过回应和观照人民的思想发展和观念预期完成了发展道路自身内涵的明晰。作为观念上层建筑，中国特色的社会主义意识形态自身创新发展的过程无疑成为了维护国家和社会秩序的重要手段，同时也成为了推动中国特色社会主义事业发展前进的一支不可替代的重要力量。

如果说，建国初期，我们对于理想的捍卫更多地是来源于我们对革命果实的捍卫、对摆脱现状的渴求，那么，在围绕马克思主义这一核心指导思想所开展的理论与实践的互动过程中，如今，我们对于理想的捍卫更多地是来源于对中国特色社会主义制度本身的价值诉求，来源于对人类社会乃至人自身发展的普遍愿望。这一理想不仅涵盖了对人类社会理想状态的普遍期待与向往，同时也包含着对现实的观照与自洽，是当前社会主义中国立国的基本精神。当然，现实中的一切制度安排也因为这一理想而变得更为贴合现实、符合实际需要。于是，这样一种实践理性所带来的便是我们在对道路进行探索开拓的过程中始终处于一种扬弃的状态。

当前，中国特色的社会主义意识形态在扬弃的过程中已经体现出了越来越强的包容能力，这显然是在为道路的进一步开拓营造更为宽松的环境。因为就目前我国发展的现状而言，中国发展道路想要走得更好、更远，就必须迎来新一轮较大幅度的制度调整，而意识形态所体现出的这种包容能力也恰恰为制度的调适提供了可能的运行空间。

三、新世纪新阶段中国共产党推进意识形态工作的特点

中国特色社会主义道路是一代又一代中国共产党人同人民一道顽强拼搏、不懈奋斗，抛头颅洒热血，前仆后继干革命；鼓干劲讲奉献，求真务实搞建设；促改革求创新，一心一意谋发展开拓出来的民族复兴之路。它植根现在，通向未来，是实现社会主义现代化的必由之路，是创造人民美好生活的必由之路。如今，我们已经取得了举世瞩目的伟大成就，但我国仍处于并将长期处于社会主义初级阶段的基本国情没有变，人民日益增长的物质文化需要同落后的社会生产之间的矛盾这一社会主要矛盾没有变，我国是世界上最大的发展中国家的国际地位没有变。发展仍然是解决我国所有问题的关键。因此，在任何

成就面前，我们没有丝毫理由自满，也决不能躺在过去的功劳簿上。

当年，邓小平勇敢地提出“贫穷不是社会主义”[①]，从而掀起了一场社会主义制度下的经济改革，如今，医疗、卫生、住房、社会保险、教育、科技创新等作为社会体制的重要内容，日益成为当前引发我国社会问题最多的领域。因此，继经济改革之后，如何在我国成功地开展一场社会主义制度下的社会改革是中国共产党面临的最大挑战。换句话来说，“贫穷不是社会主义”，不讲人权、正义和法治同样不是社会主义。可以说，我国的经济改革已经开展了三十多年，其间既有奇迹同时也有缺憾，而社会改革正是要消化经济改革所带来的负面影响并为政治改革提供一个牢固的经济社会的基础。当然，这一改革的成功也并不是一蹴而就的。从现阶段的情况来看，我国的社会改革仍需要经历很长的一段时间。在这一过程之中，无疑最关键的就是要坚持解放思想、实事求是、与时俱进、改革创新，正所谓，实践发展永无止境，理论创新永无止境，制度完善永无止境，道路拓展永无止境。在这条具有中国特色的发展道路上，一脉相承的实践主题就是，我们党坚持把马克思主义基本原理同中国具体实际结合起来，不断推进马克思主义中国化，坚定不移地走自己的路。只要我们传承和发扬基本历史经验，勇于变革、勇于创新，永不僵化、永不停滞，那么中国特色社会主义道路就会在党和人民的创造性的实践中越走越宽广、越走越光明。可以看到，正是在对时代和国家发展所呈现的新问题和新特点的认识的基础上和发展道路不断明晰的过程中，这一时期的意识形态建设也呈现出其自身的特点。

---

① 《邓小平文选》（第3卷），北京：人民出版社，1993年版，第255页。

首先，把主流意识形态的建设置于学习实践科学发展观的总体布局之中。具体体现为：一是从着眼发展的角度对社会主义意识形态建设进行再定位，将意识形态定位为国家“软实力”的核心构成，对于我国的国际影响力和竞争力具有战略性的价值和功能。正如胡锦涛在《求是》杂志上发表的题为《坚定不移走中国特色社会主义文化发展道路 努力建设社会主义文化强国》的文章中所说的那样，“当今世界正处在大发展大变革大调整时期，当代中国正在新的历史起点上向着新的奋斗目标迈进，文化的作用更加广泛而深刻。从国际看，综合国力竞争的一个显著特点就是文化的地位和作用更加凸显，许多国家特别是主要大国都把提高文化软实力作为增强国家核心竞争力的重要战略。在世界范围内各种思想文化交流交融交锋更加频繁的背景下，谁占据了文化发展制高点，谁拥有了强大文化软实力，谁就能够在激烈的国际竞争中赢得主动。同时，我们必须清醒地看到，国际敌对势力正在加紧对我国实施西化、分化战略图谋，思想文化领域是他们进行长期渗透的重点领域。我们要深刻认识意识形态领域斗争的严重性和复杂性，警钟长鸣、警惕长存，采取有力措施加以防范和应对。”① 可见，以意识形态为核心的国家软实力，在这里不仅被看成是综合国力竞争的重要因素，而且也被看成是经济社会发展的重要支撑和国家安全的重要保障。这样的概括是从更高的层次，即民族文化的层面，将意识形态安全问题现实化与合理化，并将其看成是实现中华民族伟大复兴的重要前提，从而明确了新世纪新阶段我国意识形态建设的战略重点。二是从“以人为本”的核心思想出发加强和改进社会主义意识形态建设。意识形态的价值取

---

① 坚定不移走中国特色社会主义文化发展道路 努力建设社会主义文化强国[OL]. http://news.xinhuanet.com/politics/2012-01/01/c_122522635.htm。

向在一定程度上也直接关系到意识形态自身建设的价值取向。新世纪新阶段，中国特色社会主义意识形态的核心思想无疑便是“以人为本”，因此此时的意识形态建设在价值取向上也应坚持以人为本，即，满足人民日益增长的精神和文化需求，尊重人们合理的、多样性的价值追求，坚持理论创新和理论武装的有机统一，注重激发社会主体的创造活力，不断改进思想政治工作、不断提高舆论的引导力等等。三是从关于发展的世界观与方法论的高度上发挥社会主义意识形态的功能。以“以人为本”为核心的科学发展观作为新时期新阶段中国特色社会主义建设的指导思想，是以马克思主义世界观和方法论为基础的，因此，科学发展观不仅是一种科学的理念，更是一种科学的方法论，正是在这个意义上，胡锦涛强调：“要把树立和落实科学发展观与掌握科学的思想方法紧密结合起来。……要自觉用科学发展观来指导工作，因地制宜，因时制宜，善于统筹，善于协调，努力把对科学发展观的认识成果转化为促进发展的科学思路，转化为促进全面、协调、可持续发展的体制机制，转化为领导改革开放和现代化建设的实际能力。要把科学发展观贯穿于想问题、作决策、干工作的全过程，以长远眼光谋划发展，以全局意识统筹发展，以科学态度抓好发展，更加自觉地促进社会主义物质文明、政治文明和精神文明的协调发展。”①

其次，以社会主义核心价值体系建设为抓手推进社会主义主流意识形态建设。在这一阶段提出的社会主义核心价值体系被看成是当代中国社会主义意识形态的本质表现，是中国特色社会主义理论体系的重要内容，是当前中国社会主义文化建设

① 《十六大以来重要文献选编》（中），北京：中央文献出版社，2005年版，第72页。

的强大动力。因此，为了保证核心价值观的主流地位，一方面要坚持用一元化的指导思想引领多样化的社会思潮。这一阶段主流意识形态的一个显著特征就是开始承认和而不同，开始尊重差异、包容多样，但必须注意的是，承认并不代表有被僭越的可能。我们看到，虽然党的十七大继续高举中国特色社会主义伟大旗帜，坚持走中国特色社会主义道路，开启了我国意识形态建设的新征程，但在国内，由于改革开放进入攻坚阶段，在前进发展中一些新矛盾和问题也凸显出来，于是一段时间以来在一些领域中就出现了质疑当前的改革、怀疑党的基本路线、否定改革和歪曲对外开放的杂音和噪音，这些无疑都会干扰和影响改革开放和社会主义和谐社会的建设。同时，国际上各种思想文化相互激荡给人们的精神生活也带来了深刻影响，特别是一些错误思潮和理论对我国主流意识形态带来了严峻的挑战和冲击。当然，对于西方思想文化中那些有利于现代化建设的有益成果，要结合中国自身实践进行创新，使之成为中国文化的一部分；但是，对于那些冲击社会主义国家主流意识形态的错误理论、腐朽思想等则必须要坚决抵制，决不能任其泛滥。因此，在意识形态和思想文化战线，划清马克思主义和非马克思主义、马克思主义与反马克思主义、社会主义和反社会主义的界限，坚持马克思主义的核心指导地位，强调指导思想的一元性，坚决反对搞所谓“非意识形态化”，是不容置疑的立党立国的根本所在。另一方面，提出要努力探索增强理论和舆论引导力的现实途径。社会的发展、技术的进步给意识形态的传播与教化带来了许多新的问题和挑战，如何应对挑战、解决问题，以便在当代意识形态的新变化中重新掌握主动权，成为今天执政党亟待解决的重大问题。除此之外，还要努力探索全球化背景下社会主义话语方式的创新。面对当前事实上已经在世界范围得以传播的理论资源，例如代议民主理论、市民社会理论、共和理论、宪政理论等，如何既不被西方意识形态所构建的“普世价值”所纠缠，同时又能形成富有社会主义色彩的、更具渗透力和影响力、更能获得广泛认同的语义结构，同样也成为中国共产党在意识形态建设领域急需解决的关键性问题。

第四章　意识形态创新发展的内在逻辑

就我国意识形态而言，它绝非一个封闭或一成不变的思想体系，而是一个具有历史延续性、开放性的社会主义意识形态体系。因此，可以看到，随着时代的发展和环境的变化，意识形态总是在继承中不断地被赋予新的时代内涵。但是，无论意识形态内涵本身如何变化，其中总存在一个相对稳定的、可循的内在逻辑，那就是，马克思主义经典理论是中国化马克思主义得以继续发展的合法性来源；而中国化的马克思主义，以“建设有中国特色社会主义理论”的总体面貌，具有结合历史、现实与指引未来发展的多重特性，既能够提供意识形态建设动力机制发展的诠释空间，也能够提供论证现实、巩固政权的功能，同时还是中国共产党未来塑造意识形态建设信仰体系所延续的发展走向。从毛泽东思想、邓小平理论到“三个代表”重要思想、科学发展观以至“中国特色社会主义理论体系”的提出，都是沿着这一发展脉络逐渐展开的。在意识形态的变与不变中，具有中国特色的社会主义意识形态也因此逐渐健全和完备起来。

第一节 万变不离其宗：坚持马克思主义指导思想的核心地位

马克思主义经典理论是中国共产党建党的指导思想，是中国共产党领导全国人民取得革命胜利的指导思想，更是中国共产党领导全国人民建设社会主义中国的指导思想。中国之所以能够从满目疮痍的旧中国变成今天生气勃勃的新中国，一个至关重要的原因就是，马克思主义为中国人提供了改造社会、建设国家的理论武器。可以说，从做出抉择的那一刻开始，马克思主义经典理论就是我党意识形态的核心和恪守不变的信仰与遵循，同时，也正是对马克思主义经典理论核心地位的坚持与捍卫，给我党及其意识形态提供了合法性来源。

一、历史的逻辑是颠扑不破的延续

马克思主义的合法性地位是在历史的荡涤中被确立起来的。这种历史的荡涤包括之前那些诸如不触动封建根基的自强运动和改良主义、旧式的农民战争、资产阶级革命派领导的民主革命以及照搬西方资本主义的其他种种方案的失败教训；包括十月革命的一声炮响为中国送来的新希望、新选择；包括知识精英对真理的不断追求；包括为了民族未来而进行的血雨腥风的斗争；包括国家建设中一系列试错的过程……换句话来说，马克思主义是国人在经历一系列失败的尝试之后作出的选择、确定的遵循，它在最大程度上适应和迎合了中国社会发展的需要。可以说，中国社会历史发展的现实状况促使中国革命选择了马克思主义；对马克思主义未来理想社会最先实践者们所提供的现实经验的学习与借鉴使中国革命选择了社会主义的方向；中国共产党获得革命胜利的事实让普通的中国民众因为信仰中国共产党进而选择了马克思主义。

由此可见，将马克思主义作为指导中国革命和中国建设的核心思想，这是历史的和人民的选择。这种由历史的逻辑所颠扑不破的延续显然为中国建立社会主义制度、为中国共产党成为执政党提供了合法性依据。换言之，如果社会主义中国放弃马克思主义的核心指导地位，中国共产党放弃马克思主义的核心指导地位，那么，也就等于否定了那段英勇的革命史、否定了人们在血雨腥风中做出的选择，当然也就等于否定了社会主义制度、否定了中国共产党的领导。这样一来，显然会导致中国社会的思想混乱和社会动荡，将国家和民族再次置于水深火热的灾难境地。

二、理论的逻辑是支撑现实的依托

马克思主义能够成为指导中国社会发展的核心思想，一方面离不开社会历史发展的客观必然性，另一方面，也离不开理论本身在实践运用过程中所体现出的真理性与科学性。第一，马克思主义经典理论使中国的知识精英从理论上确认了中国需要一场大规模的革命。马克思主义唯物史观对于社会发展规律的理性认知和设计，不仅迎合了新文化运动的目的，而且事实上也大大超出了一场思想文化运动的社会效应。这种认知和设计，显然在当时得到了大多数知识精英的赞同，因而，由思想文化运动进而发展成为一场席卷全国的革命运动，也正是在这种对社会历史发展的理性社会的高度认同的基础上成为现实的。第二，马克思主义经典理论具有对中国社会性质分析的指导作用。中国革命的合法性来源于用马克思主义唯物史观直接反观自1840年以来的中国历史，换句话来说就是，半殖民地半封建社会的性质决定了中国革命的任务：反帝反封建。对这种反帝反封建任务的确立正是来源于对经济基础与上层建筑的矛盾运动关系的认知，那就是，在当时中国的全国国民经济中，封建关系仍然占着极强的优势，同时，就中国的资本主义而言，帝国主义则占据着绝对的优势，他们利用其雄厚的财政资本主义的势力加紧对整个中国进行着经济、政治乃至文化的进攻。第三，马克思主义经典理论指引了中国革命的方向。中国的革命是通过新民主主义革命夺取了政权，继而再通过开展大规模的社会主义革命，最终确立了社会主义制度的。这种由新民主主义革命继而上升至社会主义革命建立社会主义制度的过程，正是来源于中国共产党对马克思主义有关人类社会发展阶段理论的正确的分析和认识的基础之上的。第四，新中国成立后，马克思主义依然是我们建设社会主义制度的行动指南，数次的实践过程都一再证明，正是在马克思主义实践唯物主义价值观的指引下，我们回归到现实的社会状态之中，通过一切基于现实、基于生活、基于从事物质生产劳动的现实的人的科学理性的分析，我们成功地跨越了理想主义的障碍、走出了教条主义的误区，最终开拓并发展了中国特色社会主义道路。由此可见，作为无产阶级革命的理论基础和总体纲领，马克思主义通过深刻揭示人类社会发展的基本规律和未来的发展走向，为我国进行成功的社会主义革命以及社会主义建设提供了纲领性的指导原则。

三、边界的逻辑是安全稳定的保证

任何国家占统治地位的意识形态都是统治阶级的意识形态，意识形态作为一定阶级利益的观念表达，只要世界上还存在不同的阶级和社会制度，意识形态及其相互之间的冲突就不会消失。从历史上看，以马克思主义为主导的社会主义意识形态和资本主义意识形态的斗争是长期而艰巨的，不论是过去还是现在，阶级利益及其代表的国家利益的冲突永远是矛盾冲突的主题。在冷战时期，以美国为首的西方发达国家推行的意识形态扩张战略，就是导致苏联解体和东欧剧变的重要原因之一。冷战结束后，在意识形态领域，社会主义与资本主义的斗争并不是如西方某些理论家鼓吹的那样已经终结，相反，意识形态领域的斗争更为复杂和激烈。因此，在新形势下，认清和强调意识形态领域斗争的长期性和复杂性对于国家政权的巩固、对于社会主义经济建设的成败、对于社会文化安全和社会稳定都至关重要，是国家安全不可忽视的重要方面。

对于意识形态领域的斗争问题，中国共产党始终是保持着清醒的头脑的，即，在充分肯定意识形态领域主流的同时，还清醒地认识到，意识形态领域并不平静，必须在错综复杂的意识形态斗争中始终坚持马克思主义指导思想的核心地位。特别是当国家进入经济转轨、社会转型的加速期和社会矛盾的凸显期之时，各类社会热点问题叠加出现，各种力量都在试图发出自己的声音，还有境内外敌对势力对我施压促变的一贯立场没有改变，再加上信息传播手段日益多样便捷，思想理论领域呈现出十分活跃、十分复杂的状态，在这种情况下，统一思想、凝聚力量的任务就显得更加艰巨和繁重了。

当然，对于意识形态领域斗争长期性和复杂性的关注与强调并不等于将意识形态斗争极端化。事实上，在我国意识形态领域，一直以来都主张尊重差异、包容多样，因为这恰恰是我国意识形态发展创新的动力和源泉之一。只是这种尊重和包容的内涵和外延我们强调是存在边际的。也就是说，哪些是必须坚持的，哪些是可以包容的，哪些是必须反对的，我们都有着明确的界限和界定。“包容”的含义在于“包涵”和“容纳”，其精义是发扬民主、博采众长，但原则是不允许挑战党和国家的基本理论和根本制度。即，“包容”不能变成被“掉包”，如果马克思主义被掉了包，偷换成“民主社会主义”、“新自由主义”等资产阶级思想体系，我们党和国家的性质就会改变，社会主义中国也将因此而被剥夺未来。一直以来，我们说提防西化的侵蚀，其着眼点并不是指西方自古希腊以来的文化传承，而是那些图谋重建世界秩序的以美国为首的当代西方的政治文化。也许有人认为，当代西方国家不强调统一的指导思想，更没有起主导作用的意识形态。其实这是不对的。事实上，世界上任何一个国家的统治阶级为了巩固其政治统治，都会竭力维护和发展其占统治地位的意识形态，这是一个客观事实。社会发展的历史表明，资本主义社会的经济基础，是以资本主义私有制为核心的生产关系。因此，作为这种社会关系的反映，资产阶级意识形态必然要以极端个人主义为核心内容。作为资产阶级意识形态的核心，极端个人主义渗透和体现在资本主义社会的各个领域，形成了一个无孔不入、无所不在、盘根错节、根深蒂固的价值体系。这种价值体系不仅有力维护了资本主义社会的内部统治，而且也成为资本主义在世界上推行霸权的重要工具。对于这一点，马克思主义经典作家在早期就已经深刻地揭露并批判过了资产阶级意识形态这种“超党性”的虚伪态度。

在我国，指导思想一元化的合理性来源于社会主义制度本身的进步性和合理性。事实上，也正因为我们坚持马克思主义指导思想的核心地位，坚持走中国特色社会主义道路，我们才能取得今天的辉煌成就。不仅如此，作为社会主义国家，公有制的主体地位、人民民主的政权性质、共产党的执政地位，也都决定了我们绝不能实行指导思想的多元化，只能以马克思主义作为党和国家的唯一的指导思想，这显然是关系党和国家前途命运的大是大非的问题，是关键所在。正是在这个意义上，我们说，如何对待马克思主义始终是我国思想理论战线的首要问题；同时，在意识形态领域的斗争中始终保持清醒的头脑，坚持马克思主义指导思想一元化是维护国家安全、维护政权稳定、获得国家和社会长治久安的根本保证。

第二节 识变从宜：坚持马克思主义中国化的活力供给

马克思主义中国化作为一个科学命题，是毛泽东在1938年中共六届六中全会上首次明确提出来的。他指出："马克思主义必须和我国的具体特点相结合并通过一定的民族形式才能实现。马克思列宁主义的伟大力量，就在于它是和各个国家具体的革命实践相联系的。对于中国共产党说来，就是要学会把马克思列宁主义的理论应用于中国的具体的环境。成为伟大中华民族的一部分而和这个民族血肉相联的共产党员，离开中国特点来谈马克思主义，只是抽象的空洞的马克思主义。因此，马克思主义的中国化，使之在其每一表现中带着必须有的中国的特性，即是说，按照中国的特点去应用它，成为全党亟待了解并亟需解决的问题。"① 事实上也正如毛泽东所说的那样，中国人选择了马克思主义，并切实地将马克思主义与中国实践相结合，从而使马克思主义得以不断在中国传播、发展，并进而取得了一系列指导革命与国家建设的重大的理论成果。而这些

① 《中共中央文件选集》（第11册），北京：中共中央党校出版社，1991年版，第658—659页。

成果之间可谓是一脉相承、与时俱进，共同构成了马克思主义在中国生长和发展的阶段性标志。而中国发展道路也恰恰就是在这种实践与理论的双向互动中形成其基本轨迹的。也就是说，在中国特色社会主义发展的过程中，是实践呼唤理论、产生理论、检验理论、发展理论；同时，理论又指导实践、推动实践、深化实践。因此，从一定意义上来说，中国发展道路是与马克思主义在中国的发展紧密联系在一起的。

一、马克思主义中国化的生成路径

就马克思主义中国化的历史进程而言，至目前为止，以党的四届领导集体为标志，可以区分为四个阶段，即：第一阶段是以毛泽东为主要代表的中国共产党人，把马克思列宁主义的基本原理同中国革命的具体实际相结合，创立了毛泽东思想，第一次实现了马克思主义的中国化，是把马克思主义基本原理同中国的具体实际结合过程中实现的第一次历史性飞跃；第二阶段是以邓小平为主要代表的中国共产党人，在总结国内外社会主义建设的历史经验特别是改革开放以来的新鲜经验的基础上，创立了邓小平理论，被称为把马克思主义基本原理同中国的具体实际结合过程中实现的第二次历史性飞跃；第三个阶段是以江泽民为主要代表的中国共产党，根据国内外形势和党的历史方位的新变化，形成的“三个代表”重要思想，它进一步推进了马克思主义的中国化；第四个阶段是以胡锦涛为总书记的党中央立足社会主义初级阶段的基本国情，适应新的发展要求提出的科学发展观等重大战略思想。其中，后三个阶段的理论成果共同构成了中国特色社会主义理论体系。

从历史的角度来看，事实上，中国共产党对马克思主义中国化必要性认识的确立并不是一蹴而就的。首先，从立场路线来看，马克思主义中国化是在与马克思主义教条化的路线博弈中最终确定的。其实，自从马克思主义被中国共产党写在自己的理论旗帜上以来，党内有关如何对待马克思主义的问题就一直存在着两种截然不同的路线，那就是马克思主义中国化和马克思主义教条化。可以说，两种路线间的博弈从来没有停止过，只是在不同时期不同问题上表现的形式和激烈程度有所不同而已。民主革命时期如此，新中国成立后也不例外。建国初期，虽然中国共产党面临着新的时代背景和历史任务，但由于继续保持着民主革命时期的探索求实精神，因而马克思主义中国化仍然取得了长足的进步与发展。然而，伴随着建国后短短几年一连串接踵而至的胜利，教条化倾向又再次乘虚而入。此后的 20 余年，这种倾向可以说更是变本加厉，甚至成为党内不断蔓延的顽疾。直至真理标准大讨论，党内确定了解放思想、实事求是的思想路线之后，马克思主义中国化的进程才再次掀开了时代的帷幕。

其次，从内在精神看，马克思主义中国化是在科学理性精神与反科学、反理性倾向的斗争中得以实现的。经世致用、修齐治平是中华前现代文明所固有的带有实用理性特点的思想与处世哲学。这种思想显然与西方现代文明爱智求真、崇尚精神信仰的科学理性是有显著区别的。然而，正是近代以来西方现代文明的传入和在中国的传播，特别是马克思主义的熏染、洗礼和冲击，给中国社会注入了科学理性的精神。这种精神同样被马克思主义中国化所吸纳和具备。但是，这种精神特质却在建国以后遭到了重大的挑战。这一挑战主要就是来源于与之相对立的反科学和反理性的倾向。当时，为了用马克思主义、毛泽东思想全面占领文化阵地，在意识形态领域和知识分子中开展了一系列批判改造运动，在凸显政治性、正义性的同时，对批判的科学性以及智性活动的内在规律却明显忽视了，而这些缺点又在“大跃进”和人民公社化运动中进一步扭曲和膨胀。特别是在“文革”中，面对政治性批判的狂潮，日益增长的对领袖的盲目崇拜以及对现代迷信的宣扬，使反科学、反理性倾向更是演化成了一场强劲的社会思想，从而极大地削弱了马克思主义的科学理性和反思能力。直至十一届三中全会以后，经过拨乱反正和对毛泽东思想以及毛泽东本人的准确定位，才又一次将中国化的马克思主义拉回理性与科学的轨道。

第三，从外部影响上看，马克思主义中国化是在对马克思主义苏联化进行试错之后最终形成的。从民主革命时期开始，马克思主义苏联化模式和经验就对马克思主义中国化产生了正反两方面的重大影响。由于当时党内一度盛行将共产国际决议和马克思主义苏联化模式与经验奉为圭臬的错误倾向，因而使马克思主义中国化的进程屡次遭到“左”倾错误的干扰，中国革命的前程也曾一度几乎被毁。后来，在对马克思主义苏联化模式超越和扬弃的基础上，马克思主义中国化实现了第一次历史性的飞跃，从而引导中国革命最终取得了胜利。之后，在由新民主主义向社会主义过渡的过程中，我国别无选择地再次将苏联作为样板。其中虽有试图将中国实际与马克思主义再次结合的尝试与努力，但归根结底仍然没有冲破苏联模式构筑的坚固堡垒。直至改革开放的全面展开和市场经济的在中国的建立，我国才逐渐从苏联模式的阴影中走出来。当然，随着苏联的解体，苏联模式最终也成为了历史的教训而被封存起来。

恩格斯曾经说过：“伟大的阶级，正如伟大的民族一样，无论从哪方面学习都不如从自己所犯错误的后果中学习来得快。”① 事实上，邓小平在谈到“文革”的时候，也表达了同样的涵义，那就是，“我们根本否定‘文化大革命’，但应该说‘文化大革命’也有一‘功’，它提供了反面教训。没有‘文化大革命’的教训，就不可能制定十一届三中全会以来的思想、政治、组织路线和一系列政策。”② 也就是说，当下现实与过往历史是存在着内在关联的，特别是过往所犯的历史错误给当下现实提供了引以为戒的教训。同样，马克思主义中国化也正是在这种曲折的历程和经验教训的总结中走出自己的特有的轨迹的。

二、马克思主义中国化的实现机理

实现马克思主义中国化的内在逻辑既是马克思主义在中国化的过程中所体现出来的特点和规律，同时也是中国共产党得以长期在中国成功塑造以马克思主义为核心的意识形态信仰体系的关键。

首先，对马克思主义经典理论完整准确的理解是马克思主义中国化的基本前提。“什么是马克思主义?”是我们在革命、建设和改革过程中首要的理论问题，但往往又是搞得模糊不清的问题。可以看到，建国后我们之所以有较长一段时期被马克思主义教条化所俘虏、被马克思主义苏联化模式所笼罩，其主要的原因就在于我们对马克思主义的理解还存在着很大的偏离。众所周知，马克思主义创始人关于社会主义社会形成发展的基本设想是建立在生产力高度发展、有着较强的物质技术基

① 《马克思恩格斯选集》（第4卷），北京：人民出版社，1995年版，第432页。

② 《邓小平文选》（第3卷），北京：人民出版社，1993年版，第272页。

础的欧洲资本主义充分发展的前提之上的。虽然，近代世界和中国具体的历史条件决定了中国必然走上社会主义道路，但实际上，我们发展社会主义的生产力以及物质技术状况显然是和马克思主义经典理论的设想存在着巨大差距的。因此，在这样的基础上建立的社会生产关系就必然要经历一个长期的、逐步的发展与完善的过程。这显然应该是中国社会主义建设过程中必须清醒认识和深刻把握的前提性问题。然而，对这一问题的清醒认识，我们却是在经历了挫折和失误之后才获得的。革命年代，我们之所以能够取得革命的胜利，就是因为我们摆脱了教条主义的束缚，完整准确地理解马克思主义，在马克思主义的指导下结合中国的实际国情，广泛地发动群众，走农村包围城市的武装革命路线。社会主义建设时期，我们之所以能取得今天的辉煌成就，同样是因为我们摆脱了教条主义、乌托邦主义，再次力求完整准确地理解马克思主义，从而对时代背景乃至本国国情做出科学判断。强调社会主义的本质是解放和发展生产力，是消灭剥削，消除两极分化，最终达到共同富裕；强调党要始终代表中国先进生产力的发展要求，代表中国先进文化的前进方向，代表中国最广大人民的根本利益；强调发展是党执政兴国的第一要务，强调科学发展观。

那么，何谓完整准确地理解马克思主义呢？那就是：第一，始终体现马克思主义科学的世界观和方法论。马克思主义科学的世界观和方法论集中体现在马克思恩格斯对唯物史观基本范畴以及基本思想的阐释之中，着重表现为社会运动和发展的规律、无产阶级革命和无产阶级专政的理论等等。因此，要始终体现马克思主义科学的世界观和方法论，就必须在国家和社会建设及发展的过程中始终坚持用马克思主义唯物史观来分析问题、解决问题。第二，始终坚持马克思主义鲜明的政治立场。马克思主义鲜明的政治立场就是无产阶级的政治立场，也就是最广大人民的政治立场。因此，无论在任何情况下，都必须一切从人民的利益出发，以人民的满意程度来衡量我们的工作和取得的成绩。第三，始终坚持实践第一的马克思主义观点。理论联系实际是马克思主义的本质特征，也是马克思主义之所以具有科学性和真理性的必要因素。实践是检验真理的唯一标准，唯有客观地、现实地看待问题、分析问题，才能真正找到解决问题的方法，为发展指引正确的方向。第四，始终坚持马克思主义与时俱进的理论品质。马克思恩格斯始终坚持运用唯物史观研究资本主义经济、政治和社会生活中的新变化、新情况，进而提出新思想、新论断，强调根据社会实践的发展变化认识和把握未来的社会发展，反对凭主观愿望和想象预先作出虚构。事物总是处于发展变化的过程之中，静止地看待问题只会导致我们思想的僵化和教条，因此，我们的一切的认识和判断都必须采取一种立足于当下的发展眼光。

正如我们在前文中所阐述的那样，坚持马克思主义经典理论的核心指导地位是关系党和国家前途命运的大是大非的问题。它不仅是中国革命、建设和改革事业不断进步发展的思想基础，同时也是实现马克思主义中国化理论成果的思想根源。实事求是的思想、辩证的思维方式（矛盾分析法）、群众路线、一脉相承、与时俱进等都是马克思主义中国化理论成果所内涵的特质，而这也正是马克思主义经典理论所体现出来的世界观和方法论，是马克思主义最具光辉的理论精华。因此，从这个意义上来说，马克思主义中国化从性质到内容都是对马克思主义经典理论的最好诠释与践行。

其次，坚持民族化视野是马克思主义中国化的客观需要。之所以要把马克思主义与中华民族传统文化相结合，其原因就在于：一个民族的文化传统有着巨大的惯性作用，可以在现实社会中继续发挥着重大的作用，因而，马克思主义能否实现与中华民族传统文化的结合，是关系到马克思主义是否能得到中国人民的文化心理认同，在中国生根发芽结果的关键性问题。因此，从这个意义上来说，马克思主义必须与中国传统文化相结合，成为具有中国特色和中国气质的马克思主义。其实，从历史的角度看，早在民主革命时期，马克思主义与中国传统文化的关系就已经为中国共产党人所关注。毛泽东在《中国共产党在民族战争中的地位》、《新民主主义论》等文章中，就已经从历史唯物主义的高度对这个问题作出过论述。他认为，从孔子到孙中山，应当给以总结，对中国传统文化要取其精华、去其糟粕，加以批判地继承。事实上，毛泽东的《矛盾论》、《实践论》，刘少奇的《论共产党员的修养》等等这些中国共产党领导人的相关著作，以及在著作中提出的如“实事求是”的思想、“矛盾”等等，这些都是马克思主义与中国传统文化相结合的典范。过去是如此，其实在改革开放的历史新时期也同样如此。改革开放以来，中国共产党提出的全面建设小康社会、坚持以人为本、构建社会主义和谐社会等等思想和理念，也无不体现出中国传统文化的特色。当然，作为一个完整而复杂的理论体系，马克思主义不可能将自身系统中的各个要素同时移入中国，同中国传统文化相结合，这是需要一个过程的。换句话来说，马克思主义与中国传统文化的交融是经历了一个由低到高、由浅入深、由表及里、由此及彼、逐步结合的过程的。这样一个过程大致可以描述为以下三个阶段，即：借言赋意、耦合再造和溯本开新。

借言赋意就是在遵循马克思主义基本原则、立场、观点和方法的基础上，通过赋予中国传统文化中某些独具特色的概念、成语、典故以马克思主义的崭新内涵，以此达到易于传播和接受的目的。例如：引用“实事求是”来描述辩证唯物论的世界观和方法论；借用“有的放矢”来说明马克思主义理论联系实际的原则；引用《孙子兵法》的“知己知彼，百战不殆”来说明调查研究的重要性；引用魏征的“兼听则明，偏听则暗”来说明认识的全面性等等。所谓耦合再造指的是马克思主义与中国传统文化之间通过相互作用和影响，创造出既符合马克思主义基本原理、又符合中国实际和中国传统文化的理论形态。任何外来文化，要实现成功的移植，就必须从本土文化中找到生长点和结合点，而实现这一目标的前提就是找到本土文化传统与马克思主义所存在的某种价值上的契合性。例如，共产党领导的多党合作制度和民族区域自治制度，在一定程度上就可以说是从中国传统文化的和谐思想（包括“和为贵”、“和而不同”、“物有两生”、“体有左右”、“执两用中”等思想）中找到与马克思主义基本原理所存在的某种价值契合性而实现的制度创新。溯本开新就是根据马克思主义的基本原则、立场、观点和方法，对中国传统文化中那些独具特色而又具有当代价值的理念进行深层次地发掘，在对时代问题作出积极应答的过程中，创造出既符合马克思主义思想精髓与内在本性，又体现中国价值、具有时代特征的新理念和新范式。这方面最突出的一个例子就是我国提出的“和谐社会”和“和谐世界”的理念。事实上，任何文化理论或形态都是一定历史阶段的产物，随着社会和时代的变迁，其中一些具体的内容必然会为新的形势、新的问题所证伪，从而表现出其明显的历史局限性。但同时，我们也应看到，这其中还必然蕴含着一些经过历史荡涤和实践检验的、值得我们继承和发扬的正确的理念和有价值的方法。可以说，这些内容不仅不会随着历史的变迁而消亡，反而会因被赋予符合时代要求的新的形式和内涵，而彰显出新的价值与意义。因此，从这个意义上来说，马克思主义与中国传统文化的结合不仅使马克思主义在中国获得了新生，同时也使中国传统文化找到了发展提升的途径。

再有，保持与现代化的良性互动是马克思主义中国化的内在品质。社会主义和现代化（先是工业化）是中国共产党在民主革命时期确立的两个不同层次的奋斗目标，马克思主义中国化恰恰就是沟通这两大目标的桥梁和纽带，同时也为这两大目标的实现指明了方向。民主革命时期，中国共产党坚持以马克思主义理论推动中国革命的实践，并将其不断提炼和升华形成了马克思主义中国化的理论成果，这一过程不仅从根本上保证了中国经由新民主主义走向社会主义这一政治诉求的实现，同时也为中国现代化找到了科学的理论指导。可以说，1949 年新中国成立，在展现马克思主义中国化美好图景的同时，也初步奠定了中国现代化的政治基础和制度保障。十一届三中全会以后，中国现代化建设开始了新的长征，并逐渐演绎为举世瞩目的“中国奇迹”，这其中指导现代化实践的理论基础正是马克思主义中国化的一系列理论成果。由此可见，马克思主义与现代化的良性互动一直伴随着我国国家和社会发展的全过程，即马克思主义中国化为中国现代化提供了理论指导，而中国现代化也为马克思主义中国化提供了现实基础。

具体就体现在：(1) 马克思主义中国化的理论成果直接推动了中国现代化的进程。毛泽东思想通过指导中国革命和建设对中国现代化的起步和发展发挥了重要作用。邓小平理论在提出社会主义初级阶段这一论断的基础上，第一次比较系统地初步回答了在中国这样一个经济文化落后的国家如何建设社会主义、如何巩固和发展社会主义、实现社会主义现代化的一系列基本问题。正是在这一思想的指导下，中国现代化实现了由传统的社会主义计划经济模式向社会主义市场经济现代化模式的转换，并以此取得了中国现代化进程中的巨大成就。面对中国共产党所处地位和工作环境以及所肩负的历史任务的重大变化，“三个代表”重要思想着重回答了在中国现代化处于承上启下、继往开来的关键时刻如何加强领导核心的问题。事实证明，在“三个代表”重要思想的指导下，中国度过了经济紧缩的困难时期、经受住了1998年特大洪涝灾害的冲击，并在东南亚金融危机中发挥了重要作用，使中国在工业化、城市化、市场化和国际化方面都取得了巨大进展。在社会转型的关键时期，科学发展观通过坚持以人为本为核心、全面发展为目标、协调可持续发展为手段，回答了经济现代化与政治现代化、文化现代化、生态现代化如何协调发展的问题，为我国现代化发展进入新阶段提供了正确的方向和指引。（2）马克思主义中国化本身就是中国现代化的重要成果。中国现代化的实践与中国化的马克思主义是实践与科学理论之间的关系。科学理论来源于实践并接受实践的检验，同时又推动实践不断向前发展。因此，马克思主义中国化不可能脱离中国现代化的实践。事实上我们看到，虽然中国共产党在进行革命、社会主义建设和改革的过程中根据不同时期所提出的施政理念各具时代特点，但始终有一点是统一的，那就是突破教条主义的思维，坚持实践的思维方式，不断解放思想，从而取得理论和实践的重大突破。实践思维是面向现实、围绕实践、追求实效的理性思维，它时刻以现实为直接基础，着眼于现实生活的生动发展，着眼于提出、分析和解决现实问题，着眼于具体问题具体分析的态度和方法，着眼于对实践主体可能具有的实际效果。也正因为如此，中国现代化的实践成为了马克思主义中国化理论创新的源泉和动力，当然也正因为如此，实践思维的成果——中国化的马克思主义也才能因此经受得住人民、历史和实践的检验。

最后，提高理论创新能力是马克思主义中国化的主观条件。实现马克思主义中国化的过程，其实也就是根据时代新变化和实践新需要不断推动和实现马克思主义理论创新的过程。这一过程归根结底是由理论创新的主体来承担的。因此，主体理论创新的能力和条件如何，从根本上决定着马克思主义中国化的实现程度。这里的理论创新主体不仅包括作为个体的马克思主义者，同时也包括作为集体的马克思主义政党，当然个体最终还是要通过政党的组织形式呈现出来。纵观马克思主义中国化理论创新的过程，我们可以将其概括为一种具有历史延续性的理论创新过程。换句话来说，中国化的马克思主义是具有历史延续性的、开放的社会主义意识形态体系。从毛泽东思想到中国特色社会主义理论体系，我党的意识形态总是在继承中不断发展、创新和丰富的，也因此使意识形态具有了与时俱进的品格和开放性、包容性的特征。可以看到，正是对毛泽东思想的精髓——实事求是的继承与发扬，我们才破除了文革时期存在的“个人崇拜”、“教条主义”、极“左”思潮的障碍和困难，反思并重新确立起正确的社会主义观，为改革开放和探索中国特色社会主义道路奠定了思想基础。同样，在改革开放纵深发展时期提出的“三个代表”重要思想也是对毛泽东思想、邓小平理论的延续和丰富。如果说“实践是检验真理的唯一标准”为解决“文革”后的拨乱反正提供了必须的意识形态基础，“社会主义初级阶段论”为中国推进市场经济改革提供了必要性论证的话，那么，“三个代表”重要思想则是立足于党和国家发展的新阶段，通过以党的思想建设主导党的先进性建设的方式，进一步为我党提供了新时期执政的合法性基础，进一步为改革开放巩固了必要的政治基础。当前，虽然科学发展观是通过新的思想解放的形式建构了一种关于发展的世界观和方法论体系，但它同样也是对之前我党丰富的政治文化资源的继承与发展。首先，科学发展观不是不要发展、也不是抑制发展，而是强调要实现全面发展、协调发展和可持续发展，因而发展仍是第一要义，发展仍要坚持和延续；其次，科学发展观强调以人为本，其本身不仅是马克思主义基本价值观的深刻体现，同时也是对我党在革命和建设过程中积累的成功经验和力量源泉的深刻诠释；第三，科学发展观作为马克思主义的科学方法论，其本身就是我党意识形态理论的应有之义。事实证明，我党意识形态在发展丰富的过程中，不仅通过有效保持历史传统的延续性，充分调动意识形态在人们心中的权威影响力，而且也通过对这些概念进行符合实践的时代性再造，起到了对新时期政治路线保护、诠释、动员与凝聚的功能。可以说是世界范围政治文化转型的成功范例。

第三节　运筹帷幄：坚持党领导意识形态的导向控制

意识形态工作始终是中国共产党一项极为重要的工作。在长期的革命、建设和改革的实践中，我党探索和形成了一整套党管意识形态工作的制度、举措和作风，并使之成为增强意识形态控制力和导向力、维护政权和社会稳定的重要的政治手段。

一、党领导意识形态的可能性分析

党领导意识形态之所以能在我国成为现实并作为一种政治经验加以传承和秉持是有其理论和现实两方面的基础和依据的。

我们注意到，政党与意识形态的关系，继马克思恩格斯提出“意识形态相对独立性”之后，列宁、葛兰西等人提出“领导权”问题，无疑都是非常重要的理论阐释。

意识形态与一般的思想文化最大的不同就是，它是构建所追求的理想社会的信仰形式。因而，在阶级社会，意识形态必然要围绕国家的统治、政权的建立，为特定的社会制度作合法性论证。从这个意义上来说，政党作为围绕夺取政权和巩固政权而展开活动的政治组织，必然离不开意识形态的建设与传播。在当今政党政治世界里，政党是现代选举政治的主角和民主政治权力的中心，而意识形态则是政党的政治标签或政治旗帜，无论是在野党、反对党，还是执政党、参政党，都必然要以一定的意识形态作为政治理念、指导思想和价值取向，而民众也往往都是通过意识形态来识别政党、选择政党和支持政党的。因此，一个政党如果没有意识形态，就等于失去了政治灵魂和政治旗帜，失去了前进的方向和动力。所以，正是在这个意义上，虽然不同的政党在意识形态的内容和进行意识形态工作的方法上有很大的区别，但就做好自身意识形态工作而言，却都是同等的不遗余力。当然，不仅政党离不开意识形态，其实，就意识形态本身而言，它也离不开政党，因为政党是实现意识形态中特定思想、追求并以此来改造和建设社会的非常重要的社会实践机制，所以，如果意识形态失去了政党的依托，那么它就只能是一种美好的想象，甚至只能是一种空想。

在马克思恩格斯对意识形态的论述中，有一个非常重要的观点，就是意识形态的“相对独立性”。关于这点，我们在第一章中已经作过分析，在这里不再赘述。对此，我们需要特别关注的是继马克思、恩格斯对意识形态相对独立性的分析之后，包括列宁、葛兰西在内的社会主义实践家以及学者们提出的有关“领导权”的问题（政治领导权、文化领导权）。对于列宁来说，世界经济不仅仅是经济事实，同时更是政治事实，作为无产阶级先锋队的政党在革命时期具有领导权的作用，通过领导权可以将各种大众力量结合起来，形成反对旧政权的阶级联盟。阶级联盟正是列宁所构想的政治领导权的形式。安东尼奥·葛兰西作为意大利共产党的创始人之一，是“西方马克思主义”的鼻祖，而为他赢得如此殊荣的就是他提出的“文化领导权”的理论。可以说，他的这一理论不仅丰富和发展了马克思的有关思想，而且对整个西方现当代政治思潮也产生了深远的影响。就葛兰西的文化领导权理论而言，在一定程度上是对列宁政治领导权思想的承袭，但同时也是对列宁的超越。可以看到，列宁只是把领导权的政治优先性局限于危机时期的革命关头，而葛兰西则将其视为社会的一般原则，并非只是危机时期才存在领导权的政治优先性，这种政治优先性是社会的构成原则，这正是葛兰西的领导权理论超越列宁的地方。在葛兰西看来，政治领导权和文化领导权是政党实现统治的两种基本手段，政治领导权以强制来统治社会，而文化领导权则以非强制的说服力来影响和组织社会，二者相辅相成，缺一不可。葛兰西所说的文化领导权的获得过程从一定意义上指的就是进行意识形态掌控的过程。事实上，在马克思恩格斯那里，尽管他们没有明确提出“文化领导权”或“意识形态掌控”的命题，但其实也有着颇为类似的理论观点。例如，马克思恩格斯在

《德意志意识形态》中就指出："统治阶级的思想在每一时代都是占统治地位的思想。这就是说，一个阶级是社会上占统治地位的物质力量，同时也是社会上占统治地位的精神力量。支配着物质生产资料的阶级，同时也支配着精神生产资料，因此，那些没有精神生产资料的人的思想，一般地是隶属于这个阶级的。"[①] 很显然，在今天的中国，无产阶级已经夺取了文化领导权，因此目前面临的最大问题是怎样更好地维护这种领导权，从而确保马克思主义在我国意识形态领域的主导地位。无疑，政党与意识形态的天然联系以及领导权问题的相关理论为党领导意识形态提供了借鉴与参考。

党领导意识形态既有理论上的可行性和必要性，同时也是建党以来中国共产党在革命、建设和改革的过程中，针对国际国内意识形态斗争的局面和形势所采取的一种被事实证明可行并且必要的政治手段。这便是党领导意识形态的现实依据。

在我国，党的领导是通过政治领导、组织领导和思想领导的方式实现的。党管宣传、党管意识形态，既是政治领导、组织领导、思想领导的内容之一，同时也是实现政治领导、组织领导、思想领导的手段之一，是党在长期实践中形成的重要原则和制度。高度重视意识形态工作，坚持党对意识形态的领导，不断改进和完善党的意识形态领导方式，牢牢掌握意识形态的领导权，是党巩固和提高意识形态领域执政能力的一条非常重要的经验。毛泽东曾经指出："掌握思想领导是掌握一切领导的第一位。"[②] 这里讲的思想领导，从一定意义上来看，指的就是对意识形态的领导。新中国成立后不久，党中央就多次

---

① 《马克思恩格斯选集》(第1卷)，北京：人民出版社，1995年版，第98—99页。

② 《毛泽东文集》(第2卷)，北京：人民出版社，1993年版，第435页。

明确要求宣传思想工作由“各级党的委员会给以有系统的领导和管理”，“建立必要的制度”，要求有系统地建立并加强党的宣传教育工作，加强和统一党对思想工作的领导，改变各级党委宣传机构残缺不全和工作范围狭隘的状况[①]。事实上，正是由于建国初期坚持党领导意识形态的原则，并迅速建立起意识形态领域的各级管理组织和规章制度，才迅速和有效地确立了马克思主义在我国意识形态领域的主导地位。随后，20 世纪 80 年代以来，面对资产阶级自由化思潮的极度泛滥，邓小平同志明确把四项基本原则作为判断党管意识形态、保证党的领导、坚持社会主义方向的根本标准，从而才在苏东剧变和 1989 年的政治风波中站稳了脚跟，从根本上保证了社会主义制度的安全和稳定。冷战结束后，面对世界格局的变化，江泽民在庆祝建党 70 周年大会上明确要求各级党委要重视和加强对意识形态工作的领导，牢牢掌握意识形态各部门的领导权，充分发挥我们党重视思想政治工作的优势。进入 21 世纪以来，胡锦涛再次强调：“党管宣传、党管意识形态，是我们党在长期实践中形成的重要原则和制度，是坚持党的领导的一个重要方面，必须始终牢牢坚持，任何时候都不能动摇。”[②]

很显然，在人类社会的发展过程中，社会主义最终取代资本主义的历史阶段是曲折、复杂和漫长的。因此，在中国共产党执政的六十多年的时间里，并不是一帆风顺的，可以说，来自意识形态领域的挑战从未停息过。苏联作为人类历史上的第一个社会主义国家，曾经在短短二三十年的时间里就创造了举

---

① 《关于加强党的执政能力建设若干重要问题解读》，北京：中共党史出版社，2004 年版，第 2 页。

② 《胡锦涛在全国宣传思想工作会议上的讲话》，《人民日报》，2003 年 12 月 8 日。

世瞩目的伟大成就，成为强大的社会主义国家，有力地推动了国际共产主义运动前进的步伐。然而，20 世纪末的苏东剧变却使国际共产主义运动陷入了低潮。在这样的国际环境下，中国作为唯一的社会主义大国，无疑成为西方发达资本主义大国和平演变的主要对象。马克思恩格斯在《共产党宣言》中就曾经说过：资产阶级要按照自己的面貌为自己创造出一个世界[①]。今天的发达资本主义大国事实上正如当年马克思恩格斯所描述的那样，正在努力按照自己的面貌改造着世界。他们四处推销自己的意识形态、社会制度、发展模式，通过策动颜色革命，甚至不惜发动战争来推行西化、分化的战略，以此来巩固和加强西方的霸权体系。其中，对社会主义国家进行和平演变、对社会主义中国进行西化分化，无疑成为他们改造世界的重要目标和任务。与此同时，在国内，伴随着社会主义建设和改革过程中出现的一系列问题和挑战，同样也给意识形态工作带来了难度。建国初期，由于过分强调阶级斗争而忽视经济社会的发展，曾一度使人们对社会主义制度、对中国共产党的领导有所怀疑和动摇；如今，随着改革开放的深入，特别是国内社会主义经济基础的不断变化（民营经济迅速发展，外资影响不断加深，而与此同时公有制经济比重却呈下降之势，这必然导致我国社会主义经济基础逐步发生变化），使我国的改革从某种意义上讲进入了一个何去何从的关键点，于是，有许多人开始担心，如果公有制经济在国民经济中的比重持续下降，那么是否会引起我国经济基础的质变，对社会主义制度生命力的怀疑态度再次显现。

事实上，归根结底，对于中国而言，当前意识形态斗争的

① 参见《马克思恩格斯选集》（第 1 卷），北京：人民出版社，1995 年版，第 255 页。

实质，就是坚持中国特色社会主义道路还是走资本主义道路。因此，近些年来，意识形态领域的较量主要不是反对改革开放和坚持改革开放的较量，而是关于如何进行改革开放的较量。根本的问题是坚持社会主义的改革方向，还是将改革扭转到资本主义方向上去；是坚持社会主义市场经济，还是照搬西方模式搞资本主义市场经济。有的人甚至直截了当地起来反对共产党的领导，主张实行西方的多党制。可以说，当前意识形态斗争的形势十分复杂和严峻。许多涉及根本政治方向的问题往往以学术分歧的面目出现，宣扬错误政治主张的活动往往以学术讨论的形式出现，使那些极力鼓吹走资本主义道路的人戴上了所谓的“改革者”的面具，具有很大的迷惑性。与此同时，意识形态管理的无序性也在一定程度上加剧了我们在意识形态领域斗争的难度。这种无序性主要体现在：一是整个大众传媒体系管理上的无序性；二是思想政治教育管理力度不足；三是文化市场管理混乱。很显然，这种意识形态领域管理的无序性会严重干扰和冲击社会主义意识形态的主流地位和领导权。

由此可见，不论是从理论角度还是从现实角度，党领导意识形态对于当前的中国而言都是十分必要的。因为，只有牢牢地把握住社会主义意识形态的主流地位和主导权，才能保证中国共产党的执政地位和人民民主专政政权的安全和稳定，才能保证今天中国所取得的一切成就和百姓的幸福生活不会被毁于一旦、付之东流。

二、党领导意识形态的实现途径

在执政前，中国共产党是作为中国社会马克思主义思想的宣传者、新的政治文化的倡导者的面貌出现的。由于不掌握国家意识形态机器，因而其思想引导的方式只能是一种倡导的或引领的方式，即通过批判半封建半殖民地社会下剥削阶级的意识形态，广泛地传播马克思列宁主义；通过将马克思列宁主义与中国的社会实践相结合，使之成为适合中国国情的、用民族的语言和风格阐述的、能够引导中国革命胜利的理论；通过严格党的宣传纪律[①]，确保党的宣传工作不脱离党的中心工作，保证马克思主义理论的诠释、宣传不偏离党中央认可的方向。当然，在旧中国，中国共产党不可能仅仅依靠一个处于体制外地位的政党的宣传，就能在广大群众中确立起马克思主义的主导地位。事实上，中国共产党为人民服务的行为，对土地制度进行的改革，以及取得的一系列军事斗争的胜利，这些实践方面的成果都为马克思主义的广泛传播和认同打下了坚实的基础。因此，在当时，即使有很多群众对马克思主义并不了解，但凭着人民群众对中国共产党的信任和对当时执政的国民党的失望甚至绝望，中国共产党成功地奠定了马克思主义所需要的群众心理基础。当然，中国共产党在战争年代所形成的思想宣传工作的传统，无疑对执政后党对意识形态的领导产生了深远的影响。

执政后，我党掌握了国家意识形态传播的主要渠道，成为国家意识形态领域的领导者和管理者，其引导方式也因此发生了重大的变化，那就是在领导体制上确立起党对意识形态的绝对领导地位。

---

① 注：党在《中国共产党第一个决议》中就明确规定“一切书籍、日报、标语和传单的出版工作，均应受中央执行委员会或临时中央执行委员会的监督”；不论是中央还是地方出版的一切出版物，均应受党的领导；任何出版物“均不得刊登违背党的原则、政策和决议的文章”。(《中国共产党第一个决议》，1921 年 7 月中国共产党第一次代表大会通过，参见《中国共产党党风廉政建设文献选编》第 1 卷，中国方正出版社 2001 年版，第 1、2 页）从那时起，党的宣传工作就始终坚持这一严格的纪律。

首先，深化思想宣传领域的领导和管理体制改革，改进和完善党的意识形态领导方式。宣传是文化传播的重要方式，同时也是意识形态传播和获得认可的重要方式。因而，无论对于任何政党而言，意识形态宣传工作都是一项非常重要的政治活动。可以说，认识到宣传的重要性并在宣传上取得巨大的成功，是中国共产党在马克思主义经典理论指导下，在领导中国革命过程中取得的宝贵经验。因此，执政以后，我党就立即着手于在国家机关、企事业单位和各级学校普遍建立党组织制度、宣传网制度和高校政治工作制度。1951 年 1 月，党中央作出《关于在全党建立对人民群众的宣传网的决定》，要求各级党组织重视和加强对人民群众进行经常的宣传思想工作，并指示这一工作应由各级党的委员会给以有系统的领导和管理，建立必要的制度，有系统地建立对人民群众的经常性的宣传网。[①] 通过不断加强党对意识形态的政治领导和组织领导、将宣传思想工作作为全党的工作、举全党之力来开展的这样一种方式，事实上有效地形成了新中国成立以来党在意识形态宣传领域的政治优势。特别是在实践中，中国共产党还根据每一个时期社会的需要，对意识形态领导和管理体制进行了相应的创新和改革。这些创新和改革包括：提出了物质文明和精神文明“两手抓，两手都要硬”的战略思想，在组织上加强了对精神文明建设工作的领导，形成了党委统一领导、党政群齐抓共管、文明委组织协调、有关部门各负其责、全社会积极参与的领导体制和工作机制；十五大以来，坚持依法治国和以德治国相结合，在实践中广泛深入地开展以理想信念教育为核心的党的基本理论、基本路线、基本纲领和基本经验的教育，引导干部群众坚

① 中共中央文献研究室：《建国以来重要文献选编》（第 2 册），中央文献出版社，1992 年版，第 1 页。

定党的领导和中国特色社会主义的理想信念；以改革精神推动宣传思想工作，着力于改进宣传思想工作的体制机制和方法手段，在坚持“三贴近”、鼓励创新创造、建构“大宣传”工作格局、综合运用法律、行政、经济、思想教育等手段提高管理效能等方面都有了很大的进步……除此之外，还有一点，是我们不容忽视的，那就是，党在加强文化建设、深化文化体制改革方面所作的尝试和努力。将宣传覆盖社会文化的各个领域，为意识形态构建提供社会全方位的支持，是中国共产党宣传工作的一个显著特点。因而，从这个意义上来说，我党的意识形态工作在一定程度上也是社会文化工作。教育作为文化建设的重要方面，同时也是政治社会化的重要途径。在学校开设公共政治课，可以说，是对青年一代进行意识形态教育，使他们在其中发挥重要作用的有效举措。

其次，在情况、任务和要求不断变化的前提下，不断改进理论武装和意识形态的引领方式。不断用马克思主义中国化的最新成果武装全党，教育干部和群众，这是理论武装工作的一项基本要求。因而，新中国成立六十多年来，党的理论武装工作便随着实践的发展和党的理论的与时俱进不断地得到加强和完善。例如，党先后开展了“三讲”教育活动、党的先进性教育、学习实践科学发展观的活动等等，努力将理论武装与党性锻炼、推进工作相结合。又如，努力建立健全干部培训制度、培训质量评估制度、党员学习制度、党委中心组学习制度、学习成效评估制度、学习成绩与干部使用挂钩制度、理论武装工作责任检查制度等等，以此来建立健全理论武装工作的长效机制。再如，积极地推进当代中国马克思主义的理论研究，采用研讨式、互动式、模拟式、答疑式、菜单式等新的方式方法，利用报刊、电视、网络等多种大众媒体来积极推动中国化的马克思主义的大众化和普及化，从而增强理论武装工作的吸引力、针对性和有效性。除了改进完善理论武装的引领方式外，党在意识形态的引领方式上也进行了不断的探索。建国初期，党在宣传普及马列主义、毛泽东思想的同时，通过注重宣传《共同纲领》中所包含的独立、民主、和平、统一、富强的价值观的方式，争取了最广大民众对新民主主义政权的拥护与支持。改革开放以后，为了适应新的发展形势，党又提出要唱响主旋律、打好主动仗，要求“以科学的理论武装人，以正确的舆论引导人、以高尚的情操塑造人、以优秀的作品鼓舞人，着力培育有理想、有道德、有文化、有纪律的公民，不断提高全民族的思想道德素质和科学文化素质”[①]，充分发挥舆论宣传的重要导向作用，为意识形态引领作用的发挥指明了方向。与此同时，对于社会思潮的重视和引领，也是党开展意识形态工作的一个重要方面。在拨乱反正的过程中，针对党内和社会上出现的各种思潮，党提出了坚持四项基本原则的政治要求。面对改革开放过程中的各种社会思潮，党强调要研究和鉴别，把引领社会思潮与社会主义精神文明建设结合起来。进入新世纪新阶段，党又明确提出社会主义核心价值观，要求积极探索用社会主义核心价值体系引领社会思潮的有效途径，通过把社会主义核心价值体系融入国民教育和精神文明建设的全过程的方式，将其转化为人民的自觉追求。

第三，加强宣传理论人才的培养和队伍建设，提高党的宣传文化工作者的理论水平和工作水平。实现组织路线和思想路线的和谐统一，造就一支信仰坚定的先锋队队伍和干部队伍，对于引导社会文化的发展、塑造社会理想追求具有十分重要的

① 江泽民：《论党的建设》，北京：中央文献出版社，2001 年版，第 125 页。

意义[①]。换句话来说，要做好意识形态的宣传工作，归根结底还是要靠人才、靠队伍，因为人才和干部队伍的建设，不仅是组织路线的问题，同时更是思想路线的问题，这是两个相互影响、协同互动的问题。一旦组织路线与思想路线产生分离，就势必会给无产阶级政党带来灾难性的后果，在这方面，苏联是有着深刻教训的。我们看到，直至苏联解体时，它的组织队伍和干部队伍已经严重腐败了。因而，西方的一些学者称这次苏东剧变为“来自上层的革命”[②]，并且评论说：“苏联共产党是唯一一个在自己的葬礼上致富的政党。”[③] 在中国共产党建党以来的发展历程当中，对于党员队伍和干部队伍的建设，中国共产党始终都是贯彻政治思想领先的选拔原则的，不论是在建党初期，还是在建国后，乃至改革开放以后，思想建设始终是被置于首位的。当然，人才干部能否在思想信念的传导中有效地发挥作用，不仅与他们自身坚定的信仰有关，同时也与他们自身所具备的宣传才能有关。因而，加强理论宣传骨干的学习培训和社会实践，重视培养马克思主义理论家特别是中青年理论家，组织实施全国宣传文化系统人才培养工程，并在新闻界、高校社科系统和社科研究系统深入开展学习教育活动，成为打造和培养人才干部队伍的重要手段。

三、党领导意识形态的现实效应

党领导意识形态所产生的最为显著的效应之一，莫过于使

① 孙力：《演进与驾驭：中国共产党意识形态解析》，北京：军事科学出版社，2010年版，第170页。

② 参见［美］大卫·科茨，弗雷德·威尔：《来自上层的革命——苏联体制的终结》，曹荣湘、孟鸣歧等译．北京：中国人民大学出版社，2002年版。

③ 转引自季正矩：《通往廉洁之路——中外反腐败经验与教训研究》，北京：中央编译出版社，2005年版，第297页。

中国的现代化发展呈现出一种政治驱动的性质。事实证明，拥有社会基础牢固、规模庞大却精英化程度很高、组织纪律严整并且思想政治统一、政治整合和社会动员能力超强的中国共产党在中国现代化的进程中，特别是在国家面临重大转型的过程中，作为关键性因素的政治领导发挥着至关重要的作用。很显然，中国能取得今天的成就，其中最主要的原因和成功经验就在于，党的执政精英在敏锐把握和平与发展的时代主题与准确判断中国自身国际定位的前提下，采取了渐进主义和经济发展优先的改革策略，通过这两种改革策略，使政治上的分权化与经济上的市场化形成了一种良性循环的机制。而且，党的执政精英把经济发展优先策略与政治稳定优先策略有机结合，在改革中善于把握“平衡”艺术，正确处理政府与市场、分权与集权、自由与秩序、国家与社会的关系，避免造成上述任何两者之间畸轻畸重的局面。所有这一切，可以说，共同形成了中国后发现代化的独特道路。当然，这一切都离不开中国共产党对于国家意识形态的设计、统领、宣传和掌控。

可以说，中国共产党由历史沿袭积聚而来的强大的社会整合力量，以及在意识形态设计、统领、宣传和掌控方面所表现出的解放思想、实事求是、与时俱进、开拓创新的品格，造就了今天中国现代化的成果，描绘出了当前中国现代化波澜壮阔的画卷。特别是改革开放三十年多来，中国在面临重大转折的时刻，中国共产党强有力的政治领导以及它所引领的思想解放运动启动了社会主义发展的新时代。

一个国家的转型实质上就是一个国家在现代化过程中所表现出的成长和进步，其动力显然来源于经济与社会的现代化发展，因而是一个复合的历史运动过程。在这一过程中，它不仅需要转型的动力，即经济与社会发展，而且还需要转型的战略与策略，即国家建设的总体安排；它不仅需要转型的保障，即有效的秩序与权威，而且还需要转型的领导，即有效的权威与领导[①]。我们看到，经过中国共产党几代领导集体的努力，当前的中国已经大致形成了一条比较成熟的发展道路，那就是中国特色的社会主义道路。这样一条道路不仅被世界称奇，誉为“中国奇迹”、“中国模式”，而且也成为许多发展中国家学习借鉴的榜样。事实证明，在革命与建设的实践中，中国共产党在不断壮大的同时，也在不断走向成熟。它不仅具备了相当成熟的立国、治国、兴国、强国的理论、原则、方略、规划和目标，而且也通过这些理论、原则、方略、规划和目标实现了对社会的有效整合、对方向的准确把握、对路径的合理规划、对进程的科学领导，可以说，对国家的转型乃至发展产生了直接而积极的影响。事实上，中国共产党在尚未全面夺取政权的时候，就已经开始这种有关国家未来建设的布局。毛泽东的《新民主主义论》，就是中国共产党对国家发展的第一个总体布局。基于这一布局，我国建立起了人民共和国，建立起了社会主义国家的基本制度体系。“文化大革命”以后，面对处于生死存亡时刻的社会主义中国，以邓小平为核心的党的第二代领导人又再次设计了有关国家建设发展的布局，那就是实行改革开放，通过建立社会主义市场经济发展社会生产力，提高人民的物质文化生活水平。进入改革开放以后，中国社会发生着深刻的变化，针对这些变化，中国共产党发展了当年所形成的国家建设总体布局，由经济建设、政治建设、文化建设“三位一体”的布局结构，发展为经济建设、政治建设、社会建设和文化建设“四位一体”的布局结构，开始越来越关注包括教育、

---

① 参见林尚立等：《政治建设与国家成长》，北京：中国大百科全书出版社，2008年版，第48页。

科技、文化、医疗、就业、社会保障等在内的民生问题，努力让人民生活得幸福而有尊严。

当然，在国家建设与发展的过程中，中国共产党不仅是国家体系的总设计师，同时还是监督国家体系发展状况的评估师。也就是说，一个国家要实现成功的转型，要实现社会的全面发展，除了要求对道路进行正确地选择、对总体规划进行科学地安排之外，还要求在此过程中的行动逻辑也必须具备理性的科学水平。在这方面，中国共产党可以说在长期的实践、探索甚至是试错过程中，形成了一套独特的，但又合乎科学、合乎理性的推动社会发展与国家转型的行动逻辑。那就是：抓根本、求创新、讲科学。所谓“抓根本”，就是始终坚定走中国特色社会主义道路，所有关于国家转型、社会发展的一切追问、一切设想、一切政策、一切行动都必须围绕这一根本展开，不能有所偏差。所谓“求创新”，指的是在实事求是的前提下，不断解放思想，勇于及时、全面地吸纳、借鉴人类最先进的成就和成果，使其能够站在巨人的肩膀上实现跨越式的发展。所谓“讲科学”，则是指在发展过程中要注意协调、统筹、平衡与可持续，这是中国共产党在反思经济快速发展所带来的负面效应时所形成的新理念与新共识。无疑，这样的一套行动逻辑深刻地体现在党的意识形态的内容和形式之中，成为中国特色社会主义道路最为显著的特征之一。

第五章　道路坚持与发展中的意识形态鼎新

对于西方而言，中国社会对未来的模式选择，始终是它们怀疑、漠视乃至敌视的对象。如今取得巨大发展成就的中国已经越来越明显地向世人昭示，除了欧美西方模式之外还存在着其他的发展道路，对于世界所有文明的未来，还存在着多元文化抉择的可能性。显然，对于西方人来说，这是他们害怕正面回答的问题，同时也是不愿意直接面对的问题。因此，我们看到西方国家发动的“颜色革命”以及新一轮的新殖民主义和帝国主义在全球的泛滥，都在持续而强大地对我国社会主义意识形态发起一轮又一轮的挑战。很显然，这是源于意识形态与制度之间的天然联系，因为摧毁一种意识形态也就意味着颠覆和推翻一种制度。与西方国家的认识和作为形成反差的是，许多发展中国家却积极地肯定并希望效仿这样一条道路。其原因同样是因为，中国通过改革开放三十多年来的实践，向世界证明了，除了欧美的西方模式之外，全球任何一种文化与文明都可以选择自己的方式，建设自己的未来，发展自己独特的文明。然而，无论是西方国家的抵制还是发展中国家的推崇，对于中国自身发展而言，这条道路的合理性无疑已经被历史和实践所证明。它不仅是历史的选择，反映着人民的意愿，同时也是实现社会主义现代化的必由之路，是实现强国富民、民族复兴的必由之路。因此，坚定不移地坚持好发展好这条道路，是对历史的尊重、对人民的尊重，同时也是推进党和国家事业发展的必然要求。

第一节　道路解读和演进的意识形态挑战

毋庸置疑，在中国特色社会主义道路动态发展的过程之中，我们取得了令世人瞩目的成就。然而，要继续坚持好和发展好这条道路，我们依然任重而道远。这其中既有经济社会本身在发展过程中所出现的问题，同时也有相伴而生的意识形态领域所面临的一些新情况和新问题。就意识形态与国家发展道路的紧密联系而言，我们必须高度重视当前在意识形态领域出现的这些新情况和新问题，并以积极主动的态度及时应对和解决。因为一旦这些问题解决得不够及时、不够好，就很有可能会给中国特色的社会主义意识形态造成严重的危机，继而影响到中国发展道路的稳定和持久。

一、内容体系在社会动态发展中的解释力

意识形态最重要的一项社会功能就是对现行的制度作出合理的解释。这种合理的解释不仅仅只限于解释本身，也包括提供可行的解决方案。改革开放 30 多年来，中国社会发生了翻天覆地的变化，这种变化不仅仅来自于经济的迅猛发展，同时还来自于普通民众公民意识、民主意识、法治意识的不断增强。从要求“三公”消费公开，到不断实践知情、参与、表达和监督等权利；从积极响应开门立法、修法，到税民觉醒、税感时代的到来；从参与听证会敢于表达观点，到反对被听证、

被增长、被小康；从鄙视“三手”人大代表（见面握握手，开会举举手，散会挥挥手），到一些人正在以个人身份参选基层人大代表……这些都是人民民主法治意识不断增强的鲜活事例，同时也是中国社会文明程度不断提高的重要标志。然而，与此同时，我们也不得不承认，社会发展所带来的变革并不是起初人们能够预想到的，当然也不是当前人们能够全部承受的。当人民主观诉求增长的速度远远超过体制本身的变革速度，那么，一个严峻的问题就产生了，那就是，如何用为当前体制解释辩护的意识形态继续统领人民的思想。

近年来，在这方面较为突出的问题便是，在主流意识形态仍然强调和承认工农两大阶级在政治上优先地位的同时，这两大阶级却不仅本身的阶级归属意识开始弱化，而且由于社会经济体制的变革，他们也正在被日益边缘化。

根据马克思主义的理论以及中国革命的历史经验，在我国，工人阶级是国家的领导阶级，农民阶级是工人阶级的同盟军，这两个阶级在国家的建设发展中占据着重要的地位。很显然，这样的一种划分，一方面是出于当时革命统一战线的需要，同时也是新中国建国后进行政治活动的一个最基本的理论依据。因此，直到今天，在我国主流意识形态的表述中，工农两大阶级仍然是中国共产党生存发展的主要依靠力量。然而，由改革开放所引发的经济制度的变迁，在促使社会上各类利益主体的收益发生剧烈变化的同时，也造成了整个社会阶层的分化，从而使意识形态所依存的阶级基础在现实生活中遭遇到了挑战。主要表现在，一是随着分配方式的多样化和价值取向的多元化，原先比较单一的工人阶级日益分化为各种不同的利益群体，特别是随着《物权法》的颁布与实施，原来意义上的无产阶级已逐渐拥有个人财产，于是人们的阶级归属意识开始在一定程度上逐渐弱化。二是随着单一公有制被多种所有制并存所取代、传统计划经济被市场经济所取代，社会经济成分开始多元化，因而，原来支撑计划经济体制的主人翁意识、奉献意识开始越来越受到来自市场经济的主体意识、等价交换法则等思想和观念的冲击与挑战，使人们陷入利他与利己的困惑之中。

不仅如此，我们还发现，在我们将“蛋糕”不断做大的过程中，却出现了“蛋糕”分配不公的现象，特别是对曾经为中国的现代化建设付出艰辛的工农阶层而言，在当前的中国社会，他们不仅没有成为改革成果最大的受益群体，却反而成为了社会的弱势群体，在经济、政治、文化等领域被不断地边缘化。可以看到，中国的经济改革使国营企业中出现了前所未有的大批失业和下岗工人，即使在现存的国有企业里，也因不少企业的效益大幅下滑，从而使工薪阶层中的相当一部分的人的生存条件在贫困线处徘徊，使他们从建国初期的国家领导阶级变成了如今经济改革中的“失利者阶层”[①]。特别是随着十五大以后国有企业资本重组的加快，这种失利者的队伍更是在急剧扩大。他们中的很大一部分人由于年龄偏大、学历偏低，很难再找到就业的机会，因而物质生活水平处于社会底层。更残酷的是，他们却依然要参与到社会的各项竞争如医疗、孩子就学、住房等等之中，于是他们成为历尽生活艰辛、尝尽人间冷暖的一群可怜人，由于生活压力过大，他们不仅身体状况不佳，心理也处于迷茫、焦虑和痛苦的状况之中。在农村，这种情况显得更为复杂。农民虽然被取消了农业税，但农民阶层由于依然处于经济浪潮

① 萧秦功：《中国的大转型：从发展政治学看中国变革》，北京：新星出版社，2009 年版，第 145—146 页。

的最底层而成为任何一个市场动荡的最早的感受者与牺牲品，不仅如此，他们的农田也成为一些当地政府发家致富的工具而被随意征用和改造。如今，由农民转变而来的一个新兴群体——农民工群体也开始越来越受到社会的关注。怀揣着对城市的美好梦想，无数农民工连绵不断地加入到汹涌的“民工潮”中，然而，在竞争激烈的城市就业市场中，农民工文化技能水平较低的劣势显露无疑，这就使得他们只能集中于一些低端的就业岗位。在这些低端的工作岗位中，他们大多只能领取低廉的工资，有的同时还要承受着“假合同”、超常的工作时间、超大的劳动强度、缺乏劳动保障、缺乏社会保障的风险，他们的生活环境不安定、混乱、卫生条件差，人身也因此容易受到侵害，行为和精神容易受到污染，健康容易受到损害。根据中国国务院发展研究中心（State Council Development Research Center）的一份报告称：全国大约有1.5亿农民工被边缘化，他们为过去三十年的经济迅速增长出过力、流过汗，这些农民工受到了歧视，如果处理不当，这种情况将严重威胁到社会稳定①。与此同时，我们还注意到近几年，随着“农民工二代”、“贫二代”、“富二代”、“官二代”、“垄二代”的说法的交替出现，工农阶层的边缘化以及在此基础上形成的某种“阶层固化”的痕迹也逐渐显露出来，这也在一定程度上加剧了社会分化所带来的负面影响。

从客观上来说，不可否认的是，目前中国工农阶层的生活状况与20世纪初某些地区的普遍贫困化以及由于自然灾害所造成的生存危机相比，已经有了大幅度的提升。但这却无法掩盖这些曾经为社会主义现代化付出辛劳和汗水的工农阶

---

① 1.5亿农民工被边缘化 社会问题急需解决［OL］. http: //www. gdc-ct. gov. cn/politics/bystander/201106/t20110622_ 510455. html。

层被逐渐边缘化的现实。他们理应是改革成果最大的拥有者和享有者，然而如今却被迫直面那些由于变革而带来的诸如收入差距拉大、机会不平等一系列的社会问题。残酷的现实让这些处于社会边缘地带的人们产生了普遍的心理挫折感和失落感。特别是在无产阶级的理论假设由抽象的“主人”转变为具体的市场主体的时候，这种挫折和失落的情绪就更为严重。

长期以来，我们在理论上习惯于把工人阶级说成是企业的主人和生产资料的主人，并将政治权利、民主权利和经济权利混同起来描述“国家主人”的一般特征。然而，正是基于这种“国家主人”的假设，人们的权利意识比较淡薄，因为在这样的假设中，各种权利都是“我们自己的”，所以根本无须费劲谋取。可是在市场经济条件下，抽象的“主人”一时间变为了具体的市场主体，竞争取代了传统的“理所当然”。在这种情况下，传统意识形态的一些相关话语体系却并没有随着制度变迁而发生改变，于是就在现实中造成了这样一个较为严重的后果，那就是，在面对人民普遍的心理挫折感和失落感的时候，政治权威所宣扬的意识形态的主流话语与现实生活存在巨大反差，并且无法作出保障和提升其切身利益的有效承诺，或者即使做出相关承诺，但却因为种种原因而无法实现的时候，这种挫折感和失落感的情绪就会极端化，形成一种社会性的怨恨心理乃至以极端的形式爆发出来。当前，群体性突发事件逐年增多的现实就是一个让我们警醒的信号。

由此可见，经济增长与国家的长治久安并非始终相向而行。正如托克维尔在对法国大革命进行分析的时候说到的那样：社会大动荡并非总是发生在经济长期停滞的地方，而是时常发生在经历过长期经济增长的地方，特别是经济增长一段时间后出现了“拐点”的时候，法国大革命即发生在这样一个时刻[①]。因此，对于中国而言，也许并不是只要将蛋糕一味做大就能够化解一切矛盾或危机，要化解矛盾和危机，正如“解铃还须系铃人”的俚语所说的那样，我们必须回到矛盾和危机产生的根源处，现实地对制度建设进行反思，合理地改善国家制度建设的相关内容和方面，只有这样才能为社会发展提供有益和有序的增量。正是在这个意义上，我们说意识形态的解释力应该是一个动态范畴。意识形态的这种与社会实践的动态适应性，应是其解释力的必然需要和基本保障。

二、价值追求在多元文化冲突中的信仰度

在我国，当前主流意识形态的价值追求不仅继承和保留着马克思主义经典作家对于未来理想社会的那份向往，同时也创新和发展了对于当下社会主义建设的制度设计以及对社会行为的道德规制。然而，引起我们反思的是，当市场经济和全球化的快速发展已经成为政权合法性的重要因素的时候，这样一种价值追求到底在多大程度上对社会能够起到引领和制约的作用呢？因为市场经济以及全球化所内含的一些价值元素，实际上与当前主流意识形态的价值追求是存在着某些冲突和对抗的。

在全国范围实行市场经济体制以发展落后的生产力，成为历经十年动乱后处于社会主义初级阶段的中国得以发展壮大的“出路”。在此背景下，政治社会开始向经济社会转变，民众的激情也从政治利益转向了经济利益。事实上，从客观的角度来说，创造以利益为基础的社会秩序，的确给当时的中国带来了

① 参见［法］托克维尔：《旧制度与大革命》，冯棠译，北京：商务印书馆，1996年版。

很多政治上的好处。但同时由于市场经济所带来的社会各个领域的多元化趋向也使人们的思想观念乃至社会秩序遭遇到前所未有的压力和冲击。

在中国，经历几千年的沉浮和积淀的传统文化作为中国人生存处境的重要内容，它不仅是古人恪守的生存法则，同时也是当代中国人无法从民族性格中删除的遗传基因。这种将个体纳入社会伦常秩序而抑制独立性和自由意志的文化惯性，就如同牵扯在中国人文化生理上的一根“脐带”，在脱离母体以后，由孕育生命的通道转而变为一种牵绊生命存在的诱因。相反，市场经济作为独立的个人及其活动的一种崭新的社会联结模式，它不仅促成经济关系和各种社会关系的普遍化，同时也促成个体观念的生成和发展。因此，就市场经济自身的理想目标而言，是要在促进社会和每个人利益增进的基础上，实现整个社会的双赢局面。这两种截然相反的观念在中国的相遇和碰撞，可以说，在引发思想变革的同时，也给社会带来了不小的麻烦。在我国，一方面市场经济远未发展成熟，另一方面，社会又遭遇着传统文化心理困扰的纠结，因此，一种对欲望渴求又惧怕的心理使很多中国人陷入到一种由禁欲到纵欲的怪圈之中。正如萧伯纳所说的那样，生活中有两大悲剧：一个是失去你心中的欲望；另一个是获得欲望。市场经济正以其自有的理性消解着几千年来在中国人生存模式中积淀下来的强大的惰性和阻滞力量，并对中国人原有的思维方式和存在方式进行着转换和改造。然而，这种转换和改造在使人们拥有了选择空间的同时，却也同时使人们丢失了选择的标准。

无疑，在以利益为基础的社会秩序的建设中，主流意识形态从作为控制党政干部、指导决策的手段，转变为给党和政府的政策提供正当性证明的手段。随着主流意识形态从进攻性姿态转向防御性姿态，人们开始有了选择的空间。物质主义、消费主义、旧左派和新左派、西方自由主义、民族主义甚至宗教信仰……随同主流意识形态一齐成为了人们可以选择信奉和接受的生活方式、思维习惯和价值观念。然而，在多样化的选择面前，人们却普遍感受到了一种从未有过的信仰失落和价值混乱。可以说，如今的中国人正在体味着“没有标准选择的生命不能承受之轻的存在意义的焦虑”①。即使在主流意识形态核心价值观确立之后，整个社会也依然仿佛不知道什么是正确的、什么是真诚的、什么是美好的、什么是正义的、什么是邪恶的。也许当国家向人民提供谋取利益的机会的时候，它并没有预想到当人们富起来的时候，却发现自己生活在道德的真空中。在精神上，人们根本不知道自己在哪里，要到哪里去。

如今，这些社会的弊病由于已经严重侵害到普通百姓的切身利益，因而也逐渐开始侵蚀党和政府的合法性，甚至危害到整个社会的稳定与发展。于是，作为中国政治稳定的最终保证者和全球化进程中失误的纠正者，中国共产党再次面临着巨大的考验。也许，道德感的重塑不失为一种方法，但正如我们看到的，中国共产党向整个社会倡导回归美德和道德价值的努力，其效果并不理想。原因就在于，事实上，此时的中国人在道德上也同样处于选择混乱的尴尬境遇之中。

中国的传统文化异常重视人与人之间的伦理关系和社会的道德规范，强调“仁爱”、“利人”，而对于获取私人利益的行为是避讳甚至鄙夷的，正所谓“养心莫善于寡欲”、“君子喻于义，小人喻于利”。显然，这种道德信仰与市场经济所崇尚的伦理道德存在差别，与由金钱所构筑的道义准则更是背道而

① 高海清、胡海波、贺来：《人的“类生命”与“类哲学”——走向未来的当代哲学精神》，吉林：吉林出版社，1998 年版，第 422 页。

驰。因此，面对两种不同的道德标准，特别是在人们要做出非此即彼的抉择的时候，往往会陷入一种冲突、困惑和无奈之中。与此同时，随着旧的文化精神的衰微，曾经如史诗般神圣主宰我们的田园诗样的情感、英雄主义的理想和崇高的人类德性，也都仿佛在这个现实的世界里消失了，可是，新的精神和理想却还没有建立起来，于是人们越来越感到自己生活在一个精神极度匮乏的世界里，他们也因此失去了正确的文化价值观念和社会规范，陷入一种失控和无序的状态之中。所以，当不同的社会群体发现自己所处的这个社会，生活得并不舒适甚至并不安全的时候，一种“反祖”的理想主义意识形态轮回的现象也就此产生。从各国发展的经验来看，理想主义钟摆的摇动是必然的。因为当人们的物质利益得到满足之后，就会想回到理想主义；而当他们的理想主义变成了空想之后，他们又会回到现实的物质生活之中。可是，中国的理想主义摇摆却并不是一种简单的重复。我们发现，在今天的中国，尽管有人认同毛泽东时代理想主义意识形态中的一些价值，但很少有人真正想回到各种空想主义主导下抽象的社会正义和公平之中去；同样，尽管有人崇拜西方的民主与自由，但却很少有人相信中国真的能够成为西方那样的国家。因此，我们说，在信仰危机之中，除了来自外部居心叵测的干扰之外，更多的是来自于内心的忧虑与怀疑。

严格来说，怀疑本身就隐藏在信仰之中，因为没有任何一种具体的信仰可以宣称自己能够永世长存，可以一劳永逸地占据着人们过去、现在和将来。然而，辩证的观点告诉我们，就怀疑本身而言，它其实不仅包含着质疑，同时也隐含着希望。因此，从这个意义上来说，对于一种意识形态的怀疑同样也包含着两种倾向，一种就是不再崇拜、不再信服、不再信奉，而另一种则是通过重新反思重生信仰的希望。很显然，从这个角度来说，危机并不意味着绝望，危机同样蕴含着“转机”。当然，辩证的态度并不是我们盲目乐观的借口。危机虽然在一定意义上意味着转机，可是转机并不会自动到来。要解决问题，恐怕依然还是要回到意识形态与社会生活实践本身的弥合程度上来，因为一个意识形态所宣扬的理想再美好，所运用的语言再华丽，它只有与具体的载体结合在一起，只有真正地落实到人们实际的生活周遭之中，才能发挥其应有的功能和效用。也就是说，假如我们的核心价值观只是在主观想象和宣传中是好的，而一旦在遭遇实际生活的时候就显得苍白无力，或者说在理论上是好的，实际操作中根本行不通，那么，这种价值的核心地位只能是人为附加的主观臆想，甚至是逃避问题的心理安慰，其核心地位也会因此而不保。

三、传播教化在管理应对媒体中的有效性

葛兰西的“霸权论”在分析意识形态对于社会体制和政治变革的重要性的时候，不仅提出了著名的意识形态的领导权理论，同时也深刻地指出大众传媒是夺取意识形态领导权的重要工具和场所之一。同样，法兰克福学派的“媒介控制”思想也认为，大众媒介是国家用来维护意识形态、传递统治阶级意志的工具，甚至大众媒介本身就是意识形态，直接履行着意识形态的社会控制职能，维护着国家统治的合法性。事实上，正如这些学者所认识到的那样，大众传媒的确与意识形态之间有着密不可分的联系。换句话来说，媒介的意识形态功能（角色）是大众传媒的重要和首要的功能。特别是随着传播全球化的深入，大众传媒几乎进入和影响了现代所有的政治场景和政治活动，与此同时，控制与利用大众传媒也越来越成为政治行为主

体必须考虑的重要政治行为之一。

在大众传媒和政治的关系中，显然，政治对于大众传媒的影响是决定性的。这表现在，政治对大众传媒的政治性和阶级性具有决定性的影响。这就是我们通常所说的：是统治阶级掌握着“文化霸权”。当然，大众传媒对于政治而言，也具有能动性的影响。这种影响既包括正面的影响，如：通过传递政治信息延伸政治活动及其影响的范围；通过反映公众的意见和呼声监督政治环境；通过传播主导价值观念统一政治规范、维护现实社会秩序等等；但同时，会包括负面的影响，如：过分沉湎电视等媒体会伤害人们原有的思维能力和书写能力，甚至会影响原有的融洽的人际交流，并因此改变人们的参政习惯和方式；大众传媒的内容可能具有欺骗性和误导性；暴力、色情等传媒内容可能会对人们特别是青少年的价值观、人生观、世界观和行为方式等产生不利影响，并成为危及社会秩序、威胁政治稳定的重要因素等等。因此，如何在政治和大众传媒之间建立一个良好的机制，既保证大众传媒的相对独立性，使大众传媒能遵循自身规律有效运行，同时又能合理利用大众传媒能动性的正面效应，使之在社会进步和政治发展过程中发挥积极作用，这几乎成为了世界各国政治集团需要思考和解决的关键问题，也是衡量执政党执政能力高低的重要参数。

在我国，中国共产党作为执政党也同样认识到了大众传播与意识形态之间的这种紧密联系。但与此同时，我们也不得不承认，从目前的情况看，虽然在历经数次由媒体所引发的社会危机之后，中国共产党对于大众传媒力量的认知已经越发全面，但是对这种力量的有效管理能力却仍然有待提升。

过去我国对新闻传媒使用的是行政管理的办法。随着市场经济改革的不断深化，中国传媒也逐步由重宣传、轻经营转变为在保证宣传功能的前提下向开发传媒经济内涵的方向发展。因此，现阶段中国传媒的运营模式可以概括为“企业化管理的事业单位”。这种对传媒的“双轨制”管理，在客观上造成了传媒在宏观计划经济和市场经济中的“游离状态”，也就是，一方面，传媒仍保持着原有的政治属性，依旧承担着传统意义上政府喉舌的角色；而另一方面，传媒由于被推入到市场，因此最大限度地实现其经济效益就成为如今众多传媒追求的主要目标。而这恰恰就为有偿新闻、利益新闻等负面的甚至违规违法行为提供了渠道和途径。中央级媒体由于已经超出监督者和具体监督对象的范畴，而成为党和中央政府晓喻社会正确的政策、明确规范、协调当前全国工作布局的手段，因此，此类负面的或违规违法问题并不多见。至于地方媒体，就较为严重了。由于地方媒体要在本地区求生存、求发展，根本不能或不敢得罪当地的权贵和财神，因此“花钱消灾”、“用权力消灾”的现象屡见不鲜，甚至有些媒体还以此作为自己创收的手段。以至于，在民间甚至流传着“防盗、防火、防记者”的顺口溜，讲的就是记者来采访报道要钱的现象。除此之外，我们还常常看到，各大媒体为了博取更多的受众，利用各种手段进行炒作，制造、夸大挑战传统世界观、价值观和道德观的“热点和焦点”话题，以此满足受众的猎奇心理，有些甚至还假借“解放思想”的旗号，为各种非主流意识形态歌功颂德，严重扰乱了人们的思想。此外，还有当前媒体所存在的监督过当和监督失误的问题，例如，对一些敏感的话题处理欠审慎，甚至为了新闻炒作而违反新闻职业规范，拿谣言反当“卖点”，也严重干扰了社会正常健康的舆论环境。

2009 年 3 月 1 日，中共中央政治局常委、中央书记处书记、中央党校校长习近平在出席中央党校春季学期开学典礼时强调，各级领导干部要努力提高六个方面的能力，其中一个能力就是提高同媒体打交道的能力。这种与媒体打交道的能力在一定意义上也可称为应对媒体的能力。事实上，应对媒体的能力的高低也是政党管理媒体能力高低的一种重要的衡量标准。

由于信息技术的快速发展，现代民众所接触的现实大多是经由媒体所呈现出来的现实，特别是随着3G技术、互联网的发展，如今的社会已经进入了一个“人人皆媒体”的时代。在这个时代，一个突发事件，可以在短短几分钟内传遍全国甚至全球。而对于同一个突发事件显然社会上会形成不同的意见和舆论，此时党和政府的正确做法首先应是不害怕、不回避、不隐瞒，对事件作出真实的解释，实施正确的舆论引导，简单地说，就是要敢与、乐与、善与同媒体打交道。然而，目前，党和政府中的一些干部却非常缺乏这一方面的能力和素养。面对媒体，不会用、不会讲、不敢讲、不去讲的问题时有发生。这种情况的存在不仅使党和政府部门在事件处理及信息发布上陷入被动，贻误处理的最佳时机，而且还在很大程度上影响了党和政府的公信力以及在人民心目中的形象。

舆论是社会稳定的思想中心。舆论处理得好不仅是党之福，更是人民之福，相反，处理得不好，不仅是人民之祸，更是党之祸、国家之祸。由此可见，提高党对于媒体的管理能力是何等的重要。

第二节 在实践中探寻意识形态创新发展的现实路径

通过意识形态创新，我们开拓并发展了一条具有中国特色的社会主义道路。可以说，在我国，意识形态的演进是中国改革发展进程的核心。正是在这个意义上，我们对意识形态未来发展路径的现实探索，是研究中国发展道路问题的不可或缺的重要方面，同时也是中国发展道路自身内在规定性的深刻体现。

秉着实事求是、解放思想的精神，笔者认为，要实现中国特色的社会主义意识形态的创新与发展，从根本上来说，我们就必须一如既往地坚持马克思主义指导思想的核心地位，坚持马克思主义中国化的理论和实践探索，坚持党领导意识形态的导向控制。除此之外，我们还应结合时代的要求，在构筑意识形态认同体系、发展新兴意识形态创新主体和拓宽意识形态传播渠道上进行有益的探索和尝试。

一、构筑时代化的意识形态认同体系

根据《辞海》的解释，所谓认同指的是“个人与他人有共同的想法，在人们交往活动过程中，为他人的感情和经验所同化。或者自己的感情和经验足以同化他人，彼此产生内心的默契。”① 在社会心理学看来，所谓认同就是指：“一种情感、态度乃至认识的移入过程。”② 很显然，认同不等同于一般的认识，因为认识只是一种了解和掌握的过程，而认同则强调在自觉的同化与被同化过程中表现出来的相应行为特征的心理和行为过程。无疑，任何一种意识形态都需要在认同中发挥应有的功能。换句话来说，离开意识形态的认同，意识形态顶多只能是供统治阶级自我玩赏的花瓶。正如齐泽克所说：“脱离了信

① 夏征农：《辞海》（缩印本），上海：上海辞书出版社，1999 年版，第 466 页。

② 费穗宇：《社会心理学词典》，石家庄：河北人民出版社，1988 年版，第 45 页。

服的服从不是真正的服从，因为它已经通过我们的主体性被调停了。”①

一般而言，推动意识形态认同有三种路径，启蒙路径、宣传路径和务实路径。所谓启蒙路径，是指我们把知识因素放在意识形态系统首位的路径，这种路径往往是通过知识革命的形式实现的。这一路径的优势在于，由于人们对于意识形态的认同是建立在理性的基础之上，所以一旦认同，所达到的稳定性和持久性都相对较高，当然，也正因为如此，它的缺陷也显而易见，那就是，这一路径对接受者的知识结构和理性思维的能力要求很高。所以，我们看到，这一路径的成功实施往往局限于社会的精英阶层。宣传路径是指我们把价值观因素放在意识形态系统首位的路径。这一路径注重意识形态价值观的号召力，通过努力构建新的社会核心价值体系在社会范围树立起新的政治信仰。这一路径的最大优势在于，它能够凭借强大的宣传攻势达到控制信息、获得舆论导向的优势地位，从而以近水楼台先得月的态势和最快的速度获得社会成员的认可。然而同时，它的缺陷也是不容小觑的，那就是，有可能存在的过度宣传会导致民众对于意识形态的非理性思维，这种非理性思维不仅会造成意识形态认同的不稳定性，而且还有可能使社会陷入理想主义的泥沼不可自拔，对社会现实造成一定的危害。务实路线是指我们把方法论因素放在意识形态系统首位的路径。这一路径强调的是意识形态在社会治理方案和方法实施过程中的地位确立，即通过用科学有效的社会建设方法增进社会福利、调整社会关系的途径推动公众对于意识形态的价值观和知识体系的认同。务实路径的优势在于，由于它是将公众的意识形态

---

① ［斯洛文尼亚］斯拉沃热·齐泽克：《意识形态的崇高客体》，季广茂译．北京：中央编译出版社，2002 年版，第 51 页。

认同，建立在最为真实的社会生活体验之上，以社会建设的有效性获得公众认同的合法性，因而这种认同感来得更为直接和快速。然而它的缺陷也恰恰在于，这种务实的倾向有可能会导致意识形态的功利化趋势，也就是，一旦社会建设不能达到公众的普遍认同，那么意识形态的认同感也会随之降低。

很显然，这三种路径各有偏重，也各有利弊。在实际操作过程中，我们不可能希望通过单独运行某一路径就达到意识形态认同的效果。由于意识形态自身的层级性和社会构成实际存在的阶层性，我们往往是将三条路径进行有机地整合，以此来完成意识形态认同的过程的。就我国目前所面临的主流意识形态挑战而言，我认为，现阶段我们应在关注时代发展变化的基础上，着重通过满足普遍存在的社会发展需求的方式来有效增强人们对中国特色社会主义意识形态的认同感。

首先，通过满足社会经济发展的需求来有效增强人们对中国特色社会主义意识形态的认同感。发展是人类永恒的主题，其中经济发展是至关重要的环节。正如马克思所说，生产力的不断发展是“整个社会生活以及整个现实历史的基础”①。通过不断发展生产力，意识形态可以从中获得由经济增长及其绩效所带来的合法性，这是获得公众意识形态认同的物质基础。事实上，依靠较理想的经济发展绩效来保持整个政治体系的合法性和稳定性，是世界上很多国家在现代化进程中所采取的普遍做法，同时也是一条非常值得借鉴的有益经验。因此，在政治实践中，公众对于一个政党是否认同，其中最基本也是最直观的判断标准，就是看它对宏观经济的驾驭能力以及对经济建设的关注程度、对经济发展的贡献大小等等。中国的发展已经

① 马克思：《资本论》（第1卷），北京：人民出版社，1975年版，第204页。

证明，持续高速的经济增长和人民生活水平的提高在一定程度上巩固了中国共产党的执政合法性地位，虽然目前，我们在经济发展的过程中遇到了一些问题，但发展依然是社会的主旋律，关键在于我们如何更为合理地安排和处理整个社会经济发展中速度与效率、效率与公平以及公平与共享的关系问题。

其次，通过满足建设法治社会的需求来有效增强人们对中国特色社会主义意识形态的认同感。满足建设法治社会的需求是意识形态认同所需要的法理基础，而这恰恰是为了弥补仅仅由经济绩效认同所带来的缺陷。我们都知道，经济发展是有其自身规律的，一方面，经济增长不可能永远保持高速发展的状态，它是有周期性的，因此，持续增长只是相对而言，特别是随着全球化进程的进一步加剧和对外开放的进一步扩大，中国经济是否能实现高效率的发展，不仅取决于我们自身，同时还取决于我们周边的国际环境；另一方面，随着社会发展的进一步深化，我国的经济基数越来越大，因而要保持经济持续快速增长已经越来越困难。所以，从这两个方面来看，如果仅仅把意识形态的合法性建立在经济绩效上是有很大的风险的，而且也非常不稳固。因此，要提高意识形态的认同度，我们就必须找到一个顺应民心的更为稳固的基础，这就是法理的基础，即将意识形态的合法性建立在非人格化的法治基础之上。换句话来说，建立在遵守正式规定的而非个人专断的法规基础上的意识形态认同，是一种稳定性更高的意识形态认同机制。可以说，这是当前意识形态生存发展的最终归宿。要确立法理型的意识形态认同机制，就要求树立法律的最高权威地位，将法律视为公共政治管理的最高准则，包括领袖、官员和公民在内的一切人都要忠实于法律并只对法律负责，在法律面前实现人人平等。然而，目前，我们恰恰就是在法治建设方面仍然存在不少问题。一方面，我们的法律制度还需要进一步完善，另一方面，也是最重要的方面，就是人们的法治观念、法律意识仍有待提高。而这两个方面从一定角度来说，是互促同向增长的。国内有一个盲人歌手（周云蓬）就曾这样说过，我们缺少的不是信仰，而是底线，底线比信仰更重要①。那么，什么是底线？那就是法律。也许对于多数中国人来说，我们不太愿意谈论“底线”，因为这个词不仅意味着一个曾经靠着所谓的伦理道德延续千年的礼仪之邦的消蚀，也意味着一种对社会的无可奈何和悲观的情绪。可是，当社会成员的普遍素质还没有达到甚至离文明社会的要求还相距甚远的时候（当然不可否认，这个社会仍不乏具有高尚情怀的人），我们就必须通过法律制度这一底线来规制人们的言行。因为只有让那些违反法律法规、对社会其他成员的利益造成损害的人受到相应惩罚，我们才能通过规制形成某种社会的普遍习惯，从而在个体的思维中刻下烙印，并进而完成个体乃至整个社会法治文明素质的提升。当然，法律仅仅是底线，它并不能包罗万象，况且，法律与社会行为相比又往往具有一定的滞后性，因此，这就需要社会伦理道德的约束和社会成员自身文明素质的提升。这显然是一个良性循环的过程。我们希望，在硬性制度与软性精神的互促共长中，这个历史悠久的礼仪之邦会再次找回属于自己的那份“善”。

第三，通过满足社会各阶层的认同标准来有效增强人们对中国特色社会主义意识形态的认同感。改革开放以来，随着市场经济体制的逐步确立和产业结构的不断调整，在我国社会中出现了阶层分化的现象。除了原来的工人阶级和农民阶级产生

---

① 引自中国人信仰多篇［OL］. http：//wenku. baidu. com/view/8fc9f44669eae009581becc2. html。

了内部分化之外，还出现了“民营科技企业的创业人员和技术人员、受聘于外资企业的管理技术人员、个体户、私营企业主、中介组织的从业人员、自由职业人员等社会阶层”[①]。由中国社会科学院组成的“当代中国社会结构变迁研究”课题组，通过一系列的调查研究之后，将中国社会划分为十大社会阶层，他们分别是：国家与社会管理者阶层、经理人员阶层、私营企业主阶层、专业技术人员阶层、办事人员阶层、个体商户阶层、商业服务业员工阶层、产业工人阶层、农业劳动者阶层，以及城乡无业、失业、半失业者阶层[②]。可见，社会阶层的分化必然会引发我国意识形态认同的主体以及他们认同标准的变化。在当前社会发展的大环境下，“致富”与“利益满足”可以说是各个阶层一致的意识形态认同标准。然而，除了共同的认同标准之外，根据社会各阶层不同的发展状况，他们的意识形态认同标准的侧重点又各有不同。主要体现在：（1）对于新兴的社会阶层而言，他们的意识形态认同更多的是侧重于对他们政治身份的认同上。作为改革开放的新生事物，过去我们对他们的认识是存在着一定的盲点甚至是误区的。比如虽然我们鼓励和允许发展个体经济、私营经济，但由于有些时候过分重视这些社会成员的政治成分，而在一定程度上妨碍了他们积极性的充分发挥，致使他们存在着某种被“共产”的困扰。因此，针对这一阶层的认同标准，首要的一点就是在充分考虑他们在改革开放和社会主义现代化建设中所发挥的积极作用的基础上，正确地看待他们的身份和地位，并在实践中通过

① 江泽民：《论“三个代表”》，北京：中央文献出版社，2001年版，第169页。

② 陆学艺主编：《当代中国社会阶层研究报告》，社会科学文献出版社，2002年版，第8页。

合理的政策予以支持和保护。(2) 对于工人阶层而言，对其主人翁地位实行各方面的利益维护，是当前工人阶层意识形态认同的重要标准。我们在之前的分析中已经提到，当前主流意识形态遭遇到政治文本所阐释的阶级结构与现实生活形成反差的严峻问题。可以说，对工人阶层主人翁地位实现各方面的利益维护，是解决这一问题的关键所在。其中，不仅需要党和政府通过各种民主渠道，反映广大职工的愿望和要求，落实工人阶级行使管理国家、管理经济和社会事务，参与企事业单位的民主决策、民主管理和民主监督的权利，保障工人阶级特别是困难职工群体的合法权益，使其物质生活水平随着社会经济的发展不断得到提高，而且，也是更重要的，要努力实现保障工人阶级主人翁地位及其利益的规范化、制度化和法制法，关键就在于要真正将法律法规落到实处，杜绝一切违法侵权行为的发生。(3) 对于农民阶层而言，保护其平等权益是他们所持的意识形态认同标准。虽然，我国宪法规定，中华人民共和国是以工人阶级领导的，以工农联盟为基础的人民民主专政的社会主义国家，农民在中国革命和建设中做出了重要的贡献，和其他社会阶层共同创造了当代中国的发展成就，理应平等地共享改革开放的成果，但不容忽视的是，在当代中国社会，农民从总体上还是处于社会的底层，是社会中的弱势群体，在一定程度上遭受着严重的权利不平等待遇，特别是近几年，随着农民工阶层（包括农民工后代）的产生，问题变得更为复杂和严峻。因此，对于农民阶层而言，除了致富、利益维护这类共同的认同标准之外，维护平等权利就成为当代中国农民意识形态认同的重要标准。对此，党和政府必须要有清醒和充分的认识，要废除不合理的政策法规，同时制定合理的、保障有力的法律法规、政策措施给农民以平等的“国民待遇”，除此之外，还要在树立农民的参与意识、平等意识和组织意识方面加以强化，充分发挥他们参政议政的积极性，扩大基层民主的范围，强化基层的法治建设。

二、壮大时代化的意识形态创新主体

主体力量的推动与实践是意识形态实现创新与发展的重要的能动因素。马克思主义唯物史观认为，人民群众是历史的创造者，他们不仅是社会物质财富的创造者，同时也是社会精神财富的创造者。正是在这个意义上，我们说，人民群众是当代中国特色社会主义意识形态创新与发展的主体力量，人民群众的实践是意识形态创新与发展的源泉。在当前意识形态创新发展的人民群众这一总体性的主体中，主要包括以下三类具体的主体，即中国共产党、中产阶层和知识分子。其中，中国共产党是意识形态创新发展的领导主体，中产阶层是新兴的重要的实践主体，知识分子则是意识形态创新发展宝贵的探索主体。在这里，根据时代发展所展现的新情况而言，我们所说的壮大时代化的意识形态创新主体主要是针对后两者而言的。

2003 年前后，国内外媒体曾经对我国是否具有中产阶层和哪些人属于中产阶层有过热烈的讨论。对“中国式中产”的定义也大致就在那个时段完成。所谓“中国式中产”指的是这样一批人，他们大多从事脑力劳动，主要靠工资及薪金谋生，一般受过良好教育，具有专业知识和较强的职业能力及相应的家庭消费能力；有一定的闲暇，追求生活质量，对其劳动、工作对象一般拥有一定的管理权和支配权，同时，他们大多具有良好的公民、公德意识及相应的修养，在市场经济的竞争中，与工人和农民阶层相比，处于相对优势的地位。

长期以来，国内是很避讳提“中产阶级”或“中产阶层”

这个词的，因为不少人都将其与资产阶级自然不自然地挂起钩来。之所以如此，是因为中产阶级这个概念最早就是在西方资本主义发展的过程中产生的。在西方资本主义社会发展史中，欧洲封建社会后期的中等阶级，即富有商人阶级在工业革命的影响与冲击下，发展成为城市中的资本家阶级。在马克思的著作中，中产阶级指称的就是西方历史中的资本家阶级或布尔乔亚阶级。当然，今天我们所指称的在中国出现的中产阶层显然不是马克思阶级语境下的资产阶级，而更多的是来源于其原生的意义，即社会学的意义，指的是在市场的资源配置与社会纵向流动过程中自然形成的、介于上层阶级与下层阶级之间的阶层。在中国，对于这样一个阶层而言，一方面，由于他们已经事实地从现存的社会秩序中获得了利益，因此对社会的主流价值与现存秩序有着较为强烈的认同感，并出于本能对改革持保守态度，希望社会处于长期的稳定之中；另一方面，由于他们的利益往往受到钱权交易与官僚系统中非法行为的侵害与不正当的阻碍，因此他们又并不满足于现状，希望国家能够通过适度的改革来保护他们的合法利益。于是，在涉及政治社会方面的问题的时候，中产阶层大多具有支持渐进改革的政治认知倾向、民主与法治的政治文化价值观、积极参与的政治文化态度，但同时由于他们的参与和表达主要是从其切身利益出发，缺少超越自身利益的（特别是缺少对下层民众面临的困难和问题的切身体会）和目光更为长远的社会关怀，因而，在一定程度上又体现出缺乏社会批判精神的缺点。

因此，从这个角度来说，对于新兴的中产阶层而言，我们要充分发挥他们在意识形态创新中的重要作用，就需要坚持趋利避害的原则。也就是，要特别注重该阶层的特点，充分培养和发扬他们的优势和长处，主要体现在：第一，充分发挥中产阶层对维持社会和政治稳定的不可替代的作用。亨廷顿曾经说过："中产阶级与稳定的关系，颇似富裕与稳定的关系一样，一支庞大的中间阶级队伍犹如普遍富裕一样，是政治上的一支节制力量。"① 作为与中国发展道路紧密相连的中国特色社会主义意识形态，它一方面塑造着稳定的社会环境，而另一方面，其本身也需要在稳定的环境中才能实现和发展它建设性的特性和要求。正是在这个意义上，中产阶层所具有的稳定社会的功能，不论是对于社会发展，还是对于引导社会发展的意识形态而言，都是至关重要的。

第二，充分发挥中产阶层体现"共同富裕"这一价值追求的功能。共同富裕是中国发展道路所追求的价值目标。由于它既不是平均富裕，也不是同步富裕，因而在发展过程中会出现时间先后和富裕程度的差异。特别是近几年不断拉大的贫富差距，在一定程度上已经使部分民众对共同富裕的价值目标产生了质疑。对此，我们可以通过充分发挥中产阶层对共同富裕的解释和推动功能来逐渐消除人们的疑虑，重新确立起人们对这一价值目标的认同和信任。因为中产阶层不仅可以通过推动先进生产力的发展来为实现共同富裕奠定坚实的物质基础，而且还可以通过个人的努力和奋斗，用他们的奋斗史、成功史向社会传播一种积极向上的精神和理念，给整个社会起到示范和榜样作用，从而号召更多的人通过正当合法的劳动步入中产阶层，实现社会阶层构成从金字塔形向稳定的橄榄形转变的目标。

第三，充分利用中产阶层对于法治的诉求，推动意识形态乃至整个社会合法性的进程。中产阶层的形成和发展，不仅昭

---

① ［美］塞缪尔·亨廷顿：《变革社会中的政治秩序》，王冠华、刘为等译，上海：上海世纪出版集团，2009 年版，第 239 页。

示着中国共产党将经济绩效作为执政合法性基础的成功方面，同时，也预示着中国共产党在继续发展经济的同时，还要注重发展民主、建立法治，建立和发展法理性的执政合法性基础。换句话来说，中产阶层所具有的鲜明的民主和法治价值观以及强烈的民主和法治诉求，是推动法理性执政合法性基础发展壮大的重要力量。作为中国市场经济建设的主力军，中产阶层那种勤劳、诚信、理性和守法的品格，不仅对社会其他成员具有很好的示范效应，而且对于进一步规范和完善市场秩序具有十分重要的意义；作为中国社会中最为重要的守法主体，中产阶层中不仅有一部分人直接从事着法律适用工作和法律服务工作，而且出于阶层维护自身利益的需要，他们也内在地要求国家权力对社会的干预保持在一定的范围之内，要求国家权力依法行使，要求执法和司法公正，要求法治建构目标快速实现；同时，作为理性政治参与方式的倡导者，中产阶层通过其理性的、有组织的、体制内的参与（由于他们在理性原则之下对于社会矛盾的处理更倾向于法律，因而体现出更多的民主和法治精神），从而对社会其他阶层的政治参与起到一定的示范和启迪作用，起到推进民主政治发展、维护社会稳定与和谐的目的。

除了中产阶层之外，还有一个阶层也是值得我们特别关注的，那就是知识分子阶层。如果说中产阶层务实稳健但却缺乏社会批判精神的话，那么，作为“价值守护者”的知识分子阶层的情况就正好恰恰相反，他们充满激情和正义感，具有批判主义精神。因此，对于这样一个阶层而言，他们能用他们的激情和探索精神为意识形态的创新与发展注入活力，他们能用他们的正义感和批判精神为意识形态矫枉过正；不仅如此，他们还能用知识和精神的力量在国家危难之际为人们点燃理想的曙光，能在社会盲目乐观之际为人们敲响警钟，当然，他们也能在社会出现问题的时候出谋划策、提供解决之道。可以说，知识分子阶层是促进一个社会和国家发展的宝贵的探索主体，是社会良知和公共理性的代言人，他们担负着规约人类行为、充实人类思想宝库、为人类提供终极关怀的历史使命。

那么，知识分子阶层到底指称的是什么样的一批人呢？就知识分子这个概念而言，其本身是具有广义和狭义之分的。通常情况下，我们可以把受过高等教育的人都称为知识分子，这是广义的知识分子；但狭义的知识分子则不然，指的仅仅是如左拉、鲁迅这一类具有批判精神的知识分子。可以说，这样一群人是活跃在人类社会发展历程中的“价值的守护者”。他们大多受过高深的人文教育，习惯于通过抽象概念来思考社会问题，同时又拥有比一般人更多的文化知识与信息来源[①]，因而他们对社会问题显得更为敏感。当然，正是知识和敏感的有效融合，使他们具备了一种自然而然的社会责任感——他们更多地关注社会，意图在于通过知识和思考的力量来改良甚至改造社会。可以看到，在中国发展道路的历程中，知识分子曾经对中国的历史选择起到了至关重要的作用（对于这一点，我们在前面的章节已经做过相关的论述）。然而，今天，却有不少人认为知识分子这个概念已经变得越来越模糊。特别是当国内的经济学家们正在遭受着公众空前的质疑，社会学家因为为“一夜情”正名而正在被千夫所指的时候，人们开始怀疑知识分子的那份社会道义是否还依然存在，于是，人们对于老派知识分子的怀念与日俱增：章太炎的狂狷、鲁迅的锋芒、李大钊的理想、马寅初的坚持……，那些独立于利益之外，曾经为国家与

① 参见萧功秦：《中国的大转折：从发展政治学看中国变革》，北京：新星出版社，2009 年版，第 378 页。

生民呐喊的声音成为了人们怀旧的主题。于是，我们不禁要问，当前的中国知识分子到底怎么了？事实上，他们正在遭受着知识与权力的纠缠。

知识分子和权力的关系，是一个很古老的哲学和历史问题，比如在柏拉图那里就有一个很有名的“叙拉古的诱惑”。[①]。之所以今天的百姓要把进入智库的一些人说成是御用知识分子，其原因就在于权力的干预已经使知识分子的道义资源在一定程度上逐渐流散了。然而，我们说一个社会不能缺少有批判、有担当的知识分子，这一群体的存在不仅是一个社会思想开放的标准，同时也是一个社会文明程度的显现。因此，正确看待和充分挖掘、利用作为“价值守护者”的积极作用，是我们在道路坚持与发展中必不可少的重要环节。

在笔者认为，要充分挖掘和利用知识分子阶层的积极作用，就必须处理好以下几个问题。首先必须正确处理学术自由与政治标准之间的关系。具体说来，一是处理好学术自由与坚

---

① 故事说的是柏拉图三赴西西里的叙拉古城邦，希望年轻的国王戴奥尼素皈依哲学和正义的典故。这个典故的梗概是这样的：当叙拉古城邦的僭主老戴奥尼素死了以后，他的儿子小戴奥尼素继位。这距柏拉图第一次去叙拉古已是很久的事了。一个名叫迪恩的年轻人，他既是新国王的好友又是柏拉图的崇拜者，他写信告诉自己的偶像，这个年轻的国王与他父亲不一样，他喜欢哲学和正义，并恳求柏拉图能前来指导。柏拉图虽有迟疑，但最终还是前往了。然而，这个年轻的国王并不是真的喜欢哲学和正义。用柏拉图的话来说，新国王并不想生活在阳光下，只是想晒晒太阳。失望的哲学家返回了雅典。六七年后，哲学家再次受他的崇拜者之邀前去叙拉古。哲学家怀着与他第二次一样的希望之路踏上了“推销”哲学和正义的叙拉古之旅。结局是可以预料的：驯化君主的事业彻底地失败了。哲学家除了自责，一无所获，又屡遭不幸：他被卖为奴隶，还险些送命。典故仿佛在告诉人们，驯化君主既是一件危险的事情，又是一种无法拒绝的诱惑。在现实生活中也曾经发生过类似的情况，当马丁·海德格尔背负着纳粹时期的可耻印记重返教席之时，他的同事就曾讥讽道：“君从叙拉古来?”（这是美国学者马克·里拉在《当知识分子遇到政治》一书中有关海德格尔的一句话。）

持马克思主义指导的关系。在当代中国，马克思主义是学术自由必须遵循的指导原则，但同时，也要防止由于将马克思主义庸俗化和教条化而阻碍学术自由的倾向和错误。二是处理好坚持学术自由与推动中国发展道路之间的关系。我们提倡学术自由，提倡勇敢的批判精神，但更强调作为学者、知识分子的基本道义和操守，因为一切的反思和批判最终都还是为了国家、社会、人类的长远利益和未来发展。那些打着学术自由的旗号却散播有悖于人类社会发展规律的言论是要坚决抵制的。

其次，有效促进体制内与体制外知识分子的融合与渗透。长期以来，从事学术研究的中国知识分子大多在大学、研究所或事业单位任职，他们领取的是政府给予的工资、津贴及相关的研究费用，并通过体制内的学术评估体系获得相应的职称、学术地位和学术声誉。可以看到，改革开放以前，几乎所有从事学术研究的知识分子都是属于体制内的。但是，情况在改革开放以后发生了变化。自上世纪 90 年代以来，出现了一批体制外的学者，他们在民间社会从事着自己选定的课题研究工作。不可否认，体制内的知识分子通过对于一些纯学术领域、国家政策领域以及意识形态教育领域的相关研究和探索，积极有效地促进了社会文明发展的进程，但与此同时，那些体制外的知识分子也通过关注一些公共性的社会重大学术话题，为知识领域的开拓、社会思想的活跃和社会文化的多元化发展做出了不可忽视的贡献。我们对此必须要有一个正确和清醒的认识。然而，当前体制外的知识分子的情况却并不尽如人意，由于缺乏现成的评估标准，抑或他们从事研究的问题过于敏感等原因，这些体制外的学者和他们的相关研究成果往往并不被学术界所接受和重视。

事实上，随着社会的发展与进步，体制内与体制外研究的渗透与融合是一种必然趋势。曾经有一位大学老师，在从事教学之余，通过朋友在经济上的支持，在对北方农村某地进行了半年的深入调查的基础上，独立完成了一部有关当代中国农村社会学的相关论著。著作出版后，引起了国内外学术界和社会上广大读者的重视。由于他采取的研究方法相当独到，由于他通过深度访谈的调查方法获得了大量第一手的珍贵资料，由于他对所调查问题提出了许多深刻的理解，因此许多研究所与大学都把他的研究成果当作研究生上课的教材。当然，也正是由于他在社会学方面的贡献，他的相关研究也得到了越来越多来自各个方面的经费支持。[①] 这便是一个体制内外相互渗透融合的鲜活事例。这也证明了，作为一个真正的知识分子，应该根据自己的条件、自己的人生追求和价值理想来选择适合自己的发展道路。社会是多元化的，学术研究更应该提倡多元化。

再有，要实现对知识分子追求民主、自由的独立精神的有效保障。正所谓"独立之精神，自由之思想"[②]，只有精神独立才能获得思想的创新，显然，知识分子的这种独立精神是推动社会发展的一支理性力量，对此，我们必须要加以保护。这种保护一方面来源于对他们作为人的权益的保障，消除他们生活的后顾之忧；同时也来源于对一个社会文化发展的大环境的塑造，消除他们精神的无形枷锁。可以看到，当前，知识分子在世俗化中的矛盾地位是当下中国知识分子，尤其是体制外的知识分子所面对的最为严峻的挑战之一。一方面，他们追求精神领域的高度，但另一方面却又无法与日益强大的世俗化的压

---

① 该事例引自萧功秦：《中国的大转折：从发展政治学看中国变革》，北京：新星出版社，2009 年版。

② 陈寅恪：《清华大学王观堂先生纪念碑铭》，《国学大师陈寅恪独立之精神自由之思想》［OL］. http://news. xinhuanet. com/book/2009 - 11/15/content _ 12459207. htm。

力进行抗衡，纯粹意义上的知识分子很难找到自己适当的位置。正如一个网上作者所感叹的那样，这个社会也许会给你做梦的时间（只要你有钱租一间房子），但不会为你提供说梦的机会和听梦的人①。因此，在这样一种情况之下，我们必须面对的是如何突破世俗化的倾向，重塑和提升整个中国现代文化，从而培养文化修养、塑造高尚人格、提高民族素质。布热津斯基曾经在《大棋局：美国的首要地位及其地缘战略》中提出了大国的四个标志，即：经济发达，军事强大，科技雄厚，文化富有吸引力②。历史和现实都表明，大国崛起不仅仅是经济现象，而且还是文化现象；不仅是经济增长，而且也是文化繁荣。之所以特别强调“现代”这个词，是因为我们要提升的文化应是既富有民族特征和优良传统，同时更要具有鲜明的时代特点，既要立足于中国大地又要面向世界，既要正视国情现实又要放眼未来的新文化。孔子、儒学不可否认是我国文化的重要符号、重要资源和重要内容，但千万不能把传统文化和中国文化划等号，我们必须要努力创造无愧于时代的新文化。因为，如果我们的文化只是“啃老族”，那只能是我们整个民族的悲哀。中华民族是一个具有文化传统的历史古国，具有创新和发展文化的优良基因，不论是从文化自身建设的角度，还是从国家发展的角度，抑或是意识形态创新发展的角度，当前，创新发展现代（新）文化，都是一个意义重大、亟待解决的时代命题。

---

① 王晓华：《生活在深圳的边缘》［OL］. http：//blog. szu. edu. cn/Forum/3010。

② 参见［美］布热津斯基：《大棋局：美国的首要地位及其地缘战略》，中国国际问题研究所译，上海：上海人民出版社，2010 年版。

三、拓宽时代化的意识形态传播渠道

以上笔者分别从意识形态的认同体系以及创新主体这两个角度对当前意识形态的创新与发展提出了相关的思考和建议，除此之外，笔者认为加强对意识形态传播渠道的研究，也是我们意识形态建设工作一个十分重要和不可或缺的方面。之所以特别强调要注重意识形态传播渠道的研究，是因为现代社会是一个以报刊、广播、电视、网络等为代表的大众传播手段和技术高度发达的社会。我们要实现意识形态的传播与教化，显然离不开大众传媒的支持与保障。正如马尔库塞所指明的那样："人们真的能将作为信息和娱乐工具的大众媒介同作为操纵和灌输力量的大众媒介区别开来吗……"[①] "必须记住，大众媒介乍看是一种传播信息和提供娱乐的工具，但实质上不发挥思想引导、政治控制等功能的大众媒介在现代社会是不存在的。"[②] 正是从这个意义上，我们说，大众传媒既是社会的互动系统，同时更是社会的管理和控制系统，是进行意识形态建设的一个十分重要的途径。

众所周知，从大众传媒学的角度来研究意识形态建设的问题，对提高民众对意识形态的认同力是有着积极意义的。但是，在实际操作过程中，作为主流意识形态教化的主体，我们却还存在着许多滞后的和有待改进加强的方面，特别是在对媒体的管理中往往存在着无序和失效的问题，从而极大地影响到我们主流意识形态传播和教化的有效性（参见前文关于"道路解读和演进的意识形态挑战"一节的论述）。那么，如何解决

---

① ［美］马尔库塞：《单向度的人——发达工业社会意识形态研究》，张峰、吕世平译，重庆：重庆出版社，1993 年版，第 9 页。

② 同上书，第 7 页。

我们在媒体管理中的这些问题，有效提高意识形态传播的有效性呢？笔者认为，一方面，我们要对媒体特别是新兴媒体的特性和规律有一个深入的认识，另一方面，在掌握特性和规律的基础上，沉着应对、合理利用。概括起来就是，要努力拓宽顺应时代要求的意识形态传播渠道。

首先，对于新兴媒体而言，我们要实现从积极回应到充分利用的双向提升。从广义上来说，新兴媒体主要包括网络、手机、博客、播客、车载移动电视、户外楼宇电视、分众媒体、电子杂志、IPTV 等等。从狭义上来说，新兴媒体指的就是第四媒体（网络媒体）[①]。作为现代化进程起步较晚的中国，电视机的普及相对较晚，但却经历了一个短期内迅速扩张的过程。然而，与电视在我国迅速普及的速度相比，互联网的发展更是呈现出更为迅猛的态势和更为广阔的前景。据中国互联网络信息中心的统计报告：截至 2010 年 12 月，中国网民规模达到 4.57 亿，较 2009 年年底增加 7330 万人；互联网普及率攀升至 34.3%，较 2009 年提高了 5.4%。宽带网民规模为 4.5 亿，有线（固网）用户中的宽带普及率达到 98.3%。我国手机网民规模已达 3.03 亿，较 2009 年年底增加了 6930 万人。手机网民在总体网民中的比例进一步提高，从 2009 年末的 60.8% 提升至 66.2%。农村网民规模达到 1.25 亿，占整体网民的 27.3%，同比增长 16.9%。[②] 当然，在计算机互联网快速发展的同时，我们还注意到手机这一通信工具也以惊人的速度得到了迅速普及。2010 年，中国手机用户达到了 7.4 亿，换句话来

① 注：按照传播媒介的不同，我们可以把新闻媒体的发展划分为不同的阶段：以纸为媒介的传统报纸被称为第一媒体、以电波为媒介的广播被称为第二媒体，基于图像传播的电视被称为第三媒体，而新型的网络媒体被称为“第四媒体”。

② 中国互联网信息中心：《中国互联网发展状况统计报告》（2010 年）［OL］. http://www.sina.com.cn，2011－1－18。

说，占我国总人口一半以上的人都在使用手机，而如果去掉那些幼年儿童和一些不使用手机的老年人，事实上，可以看到，在我国，大部分有自主通信能力的人都已经使用上了手机。特别是自第三代移动通信牌照发放以来，3G 用户迅速增加，预示着新的通信技术将使人们的信息沟通发生一个飞跃性的变化。因为，3G 与 2G（第二代通信技术）相比，给人们带来的不仅仅是以语词形式存在的各种文字或声音信息传递的提速，而且还有生动而具体的图像信息的广泛传播。毋庸置疑，传媒技术的迅猛发展不仅可以使社会成员获取更多的观念和思想，同时还使他们拥有更多的自主权来选择自己想要接受的观念以及表达自己的观念。这种变化对于意识形态传播而言，一方面，使意识形态传播在更加广阔的空间里能够以更加灵活而生动的形式展开，而另一方面，面对多样化的观念和信息，意识形态在实现传播教化方面的难度无疑加大了。

对此，我们说，针对新兴媒体，我们要实现从积极回应到充分利用的双向提升。我们要在充分了解信息技术所带来深刻变化的同时，积极顺应变化，通过合理利用先进的传播手段来扩大我们意识形态传播的范围，提升我们意识形态传播的有效性。从目前情况而言，主流意识形态传播同快速发展的信息技术革命引起的新变化相比，的确存在不少不相适应的方面，而其中一个较为突出的方面就是：对信息传播数字化、影像化或感性化的认识和利用还存在很大的差距。

以往，我们对于主流意识形态的传播在多数情况下采用的是一种理性传播的方式，即通过下发文件、学习材料或在报纸电视上刊登相关新闻和社论等方式来进行传播，其思想内容也大多是以概念、判断和推论等理性形式来进行表达的，因此，在意识形态传播过程中呈现出很明显的理性化特征。然而，在电视特别是互联网和手机这类传播媒体迅速普及之后，社会传播就已经开始趋向于采用一种信息传递影像化、符号化的感性的传播方式。当代美国批判社会学和文化保守主义思潮的代表人物丹尼尔·贝尔在其《资本主义文化矛盾》一书中将其概括为，人类社会由此进入了一个视觉文化的时代。他说："我相信，当代文化正在变成一种视觉文化，而不是一种印刷文化，这是千真万确的事实。"① 视觉文化这一概念显然是在同印刷文化的对立中提出来的，这个概念强调了影视传播技术对社会传播感性化所起的决定性作用。无独有偶，英国的社会学家、传媒研究专家约翰·B. 汤普森也意识到了社会传播感性化的这种趋势。在汤普森看来，思想观念的变化改变了意识形态的内容，而传播技术的发展则改变了意识形态的展开形式和传播方式，要研究意识形态的发展变化，不应只关注于其思想内容的变化，同时还应考察其展开形式和传播方式的变化，只有这样才能具体把握处于动态传播中且与现实生活紧密结合在一起的意识形态现象。他这样说道："如果我们以象征形式推动的意义有助于建立和维持统治关系的方式来考虑意识形态，那么我们就能看到大众传播的发展对于意识形态现象的性质与范围具有巨大的后果。随着大众传播的发展，象征形式的流通日益脱离某个共同的具体地点，因此意义的运用越来越能超越象征形式在其中产生的社会背景。只是有了大众传播的发展，意识形态才能成为大众现象，也就是，能影响多样而分散的背景下大量人的现象。"② 简单地说，就是象征化和大众化不仅是当代信

① ［美］丹尼尔·贝尔：《资本主义文化矛盾》，赵一凡、蒲隆、任晓晋译，北京：生活·读书·新知三联书店，1989 年版，第 156 页。

② ［英］约翰·B. 汤普森：《意识形态与现代文化》，上海：译林出版社，2005 年版，第 20—21 页。

息传播所呈现的显著特征，同时也对当代意识形态的展开形式和传播方式提出了新的要求。因此，在新的信息传递方式的视野中，我们对于意识形态价值信念和思想观念的传递，不应仅仅局限于通过自上而下地将政治集团或组织机构的政治目标、价值原则和理想信念灌输到平民百姓的思想之中，而是应该更多地利用视觉文化的影响，采取一种社会成员之间平面化、互动化的价值沟通与信念传播的形式。这显然是一种真正意义上的能被大众广泛接受的大众传播形式，而社会成员在这种传播过程中扮演的也将不再只是一个单纯的、被动的政治宣传的聆听者或思想教育的接受者，相反，他们会成为主动的传播者；在视觉文化效应的作用下，意识形态的宣传内容也会变得更易于接受、宣传价值更易于认同、宣传范围更为广泛。当前备受大家关注的“网络民主”，从其积极意义而言，就是对这样一种平面化、互动化的沟通和传播形式的最好诠释。由于互联网，政府和群众之间有了一条有效的沟通渠道，这无疑为政府提高工作效率和服务水平提供了支撑和保障。很显然，网络民主如果能够利用得好、引导得好、管理得好的话，那么，就不仅能有效促进我国意识形态自身的创新与发展，增强意识形态的吸引力和凝聚力，而且还能在一定程度上通过舆论监督的力量保证社会健康稳定地向前发展。

其次，要将意识形态所内含的理想信念体现充实到精神文化产品创作生产和传播的过程之中。对于这个方面而言，从世界范围来看，将其做得最为极致的非美国好莱坞莫属。美国的好莱坞电影如今已经几乎占据了世界三分之二的电影市场总票房，而其每年对外发行的电视节目总量也高达 3 万个小时。然而，“好莱坞”输出的影片却不仅仅只是美国经济的重要组成部分，同时还是其通过特有的方式向全世界输出美国的价值观念和文化的有效手段。不知道您有没有发现，当我们细数那些耳熟能详的经典好莱坞电影后会看到，几乎每部影片中都会出现美国国旗的镜头：《与狼共舞》（当主角来到边界驻地时，发现驻地已经变成一片废墟，只有破烂的国旗还插在地上，随风飘扬）、《毕业生》（当男主角跑去他女友那间大学时，俯视镜头前的景物顺序是：美国国旗、喷泉、喷泉下的男主角和他身后的教学楼正门）、《夺宝奇兵 4》（当男女主角驱车进入美国仓库重地时，哨所上插着美国国旗）、《十二怒汉》（当审判终于结束后，人们走出法庭，美国国旗高高飘扬。）、《独立日》（据粗略统计，美国国旗的镜头更是足足有 6 个之多！）……除此之外，"美国中心论"、"美国精神"、"美国社会制度先进"、"美国价值观"等等具有明显意识形态倾向的内容，也通过各种各样的电影情节和表现手法不断在观影人的面前呈现。如此"润物细无声"的意识形态宣传攻势不禁让人唏嘘感叹。也许，这并不一定都是美国政府的刻意所为，而只是导演们源于自己内心的真实情感（以美国为荣的自豪心情），但这恰恰又从另外一个侧面向我们展现了美国意识形态宣传教化的实际效果。

众所周知，电影从 1895 年卢米埃尔兄弟住宅的那个奇妙的夜晚开始，在一百多年的风雨路程中，一直都是作为一种最有魅力、最有受众缘的艺术形式，受到了各个时代、各个国家、各个民族观众的热烈拥戴和广泛关注。无庸置疑，电影是一种文化，或者更确切地说，是一种大众文化的传播工具，但同时，电影更是各个政治集团用来传播主流意识形态的锐器，正如贾内梯在《认识电影》中所说的那样，"意识形态的一般定义是：反映某一个人、集团、阶级或文化的社会要求和理想的一套思想体系。这一名词通常和政治和党派立场相关，但它也可以是指任何人类活动——包括电影创作——所暗含的一定价值观。事实上，每一部影片都向我们展示一些不同的人物类型、一些理想的行为、一些负面的特征，以及以影片作者的是非观为基础的一种暗含的道德寓意。简而言之，每一部影片都具有一种倾向性，具有一定的意识形态观点，把一些人物、事情、行为、动机视为令人钦佩的，而把相反的一些斥为令人厌恶的。"① 特别是在全球化特征日益显著的今天，电影不仅承担着各个国家核心文化竞争力的重任，同时也承担着各个民族文化加速融合的重任②。

事实上，不仅仅是电影，对众多的人类精神文化产品而言，都和电影一样承载着传播价值观和理想信念的功能。正因为如此，在2011年10月15日至18日召开的中国共产党第十七届中央委员会第六次全体会议上，中共中央审议通过了《中共中央关于深化文化体制改革、推动社会主义文化大发展大繁荣若干重大问题的决定》。《决定》中特别指出，要把社会主义核心价值体系融入国民教育、精神文明建设和党的建设全过程，贯穿改革开放和社会主义现代化建设各领域，体现到精神文化产品创作生产传播各方面，坚持用社会主义核心价值体系引领社会思潮，在全党全社会形成统一指导思想、共同理想信念、强大精神力量、基本道德规范③。

---

① ［美］路易斯·贾内梯：《认识电影》，胡尧之等译，北京：中国电影出版社，1997年版，第256页。

② 参见薛梅：《国产大片应该成为捍卫意识形态话语权的锐器——国内外电影意识形态研究》，《电影评介》，2007年第18期。

③ 参见2011年10月15日至18日中国共产党第十七届中央委员会第六次全体会议上审议通过的《中共中央关于深化文化体制改革、推动社会主义文化大发展大繁荣若干重大问题的决定》［OL］. http://www.gov.cn/jrzg/2011-10/25/content_1978202.htm。

针对《决定》中所提出的要求，就当前我国精神文化产品创作生产和传播而言，我们需要着重关注的方面不仅在于充足人才储备，在于推出植根生活、坚定理想的更多更好的文化艺术精品，而更多地则在于要具备文化走出去的高度自觉的主体意识①。当然，要取得这样的成果并不是一蹴而就的，因为，文化建设本身就是一个需要长期积累的过程。在2011年10月24日由中联部围绕中共和中国发展建设重大问题举办的系列专题的一个吹风会上，中共中央宣传部副部长王晓晖结合十七届六中全会的这份《决定》，着重谈到了文化产业的问题。他说道，中国推动文化产业发展的主体是企业。下一步中国将培养和打造一批有实力有竞争力的大型文化企业，并推进与其他国家多层次、多方面的文化交流。“我们认为推进文化交流既要请进来又要走出去，既要加强政府和民间交流也要加强对外文化贸易。”②

对当前文化产业的建设发展问题，不少人也许还存在着一些模糊的乃至不正确的认识，那就是只强调文化产业的经济功能，将文化产业等同于普通产业，将文化产品等同于一般产品，关注的仅仅是它能给我们带来多大的经济效益，而往往忽视了文化产业本身所蕴含的意识形态功能。事实上，文化产品的意识形态功能就蕴含于娱乐功能之中，达到的是潜移默化的传播效果。当然，我们强调文化产业的意识形态功能并不等于要将意识形态泛化，把普通的审美艺术活动都当成是意识形态来解读。如果我们听一首歌，看一个节目，

① 文艺界热议十七届六中全会：《创更多更好精神食》［OL］. http：//news.21cn. com/caiji/roll1/2011/10/24/9541444. shtml，2011－10－24，09：29：21。

② 中宣部副部长解读十七届六中全会回应外界关切［OL］. http：//news. xinhuanet. com/2011－10/24/c_ 111120431. htm. 2011－10－24。

马上想到的都是它们代表着什么样的意识形态导向，把普通的文化娱乐强行拉到政治的高度去理解，那么势必会造成一种草木皆兵的局面，而在这样的环境之中，文化产业显然也是不可能繁荣发展的。因此，当前，我们要做的是要生产出更多更好既具有正确意识形态导向又深受广大民众欢迎的文化产品。事实上，对于这一问题，也有一些人的观点存在偏颇甚至错误之处，他们往往认为，如果强调文化产业的意识形态属性，就无法生产出好的文化产品，或者是具有意识形态属性的文化产品往往不具有市场竞争力。其实这都是一种误解。因为从以往的经验来看，我们完全可以生产出既具有正确意识形态导向又深受广大民众欢迎的文化产品，比如，流行歌曲中的《春天的故事》、《红旗飘飘》；电视剧中的《亮剑》、《乔家大院》；电影中的《建国大业》、《建党伟业》等等，它们都是一些深受百姓欢迎、认可、赞许的文化产品。其实，在这一点上，我们应充分相信人民群众的判断能力和审美能力，只要是真正好的作品，就一定会受到大家的欢迎和认可。反之，如果我们的文化产品都只是一些枯燥说教的工具，那么，遭到市场的冷遇自然也在情理之中。

事实上，出于对本国文化与价值观的保护，世界上许多国家都制定了保护民族文化产业的相关政策。比如，法国政府每年都会投入大量资金来扶持法国电影，韩国政府也对韩国的电影及电视剧予以扶持。可以看出，这些措施不仅仅是在扶持本国民族产业的发展，同时也是在维护本民族文化的完整性，提升社会核心价值观的引导力。在今天这个全球化影响不断加剧的时代，如果我们把眼光放得更长远一些，那么在我们今天生活的这个世界大舞台上，我们的发展目标就不应该仅仅局限于只在自己的国家中保护民族文化产业的发展，而是应该要走出国门，把中国的优秀文化传播到世界上的其他国家和地区去，从而进一步扩大中国文化、中国特色社会主义核心价值观在全球的影响。很显然，当前，具备这种放眼全球的意识形态（文化）发展的战略思维不仅十分必要，而且也是现实可行的。

结束语

正所谓一个民族要实现自己的伟大复兴，就必须找到一条正确的发展道路。当我们徜徉于西风古道、落日残阳之间，用心抚过古老中华肌体的时候，我们的内心会遭遇到无法抑制的战栗与感动。百战英雄血，息息沃中华。正是无数中国人民的精英在一次次“我以我血荐轩辕”的抗争和奋斗中，铸就了今天的盛世阳光。可以说，中国发展道路是中国人民历经了一百多年的艰辛探索而开辟的民族复兴之路。这条道路是中华民族在中国共产党的领导下将科学社会主义原则同中国国情和时代特征相结合，走出的一条后发国家的现代化之路。这样一条道路如今不仅被世界称奇，誉为“中国奇迹”，而且也成为了许多发展中国家学习和借鉴的榜样。

在中国发展道路的演进过程中，特别是在国家面临重大转型的关键时刻，由中国共产党作为关键因素的政治领导发挥着至关重要的作用。换句话来说，中国能取得今天的成就，主要的原因和成功的经验就在于，党的政治精英在敏锐把握和平与发展的时代主题与准确判断中国自身国际定位的前提下，采取了渐进主义和经济发展优先的改革策略，通过这两种改革策略，使政治和经济形成了一种良性的循环机制。这显然是关于国家建设的总体安排，是我国国家发展的战略和策略问题。无疑，发展的战略和策略都应隶属于意识形态的范畴，因此，通过对发展动力机制问题的认识和分析，我们看到了一个蕴含于国家发展道路形成与演进过程中的关键性的内在逻辑，那就是，一个国家的意识形态在国家发展过程中所发挥的至关重要的引领、设计、开拓和存续的功能。作为观念的上层建筑，意识形态可以为政治秩序提供合法性的证明，可以为社会确立普遍的价值导向，还可以有效的整合社会有机体，它就如同团结统一社会的“水泥”，在维护现存的国家和社会秩序中发挥着至关重要的作用，是推动国家和社会发展的一支不可替代的重要力量。

在我国，早在周朝，古人就已经懂得意识形态（统一思想）的重要性。周作为一个文化、技术和生产力都落后的民族，之所以能推翻拥有大量物质、财富、武器和车马的殷商王朝，靠的就是文化怀柔和道德训诫的手段。而秦汉之际意识形态的三次更迭，即从“以吏为师”到“黄老无为”再到“独尊儒术”，不仅引发了帝国统治者统治方式的巨大转变——从暴政转变为“诛心”，而且也在一定程度上促成了具有高度集权特征的、以宗法制为基础的专制帝制的形成。这其间，作为被统治阶级接纳、改造和推崇的儒学在成为国家意识形态之后，它的作用不仅仅是保证了专制帝国长达两千多年的稳固统治，而且其本身也逐渐演变成一种内化的民族性格，直到今天仍对国人产生着来自正负两方面的影响。当然，也正是因为意识形态儒学对国人产生的深刻影响，我们对于专制帝制的破除和对于千年局变后道路的抉择无一不是从思想运动开始的。至于之所以共和理想会最终夭折而马克思主义却能异军突起，其关键的原因则在于，思想运动所发动的范围和思想本身是否实现了与现实和实践的契合与互动。很显然，共和理想失败就失败在社会对于立宪共和的向往仅限于为数不多的精英阶层，而新旧不能衔接（虽然实体的帝国已经覆灭，但封建余脉仍在人心盘旋，以自由、平等、民主为核心的西方政治文化并没有成为中国老百姓乃至那些打着共和宪政口号的所谓精英们的真正信仰）的现实更是彻底地成为了理想覆灭的罪魁祸首。相反，马克思主义之所以能引导中国人民取得革命的最终胜利，其原因也恰恰就在于，虽然知识分子们的研究和传播为其提供了必要的理论准备，无产阶级政党的成立为其提供了必要的组织基础，但更为重要的是，在中国的具体国情之下，中国共产党能够结合革命实践对马克思主义进行灵活地、创造性地运用。这就是表现为实事求是、解放思想的一种实践理性在我们选择并确立社会主义道路的过程中所发挥的至关重要的积极作用。

从马克思主义传入中国，到国内数次思想解放运动地开展，中国特色的社会主义意识形态在实践理性的指引下走出了一条赋有独特内在逻辑的创新发展之路，那就是，坚持马克思主义指导思想的核心地位；坚持马克思主义中国化的活力供给；坚持党领导意识形态的导向控制。具体说来就是，马克思主义经典理论是中国化马克思主义得以继续发展的合法性来源；而中国化的马克思主义，以“建设有中国特色社会主义理论”的总体面貌，从原有强大的制度文化资源中合理有效地保持了权威意识形态在人们心中的影响力，通过创造性地继承与发展，为论证现实、巩固政权、指引未来提供了发展诠释的空间，是中国共产党未来塑造意识形态建设信仰体系所必然发展的走向。在此基础上，我们看到，如果说，建国初期，我们对于理想的捍卫更多的是来源于我们对革命果实的捍卫、对摆脱现状的渴求，那么，在经历了理想的漂移（“文化大革命”的十年动乱）之后，如今我们对于理想的捍卫则包含了更多的对现实的观照与自洽，包含了更多的对社会主义制度中国特色的价值追求，于是，在这样一个立国、强国的基本精神的指引之下，现实中一切的制度安排也因此而变得更为贴合现实、符合实际的需要。即这样一种由意识形态创新发展所体现出的实践理性也渗透到我们对道路所进行的探索与开拓的过程之中，使道路本身也呈现出扬弃的性质，具有了区别于其他一切发展道路的独有的特征，包括：在中国共产党的领导和执政下，将马克思主义始终视为唯一的指导思想，并结合中国社会发展的实际，坚定不移地走中国特色社会主义道路；出于社会主义初级阶段发展生产力的要求，创造性地将市场经济与社会主义制度相结合，采取政府主导的经济发展方式，实现与全球化相联系但又保持独立自主的发展道路；通过创造性地继承前人意识形态合法性和创新成果的方式，实现了在不触及政治体制剧烈变革的基础上，通过渐进式改革保证发展与稳定的良性互动；在独立自主、和平外交政策指引下，通过和平崛起的方式，积极营造有利的、和平的国际环境……

在埃及卢克莱神庙的法老像上有这样两句铭言：我看到昨天，我知道明天。历史与未来总是紧密地结合在一起的。无庸置疑，在这条发展的道路上，我们既有沉痛的教训，同时也有宝贵的经验；既有不堪回首的痛苦记忆，也有翘首以盼的光明未来。我们研究这样一条道路的目的并不是在于标榜我们取得了多么大的成就，而更多的则是要发现在这条道路上那些仍存在的有待弥补和解决的不足、问题和困境，并以此促进道路的进一步完善。显然，在面对今天辉煌成就的同时，我们仍面临着许多潜在的威胁和挑战，它们潜藏于国家现代化发展的过程之中，当前我们所面临的意识形态挑战便是如此。对此我们必须要提高警惕、保持清醒的头脑，因为意识形态的问题是事关全局的问题，一种意识形态的摧毁就意味着一种制度的颠覆。

所以，如果当前意识形态所面临的这些新情况新问题化解得不够及时、不够好，那么就会极大地影响到中国发展道路的稳定和持久。就目前情况而言，我国意识形态所面临的挑战主要体现在以下三个方面：一是在意识形态的话语体系方面。即当我们在面对人民主观诉求增长速度远远超过体制本身变革的速度的时候，如何通过创新意识形态的话语体系来提升意识形态的解释力。二是在意识形态的价值追求方面。即当我们在面对多元文化的冲击和人们普遍感觉信仰失落的时候，如何通过重新反思，重生信仰的希望，重塑意识形态的价值引导功能。三是在意识形态的传播教化方面。即当我们在面对信息技术的快速发展和传播全球化趋势的时候，如何通过提高信息素质和管理媒体的能力来实现意识形态的有效传播和教化。

针对以上的问题，秉着实事求是、解放思想的实践理性的精神，我认为，我们必须回到社会现实和实践中去寻找实现意识形态创新与发展的路径。除了从根本上要继续坚持马克思主义指导思想的核心地位，坚持马克思主义中国化的理论和实践探索，坚持党领导意识形态的导向控制之外，我们还要在构筑意识形态认同体系、发展新兴意识形态创新主体和拓宽意识形态传播渠道上进行有益地探索和尝试。包括，我们应着重通过满足普遍存在的社会发展需求的方式来增强人们对意识形态的认同感；通过积极发挥中国社会中产阶层和知识分子阶层的自身优势来丰富意识形态的内涵、提升意识形态的凝聚力和感召力；通过了解和掌握媒体，特别是新兴媒体的特点和规律来提高我们应对、利用媒体的能力，使媒体积极有效地发挥出社会管理和控制的功能。

回首来时路，崎岖又坎坷。当我们回望一个多世纪的执著探索，我们感到，未来的路还很长。正所谓，艰难困苦，玉汝于成。对于当前的国人而言，接下来的路就是一段新的长征。在这条道路上，我们有着日趋理性和成熟的领路人——中国共产党，同时我们也有明确的目标——富强、民主、文明、和谐的现代化国家，因此，即使我们会遇到困难、挫折和风险，但只要我们始终恪守信念、充满希望、艰苦奋斗，那么，辉煌终将属于我们、属于整个中华民族！

参考文献

英文文献：

［1］ Hans Barth. Wahrheit und Ideologie ［M］. Frankfurt：Suhrkamp Verlag，1961.

［2］ A. Gramsci. Selections from Prison Notebook［M］. London：Lawrence & Wishart，1973.

［3］ L. Althusser. For Marx ［M］. London：NLB，1977.

［4］ T. Bottomore edited. A Dictionary of Marxist Thought ［M］. Cambridge：Harvard University Press，1983.

期刊论文：

［5］ 李瑶：《列宁与葛兰西意识形态“领导权”思想比较研究》，《世纪桥》，2010 年第 1 期，第 60—61 页。

［6］ 余源培：《论意识形态研究中的四个基本问题》，《河北学刊》，2010 年第 3 期，第 122—127 页。

［7］ 张秀琴：《马克思意识形态观的德国传统及其流变——戴维·麦克莱伦对马克思意识形态理论的解读》，《常熟理工学院学报》（哲学社会科学），2009 年第 11 期，第 7—15 页。

［8］ 胡智勇：《马克思主义意识形态社会教化过程中自身

合法性的构建与维护》，《世纪桥》，2010 年第 7 期，第 72—73 页。

[9] 郑忆石：《评阿尔都塞的科学观与意识形态观》，《河北师范大学学报》（哲学社会科学版），2010 年第 1 期，第 79—84 页。

[10] 刘林：《评法兰克福学派意识形态批判理论的得失》，《江西社会科学》，2006 年第 4 期，第 57—61 页。

[11] 黄世虎、钟君：《第三届“马克思主义与当代中国”论坛综述》，《思想理论教育导刊》，2010 年第 2 期，第 119—121 页。

[12] 宋永平、刘晓勇：《法兰克福学派科学技术意识形态理论的发展逻辑及其评价》，《兰州大学学报》（社会科学版），2006 年第 3 期，第 17—21 页。

[13] 何畏：《科学：解放的力量抑或意识形态奴役——马克思与法兰克福学派的科学观比较研究》，《南京社会科学》，2009 年第 8 期，第 27—31 页。

[14] 魏崇辉：《两种意识形态理论的比较研究：马克思主义与新制度经济学》，《上海行政学院学报》，2010 年第 2 期，第 4—13 页。

[15] 魏崇辉：《新制度经济视阈的当代中国意识形态建设》，《湖北经济学院学报》，2009 年第 3 期，第 125—128 页。

[16] 李红梅：《恩格斯晚年的意识形态理论及其现实启迪》，《西北农林科技大学学报》（社会科学版），2010 年第 2 期，第 121—125 页。

[17] 包毅：《列宁对马克思意识形态的重构及其历史贡献》，《河南师范大学学报》（哲学社会科学版），2008 年第 6 期，第 1—4 页。

[18] 阳海音：《论哈贝马斯与马克思意识形态批判理论的主要分歧》，《理论探讨》，2007 年第 1 期，第 53—56 页。

[19] 陈国栋：《论马克思主义意识形态的基本内容和特征》，《理论月刊》，2009 年第 3 期。第 16—18 页。

[20] 刘世衡：《论意识形态的起源——“去蔽”》，《理论探讨》，2008 年第 3 期，第 51—54 页。

[21] 宋晓杰：《论意识形态理论与异化逻辑的内在契合》，《哈尔滨学院学报》，2007 年第 11 期，第 17—21 页。

[22] 王永贵：《马克思恩格斯意识形态理论精髓及其当代启示》，《理论学刊》，2009 年第 6 期，第 4—8 页。

[23] 周民锋：《马克思意识形态概念的两个来源及其两种含义》，《学术研究》，2008 年第 6 期，第 36—41 页。

[24] 朱彦振：《马克思意识形态理论研究述评》，《学海》，2009 年第 4 期，第 10—14 页。

[25] 周宏：《马克思意识形态批判中的辩证思维方法》，《南京社会科学》，2003 年第 4 期，第 6—11 页。

[26] 周宏：《试论马克思意识形态批判中的阶级分析方法》，南京政治学院学报，2003 年第 2 期，第 46—49 页。

[27] 谈育明、金林南：《嵌入的政治——意识形态本质论析》，《宁夏大学学报》（人文社会科学版），2009 年第 4 期，第 48—52 页。

[28] 武晟：《意识形态之流变概论》，《广东省社会主义学院学报》，2009 年第 2 期，第 100—104 页。

[29] 薛萍：《马克思主义中国化路径变迁研究》，《理论月刊》，2009 年第 4 期，第 12—14 页。

[30] 朱庆跃、杨晓伟：《“五四”后中国早期马克思主义者意识形态宣传的思维视角》，《北方论丛》，2010 年第 2 期，

第104—107页。

［31］闫小波:《从对抗到和解:中国政治发展道路的两次转轨》,《江苏社会科学》,2009年第3期,第100—107页。

［32］陈校:《当代中国政治发展模式的宏观思考》,《宝鸡文理学院学报》(社会科学版),2009年第4期,第30—32页。

［33］杨震林、王亚柯:《意识形态变迁和改革路径选择》,《国家行政学院学报》,2002年第5期,第67—70页。

［34］杨真懿:《意识形态与我国当前政治体制改革》,《长沙铁道学院学报》,2008年第6期,第11—15页。

［35］刘炳辉、姚安泽:《制度视角下的意识形态创新》,《厦门理工学院学报》,2009年第3期,第64—68页。

［36］程京武:《中国社会主导意识形态的历史考察及其启示》,《齐鲁学刊》,2009年第1期,第75—78页。

［37］杨雪冬:《国家自主与中国发展道路》,《社会科学》,2006年第3期,第127—137页。

［38］赵曜:《科学发展观与中国特色社会主义发展道路》,《当代世界与社会主义》,2007年第3期,第17—21页。

［39］秦宣:《论中国发展道路的创新性和主要特点——纪念新中国成立60周年》,《中共福建省委党校学报》,2009年第9期,第14—18页。

［40］宋海儆、郑德荣:《毛泽东与中国发展道路》,《高校理论战线》,2009年第12期,第26—30页。

［41］王磊、乐园:《条件约束下的中国发展道路——从十个五年计划看“中国之路”》,《河北学刊》,2006年第3期,第154—159页。

［42］张立慧:《也谈中国发展道路》,《探索》,2007年第

4 期，第 144—147 页。

[43] 张西立：《中国发展道路的传统文化动因》，《中共珠海市委党校 珠海市行政学院学报》，2009 年第 4 期，第 52—55 页。

[44] [法] 萨米尔·阿明著，丁海摘译：《中国发展道路的贡献》，《国外理论动态》，2006 年第 11 期，第 28—29 页。

[45] 中国人民大学“三个代表”重要思想研究中心：《“中国模式”问题研究报告》，《思想理论教育导刊》，2005 年第 9 期，第 19—28 页。

[46] 洪涛：《中美模式的比较及其发展趋势探讨》，《中国流通经济》，2009 年第 6 期，第 39—42 页。

[47] 郝秋阳：《主义和道路——简论近百年来关于中国发展道路的三种思想主张》，《高校理论战线》，2007 年第 12 期，第 57—60 页。

[48] 陈新汉：《马克思意识形态思想对理解社会主义核心价值体系的启示》，《上海大学学报》（社会科学版），2008 年第 11 期，第 13—19 页。

[49] 宋江涛、宋新夫：《马克思意识形态与中国传统政治文化结合的思考》，《江西社会科学》，2003 年第 2 期，第 144—145 页。

[50] 刘会新、武东生：《士、道统与政统——从教化的视角看古代儒士的历史作用》，《长白学刊》，2008 年第 3 期，第 138—140 页。

[51] 梅珍生：《论礼的文化本性及其先验本性——以孟子的礼学观为中心》，《江汉大学学报》（人文科学版），2004 年第 12 期，第 58—62 页。

[52] 王新华：《论孔子政治哲学及其特点》，《潮州职业

技术学院学报》，2008 年第 2 期，第 30—34 页。

［53］张平、纪兴：《论礼崩乐坏与礼学的形成》，《燕山大学学报》（哲学社会科学版），2002 年第 5 期，第 15—19 页。

［54］李国娟：《论先秦儒家对礼制合法性基础的理论构建》，江西社会科学，2009 年第 2 期，第 60—63 页。

［55］杨刘保：《先秦儒学与中国礼治社会》，《中共长春市委党校学报》，2005 年第 12 期，第 79—80 页。

［56］代云：《从“焚书坑儒”到“独尊儒术”——“周秦之变”背景下秦皇汉武统一意识形态的尝试》，《南都学刊》（人文社会科学学报），2010 年第 5 期，第 17—22 页。

［57］周灏：《董仲舒天人观的政治思想解读》，《衡水学院学报》，2009 年第 5 期，第 25—69 页。

［58］李景林：《教化观念与儒学的未来发展》，《人文杂志》，2009 年第 1 期，第 18—25 页。

［59］李英华：《秦汉之际国家意识形态通论——关于“以吏为师”、“黄老无为”与“独尊儒术”的比较研究》，《学校探索》，2001 年（增刊），第 5—8 页。

［60］黄清吉：《儒学国家意识形态化的成因探析》，《湖北社会科学》，2004 年第 1 期，第 60—61 页。

［61］慈云生：《在中国思想史的转折点上——略论董仲舒对儒学意识形态化所起的关键作用》，《辽宁行政学院学报》，2007 年第 9 期，第 116—117 页。

［62］李彦：《中国传统“德治”思想的特点及其形成的社会基础》，《兰州大学学报》（社会科学版），2003 年第 6 期，第 66—69 页。

［63］商爱玲、周振超：《中国古代王权稳固的基石——从

《孝经》思想谈起》，《锦州师范学院学报》，2002 年第 5 期，第 1—4 页。

［64］李永梅：《从葛兰西的“文化领导权”理论看意识形态掌控》，《南京邮电大学学报》（社会科学版），2008 年第 4 期，第 57—60 页。

［65］朱文华：《从葛兰西的意识形态理论看社会主义核心价值体系建设》，《实事求是》，2009 年第 3 期，第 11—14 页。

［66］刘东超：《从古代意识形态到当代意识形态——与郭沂研究员商榷》，《哲学动态》，2007 年第 10 期，第 3—10 页。

［67］曹国圣：《从话语权视角看当代中国意识形态的走向》，《理论探讨》，2006 年第 1 期，第 73—75 页。

［68］曹兰平：《从媒介的起源看媒介的属性与功能》，《怀化学院学报》，2008 年第 3 期，第 59—61 页。

［69］李春媚：《大众传媒的本质属性与权力特征》，《扬州大学学报》（人文社会科学版），第 88—92 页。

［70］彭湘蓉：《大众传媒在政治社会化中的作用》，《新闻与传播研究》，2006 年第 6 期，第 14—16 页。

［71］李君如：《改革开放三十年中国意识形态建设的历程与媒体的作用》，《上海行政学院学报》，2008 年第 6 期，第 4—10 页。

［72］薛改辉：《改革开放以来我国主流意识形态的发展及其反思》，《哈尔滨学院学报》，2009 年第 6 期，第 15—19 页。

［73］萧功秦：《改革开放以来意识形态创新的历史考察》，《天津社会科学》，2006 年第 4 期，第 45—49 页。

［74］何怀远：《改革开放中的社会主义意识形态建设》，《扬州大学学报》（人文社会科学版），2008 年第 6 期，第 15—19 页。

[75] 李朝祥：《公民政治意识和国家意识形态的背离与整合》，《南京邮电大学学报》（社会科学版），2007 年第 4 期，第 34—38 页。

[76] 李芬香：《关于培养社会主义意识形态认同的思考》，《西华师范大学学报》（哲学社会科学版），2008 年第 5 期，第 75—79 页。

[77] 褚凤英：《关于提升意识形态建设的思维方式》，《理论探索》，2008 年第 6 期，第 26—28 页。

[78] 潘宁、丁丽丽：《关于增强社会主义意识形态吸引力和凝聚力的若干思考》，《广西社会科学》，2009 年第 5 期，第 1—5 页。

[79] [德] 托马斯·海贝勒：《关于中国模式若干问题的研究》，《当代世界与社会主义》，2005 年第 5 期，第 9—11 页。

[80] 臧乃康：《国外推进主流价值观建设做法及其借鉴》，《理论导刊》，2007 年第 9 期，第 34—35 页。

[81] 石晓岩：《精神引领与意识形态的较量——意识形态理论视野下的知识分子特质探析》，《河海大学学报》（哲学社会科学版），2009 年第 1 期，第 35—38 页。

[82] 魏则胜：《论社会主义意识形态的发展逻辑》，《科学社会主义》，2009 年第 2 期，第 37—41 页。

[83] 陈秉公：《论意识形态的结构、功能及功能实现方式》，《思想理论教育》，2008 年第 9 期，第 4—9 页。

[84] 孟轲：《略论社会主义意识形态吸引力面临的时代挑战与科学应对》，《湖北社会科学》，2009 年第 4 期，第 5—8 页。

[85] 李英华：《秦汉之际国家意识形态的三次更迭》，

《社会科学论坛》，2002 年第 2 期，第 28—31 页。

[86] 张伟娜：《全球化条件下中国当代政治文化的发展定位》，《重庆科技学院学报》（社会科学版），2009 年第 6 期，第 13—14 页。

[87] 徐增文、房博：《社会主导意识形态变迁与中国经济发展：1978—2008》，《南京政治学院学报》，2008 年第 6 期，第 4—7 页。

[88] 韩慧：《提升中国共产党执政合法性的资源探析》，《济南大学学报》（社会科学版），2008 年第 6 期，第 69—73 页。

[89] 包仕国：《我国社会主义意识形态合法性论析》，《中共郑州市委党校学报》，2009 年第 2 期，第 22—25 页。

[90] 刘炳辉、姚安泽：《制度视角下的意识形态创新》，《厦门理工学院学报》，2009 年第 1 期，第 64—68 页。

[91] 曹海军：《中国共产党意识形态建设的政治理论分析》，《中国青年政治学院学报》，2009 年第 1 期，第 56—61 页。

[92] 周宁玉：《中国社会意识形态的历史考辨与现实传导》，《社会科学家》，2008 年第 12 期，第 97—100 页。

[93] 严高鸿、杜永吉：《社会主义的科学精神与价值原则——论邓小平的意识形态建设思想》，《毛泽东邓小平理论研究》，2004 年第 8 期，第 56—61 页。

[94] 何怀远：《论邓小平对社会主义意识形态建设的杰出贡献》，《毛泽东邓小平理论研究》，2004 年第 7 页。第 19—25 页。

[95] 黄凯锋：《关于改革开放以来意识形态建设的几点认识》，《毛泽东邓小平理论研究》，2008 年第 5 期，第 10、40—

经济改革》（增订版），上海：上海三联出版社，上海人民出版社，1999 年版

[152] 李春明：《全球化与当代中国政治文化发展》，济南：山东大学出版社，2009 年版。

[153] 中央电视台《复兴之路》节目组：《复兴之路》（上、中、下），北京：中国民主法制出版社，2008 年版。

[154] 杨河主编：《社会主义和谐社会与意识形态》，北京：北京大学出版社，2009 年版。

[155] 刘明君、郑来春、陈少岚：《多元文化冲突与主流意识形态建构》，北京：中国社会科学出版社，2008 年版。

[156] 童世俊：《意识形态新论》，上海：上海人民出版社，2006 年版。

[157] 赵继伟：《马克思主义意识形态接受论》，武汉：武汉大学出版社，2009 年版。

[158] 章志光主编：《社会心理学》，北京：人民教育出版社，2003 年版。

[159] 王永贵等：《经济全球化与社会主义意识形态研究》，北京：人民出版社，2005 年版。

[160] 秦刚、贾廷芳：《马克思主义在中国的创新和发展》，南京：江苏人民出版社，2004 年版。

[161] 郑永廷等：《社会主义意识形态发展研究》，北京：人民出版社，2002 年版。

[162] 郑永廷等：《社会主义意识形态研究》，广州：中山大学出版社，1994 年版。

[163] 朱兆中：《社会主义意识形态建设纵论》，上海：上海人民出版社，2003 年版。

[164] 杨海英：《社会主义意识形态创新研究》，北京：

中共中央党校出版社，2005 年版。

［165］席宣、金春明：《“文化大革命”简史》，北京：中共党史出版社，2006 年版。

［166］刘泽华、葛荃：《中国古代政治思想史》（修订本），天津：南开大学出版社，2006 年版。

［167］李泽厚：《中国现代思想史论》，北京：东方出版社，1987 年版。

［168］俞可平主编：《西方政治学名著提要》，南昌：江西人民出版社，2003 年版。

［169］陆扬、王毅：《文化研究导论》，上海：复旦大学出版社，2006 年版。

［170］罗岗、顾铮主编：《视觉文化读本》，桂林：广西师范大学出版社，2003 年版。

［171］郑永年：《中国模式：经验与困局》，杭州：浙江人民出版社，2010 年版。

［172］邹谠：《二十世纪中国政治：从宏观历史与微观行动的角度看》，香港：牛津大学出版社，1994 年版。

［173］浦兴祖：《中华人民共和国政治制度》，上海：上海人民出版社，2005 年版。

［174］费穗宇：《社会心理学词典》，石家庄：河北人民出版社，1988 年版。

［175］张玉书选编：《海涅选集》，北京：人民文学出版社，1983 年版。

［176］逄先知、金冲及主编：《毛泽东传（1949—1976）》（上卷），北京：中央文献出版社，2003 年版。

［177］杨春长、王聚英主编：《论反“左”反右——中国共产党反对错误倾向的理论与实践》，北京：人民武警出版社、

中央文献出版社，2011 年版。

译著：

[172] [古希腊] 亚里士多德：《政治学》，北京：商务印书馆，1996 年版。

[173] 马克思：《剩余价值学说史》（第 1 卷），郭大力译，北京：人民出版社，1975 年版。

[174] [英] 大卫·麦克里兰：《意识形态》（第二版），孔兆政、蒋龙翔译，长春：吉林人民出版社，2005 年版。

[175] [美] 塞缪尔·亨廷顿：《变革社会中的政治秩序》，王冠华、刘为等译，上海：上海世纪出版集团，2009 年版。

[176] [美] 塞缪尔·亨廷顿：《文化的重要作用——价值观如何影响人类进步》（修订版），周琪等译，北京：新华出版社，2009 年版。

[177] [美] 塞缪尔·亨廷顿：《第三波——20 世纪后期民主化浪潮》，上海：上海三联书店，1998 年版。

[178] [德] 马克斯·韦伯：《经济与社会》，北京：商务印书馆，1998 年版。

[179] [美] 马尔库塞：《单向度的人——发达工业社会意识形态研究》，张峰，吕世平译，重庆：重庆出版社，1993 年版。

[180] [德] 哈贝马斯：《交往与社会进化》，重庆：重庆出版社，1989 年版。

[181] [斯洛文尼亚] 斯拉沃热·齐泽克：《意识形态的崇高客体》，季广茂译，北京：中央编译出版社，2002 年版。

[182] [美] 丹尼尔·贝尔：《资本主义文化矛盾》，赵一

凡、蒲隆、任晓晋译，北京：生活·读书·新知三联书店，1989年版。

［183］［美］丹尼尔·贝尔：《意识形态的终结》，张国清译，南京：江苏人民出版社，2001年版。

［184］［德］卡尔·曼海姆：《意识形态与乌托邦》，黎明等译，北京：商务印书馆，2000年版。

［185］［德］哈贝·马斯：《作为"意识形态"的技术与科学》，李黎等译，上海：学林出版社，1999年版。

［186］［英］约翰·B. 汤普森：《意识形态与现代文化》，译林出版社，2005年版。

［186］［美］加里布埃尔·A. 阿尔蒙德、西德尼·维巴：《公民文化——五个国家的政治态度和民主制》，徐湘林等译，北京：东方出版社，2008年版。

［187］［法］路易·阿尔都塞：《保卫马克思》，顾良译，北京：商务印书馆，2010年版。

［188］《苏联哲学纪事（1953—1976）》，贾泽林等编译，北京：生活·读书·新知三联书店，1979年版。

［189］［前苏联］戈尔巴乔夫：《改革与新思维》，岑鼎山等译，北京：世界知识出版社，1988年版。

［190］［美］道格拉斯·C. 诺斯：《经济史中的结构变迁》，陈郁、罗华平等译，上海：上海三联书店，上海人民出版社，1994年版。

［191］［美］约翰·奈斯比特、［德］多丽丝·奈斯比特：《中国大趋势——新社会的八大支柱》，魏平译，北京：中华工商联合出版社，2009年版。

［192］［美］西达·斯考切波：《国家与社会革命——对法国、俄国和中国的比较分析》，何俊志、王学东译，上海：

上海世纪出版集团，2008 年版。

[193]［法］马克·夸克：《合法性与政治》，佟心平、王远飞译，北京：中央编译出版社，2008 年版。

[194]［日］山口定：《政治体制：宏观政治学》，韩铁英译，北京：经济日报出版社，1991 年版。

[195]［美］大卫·科茨、弗雷德·威尔：《来自上层的革命——苏联体制的终结》，曹荣湘、孟鸣歧等译，北京：中国人民大学出版社，2002 年版。

[196]［美］路易斯·贾内梯：《认识电影》，胡尧之等译，北京：中国电影出版社，1997 年版。

[197]［加］艾伦·伍德：《新社会主义》，尚庆飞译，南京：江苏人民出版社，2005 年版。

[198]［美］罗伯特·劳伦斯·库恩：《他改变了中国：江泽民传》，谈峥、于海江等译，上海：上海译文出版社，2005 年版。

[199]［美］罗伯特·劳伦斯·库恩：《中国 30 年：人类社会的一次伟大变迁》，吕鹏、李荣山等译，上海：上海人民出版社，2008 年版。

[200]［美］安东尼·奥罗姆：《政治社会学导论》，张华青、何俊志、孙嘉明等译，上海：上海人民出版社，2008 年版。

[201]［美］鲁恩·本尼迪克特：《菊与刀，吕万和》，熊达云、王智新译，北京：商务印书馆，2002 年版。

[202]［法］托克维尔：《旧制度与大革命》，冯棠译，北京：商务印书馆，1996 年版。

[203]［美］布热津斯基：《大棋局：美国的首要地位及其地缘战略》，中国国际问题研究所译，上海：上海人民出版

社，2010 年版。

[204] [美] 安东尼·奥罗姆：《政治社会学》，上海：上海人民出版社，1989 年版。

[205] [美] 克利福德·格尔兹：《文化的解释》，纳日碧力戈等译，王铭铭校，上海：上海人民出版社，1999 年版。

报纸文章：

[206] 林伯渠：《荏苒三十年》，《解放日报》，1941 年 10 月 10 日。

[207]《江泽民在广东考察工作强调 紧密结合新的历史条件加强党的建设 始终带领全国人民促进生产力的发展》，《人民日报》，2000 年 2 月 26 日。

[208] 新华社记者赵承、刘铮、冯晓芳：《再谱改革新篇章》，《人民日报》，2003 年 10 月 11 日。

[209]《胡锦涛在全国宣传思想工作会议上的讲话》，《人民日报》，2003 年 12 月 8 日。

[210] 胡锦涛：《在省部级主要领导干部提高构建社会主义和谐社会能力专题研讨班上的讲话》，《人民日报》，2005 年 6 月 27 日。

[211]《中国将以自己的方式变革》，《参考消息》，2004 年 5 月 31 日。

[212]《世界舆论评论中国模式》，《参考消息》，2004 年 6 月 2 日。

[213] 何怀远：《用中国特色社会主义理论体系 筑牢意识形态安全的全球屏障》，《中国社会科学报》，2011 年 5 月 25 日。

在线文献：

[214] 毛泽东：《读社会主义政治经济学批注和谈话》[OL]. http://cpc.people.com.cn/GB/64184/64185/189968/11568297.html。

[215] 中国共产党第十二次全国代表大会开幕词[OL]. http://news.xinhuanet.com/ziliao/2005-02/07/content_2558864.htm。

[216] 江泽民在中国共产党第十四次全国代表大会上的报告[OL]. http://www.gov.cn/test/2008-07/04/content_1035850_2.htm。

[217] 江泽民同志在学习邓小平理论工作会议上的讲话[OL]. http://news.xinhuanet.com/ziliao/2000-12/31/content_479878.htm。

[218] 江泽民. 在中央思想政治工作会议上的讲话[OL]. http://cpc.people.com.cn/GB/64184/64185/180139/10818612.html。

[219] 江泽民领导下的中国——十年回顾和新世纪的展望[OL]. http://www.people.com.cn/GB/guandian/29/173/20010706/505085.html。

[220] 胡锦涛等十六届中央政治局常委与中外记者见面[OL]. http://www.people.com.cn/GB/shizheng/16/20021115/867826.html。

[221] 五年新政始于重返西柏坡 胡锦涛：考试在继续[OL]. http://www.chinanews.com/gn/news/2007/10-09/1043665.shtml。

[222] 胡锦涛在西柏坡学习考察时的讲话[OL]. http://news.cctv.com/special/C19464/20071004/102197.shtml。

[223] 胡锦涛：《群防群控打一场防治疫病的人民战争》

［OL］. http：//www. people. com. cn/GB/shizheng/16/20030501/983384. html。

［224］胡锦涛总书记在庆祝中国共产党成立 90 周年大会上的重要讲话［OL］. http：//news. xinhuanet. com/politics/2011 －07/01/c_ 121612030. htm。

［225］中国共产党中央委员会关于建国以来党的若干历史问题的决议［OL］. http：//news. xinhuanet. com/ziliao/2002 －03/04/content_ 2543544_ 3. htm。

［226］中共中央关于构建社会主义和谐社会若干重大问题的决定［OL］. http：//www. china. com. cn/policy/txt/2006 －10/18/content_ 7252336. htm。

［227］高举邓小平理论伟大旗帜，把建设有中国特色社会主义事业全面推向二十一世纪［OL］. http：//www. gov. cn/test/2008 －07/11/content_ 1042080. htm。

［228］中共中央关于深化文化体制改革、推动社会主义文化大发展大繁荣若干重大问题的决定［OL］. http：//www. gov. cn/jrzg/2011 －10/25/content_ 1978202. htm。

［229］坚定不移走中国特色社会主义文化发展道路 努力建设社会主义文化强国［OL］. http：//news. xinhuanet. com/politics/2012 －01/01/c_ 122522635. htm。

［230］中宣部副部长解读十七届六中全会回应外界关切［OL］. http：//news. xinhuanet. com/2011 －10/24/c _ 111120431. htm. 2011 －10 －24。

［231］车玉玲：《20 世纪意识形态领域的三个维度》［OL］. http：//www. cnki. com. cn/Article/CJFDTotal －ZXDT200212008. htm。

［232］胡钧、韩东：《“中国模式”的实质、特点和面临的挑战》［OL］. http：//news. ifeng. com/mainland/detail_ 2010

_ 11/04/3002840_ 1. shtml。

[233] 许纪霖:《二种危机与三种思潮:二十世纪中国的思想史》[OL]. http://wenku. baidu. com/view/801a968884868762caaed561. html。

[234] 陈明明:《危机与调适性改革:反思主流意识形态》[OL]. http://www. rmlt. com. cn/News/201101/201101051021425689. html。

[235] 薛梅:《国产大片应该成为捍卫意识形态话语权的锐器——国内外电影意识形态研究》[OL]. http://www. cqvip. com/Main/Detail. aspx? id = 1000889525。

[236] 范秋迎:《国外政党加强主流意识形态建设的做法、特点及启示》[OL]. http://www. cnki. com. cn/Article/CJFD-Total - YZDR201001004. htm。

[237] 张顺洪:《关于当前的意识形态斗争》[OL]. http://www. cnki. com. cn/Article/CJFDTotal - POLI200903004. htm。

[238] 张建设:《关于当前意识形态若干问题的哲学沉思》[OL]. http://www. cqvip. com/Main/Detail. aspx? id = 22478885。

[239] 金坤城:《关于意识形态管理与提高党的执政能力的若干思考》[OL]. http://www. cqvip. com/Main/Detail. aspx? id = 37325378。

[240] 张强:《积极回应互联网对意识形态工作的挑战》[OL]. http://www. cqvip. com/QK/91584X/201019/35391393. html。

[241] 卢冀宁:《坚持马克思主义的指导地位不动摇——驳"指导思想多元化"论》[OL]. http://www. cnki. com. cn/Article/CJFDTotal - QUSI200015008. htm。

[242] 姚宏志:《建国后30年马克思主义中国化的特征和经验》[OL]. http://www. cqvip. com/Main/Detail. aspx? id = 1000192958。

[243] 陈殿林：《教育生活化：执政党意识形态转化为社会意识形态的路径研究》 [OL]. http：//www. cqvip. com/Main/Detail. aspx? id = 37325397。

[244] 刘少杰：《新形势下意识形态传播方式的变迁》[OL]. http：//www. snzg. cn/article/2011/1010/article _ 25670. html。

[245] 林志友：《马克思主义的三个层次与中国传统文化结合的三个阶段》[OL]. http：//wuxizazhi. cnki. net/Article/DDSJ201001008. html。

[246] 陈蔚：《马克思主义政治意识形态制度保障力面临的挑战剖析》 [OL]. http：//www. cnki. com. cn/Article/CJFDTotal - DDSJ201103026. htm。

[247] 陈宗章、尉天骄：《马克思主义与中国传统文化的结合：必然性与可能性解读》[OL]. http：//wuxizazhi. cnki. net/Search/CCDX200902003. html。

[248] 廖胜刚：《社会主义意识形态的当代境遇及其回应》[OL]. http：//wenku. baidu. com/view/7e10bac458f5f61fb73666f8. html。

[249] 张华：《增强中国意识形态感召力的现实需求与路径选择》[OL]. http：//wenku. baidu. com/view/73fe41020740be1e650e9afa. html。

[250] 侯惠勤：《中国共产党在意识形态建设理论上的创新》[OL]. http：//www. zzdjw. com/GB/178366/178395/12643379. html。

[251] 常欣欣：《中国特色政党制度的政治吸纳和整合功能及其建设》 [OL]. http：//www. cnki. com. cn/Article/CJFDTotal - KXSH201004011. htm。

[252] 孙兰英：《改革开放 30 年社会主义意识形态的创

新、经验及意义》［OL］. http：//theory. people. com. cn/GB/40537/8596680. html。

［253］苏杭：《党的执政的合法性问题应当成为马克思主义理论中的重要内容》［OL］. http：//theory. people. com. cn/GB/40557/173162/173165/10655408. html。

［254］习近平：《认真学习马克思主义著作 推进中国特色社会主义事业》［OL］. http：//cpc. people. com. cn/GB/64093/64094/14635268. html。

［255］闫志民：《指导思想一元化是客观规律》［OL］. http：//news. xinhuanet. com/politics/2009 - 03/29/content_11093794. htm。

［256］苏联解体的原因究竟是什么？——美国马萨诸塞大学经济学教授大卫·科兹在清华大学的讲演录［OL］. http：//news. ifeng. com/history/special/sulian1977/200908/0818_ 7734_ 1308218. shtml。

后记

本书是在我博士学位论文的基础上修改完成的。在攻读博士期间，最大的幸运便是能够师从南京政治学院上海校区的孙力教授。孙教授以渊博的学识、敏锐的思维、严谨的治学精神以及谦和的风度，在我的求学之路上给予了极大的关怀、指引和帮助。特别是在论文写作期间，孙教授百忙之中，从选题、写作思路到论文框架都给予了我精心的指导，并不厌其烦地多次通读论文，指出论文研究思路和写作方法中存在的问题，严格把关、不吝赐教。为此，谨向孙教授表示我最衷心的感谢！

在本书即将付梓之际，我深感从意识形态角度来审视中国发展道路是新世纪新阶段中国社会发展中的一个重大理论和现实问题，对这一问题进行探索和研究是学界也是作者责无旁贷的使命。由于该问题涉及内容广、涵盖面宽，对其进行全面系统的把握并非本研究能力之所及，因此，尽管窃以为我的思考和研究是有意义的，但对一些问题的探索却只是初步的。在此，不仅希望学界前辈和同行不吝赐教、匡我不逮，而且也期望借助大家的帮助实现本人对这一问题进一步的研究和探索。

感谢时事出版社的苏绣芳老师和责任编辑王基建在我撰写本书过程中所给予的理解和支持以及编辑该书所付出的时间和心血。感谢我所在单位武警政治学院的领导长期以来对我的关心和栽培。感谢关心和支持我的学界前辈和同行。最后，要特别感谢我的父亲陈加强、母亲赵佩霞，还有我的丈夫杨扬，没有他们长期以来的奉献、理解和鼓励，我不可能走到今天。

但愿这一研究物有所值，将是对所有关爱的微薄回报。

陈 蕾

2012 年 8 月 26 日星期日于上海

图书在版编目（CIP）数据

中国发展道路的意识形态审视/陈蕾著．—北京：时事出版社，2012.10

ISBN 978-7-80232-555-5

Ⅰ.①中… Ⅱ.①陈… Ⅲ.①社会发展—研究—中国 Ⅳ.①D668

中国版本图书馆 CIP 数据核字（2012）第 225248 号

出版发行：时事出版社
地　　址：北京市海淀区巨山村 375 号
邮　　编：100093
发行热线：（010）82546061　82546062
读者服务部：（010）61157595
传　　真：（010）82546050
电子邮箱：shishichubanshe@ sina. com
网　　址：www. shishishe. com
印　　刷：北京百善印刷厂

开本：787×1092　1/16　印张：21.75　字数：252 千字
2012 年 10 月第 1 版　2012 年 10 月第 1 次印刷
定价：66.00 元